죽음이후 세계에 관심이 많은 분의 책

죽음이후 세계를 준비하는법

강요셉지음

"한번 죽는 것은 사람에게 정해진 것이요 그 후에는
심판이 있으리니"(히 9:27)

성령

죽음이후 세계를
준비하는 법

성령

들어가는 말

사람들은 노후를 준비하는 일에 몰두합니다. 열심히 일해서 돈을 모아 아름다운 집을 마련하고, 인생 말년의 편안한 삶을 위하여 연금이나 보험에 가입하여 다가오는 미래를 설계하며 꿈을 키워가고 있습니다.

그러나 영원한 죽음이후 대책은 소홀히 하거나 아예 생각도 하지 않으면서 살아갑니다. 그러나 노후는 길어야 삼십년입니다. 다음의 말을 명심해야 합니다. "엄마 뱃속에서의 열 달은 태어나서의 백 년을 준비함이요, 살아서의 백 년은 죽음 후의 영원을 준비함"입니다. 인생 백년도 못 살면서 너무나 부당하게 살지 말아야합니다. 하나님은 우리에게 양심을 주었습니다. 모든 죄는 자기 양심이 증인으로 살아 있습니다. 부자도 하루에 세끼를 더 먹지 못합니다. 창조주 하나님은 공평하게 살아가도록 가장 기본적이고도 소중한 것, 즉 시간, 공기, 태양, 죽음 등은 누구에게나 똑 같이 주었습니다.

소득이 많은 사람은 탈세하지 말고, 돈이 많은 사람은 기부 찬조도 많이 해 사회복지 국가를 만들어 가난한 사람들과 불쌍한 사람들에게 도움을 준다면 여기에서 부자의 가치가 있지 않겠습니까?

그러나 반대로 경제파탄, 질서파괴, 준법파괴, 양심불량,

인권유린, 살인강도, 유괴, 도적질 등 악랄하게 사회를 더럽혀서 돈 벌고 돈 있다고 잘 먹고, 향락하는 것이 삶의 가치라고 본다면 이는 심각한 문제입니다.

봄에 씨를 뿌려 가꾼 곡식은 가을이 되면 타작해 알곡은 모아 곡간에 들이고, 쭉정이는 불태워 버립니다. 인생도 마찬가지입니다. 인간쓰레기들을 인간 알곡과 함께 곡간에 들일 수는 없습니다. 지옥으로 갑니다. 사람이 하는 일에는 허점이 많습니다. 이런 허점을 대비해 성경은 말합니다. "한번 죽는 것은 정하신 것이요, 그 후에는 심판이 있다"(히9:27) 라고 했습니다. 잘 살았느냐, 못 살았느냐는 분명히 가려집니다.

인생살이 철만 들어도 노후대책은 세울 줄 압니다. 그러나 노후대책과 더불어 죽음이후 대책도 세운다면 더 현명한 사람이요, 현재도 더 아름답게 밝게 행복하게 살아갈 수 있게 되는 것입니다. 그러므로 인생이 산다는 것은 죽음이후를 준비하는 삶이요, 죽음이후를 준비 하면서 살면 현재도 자연히 행복하게 살게 되는 것입니다.

이 책을 통하여 죽음에 대한 올바른 이해를 통해서 올바른 믿음을 회복하고 죽음 이후의 세계를 준비하는 지혜로운 신자가 되어야 할 것입니다.

주후 2018년 10월 30일
충만한 교회 성전에서
저자 강요셉목사.

세부적인목차

들어가는 말 -3

1부 죽음이후 가는 장소 혼동과 분별 법
1장 성도는 노후보다 죽음 이후를 대비하라 -7
2장 예수 믿은 자 죽음 후 장소는 어디인가? -22
3장 죽음이 끝이 아니고 사후의 세계가 있다. -37
4장 악인이 가는 음부(지옥)은 어떤 곳일까? -52
5장 성도는 지금 천국을 누리며 살아야 한다. -67
6장 천국에서 의인들이 받아쓸 면류관들 -83

2부 죽음이후 세계에 반드시 직면한다.
7장 그날이 도둑같이 임하지 못하리니 -97
8장 유대에 있는 자 산으로 도망하라 -111
9장 예수님의 공중과 지상 재림이 있다. -125
10장 성도의 부활과 휴거를 바르게 알자 -141
11장 7년 대 환란에 대해 바르게 알자 -152
12장 아마겟돈 전쟁에 대해 바르게 알자 -165
13장 십사만 사천에 대해 바르게 알자 -178
14장 천년왕국에 대해 바르게 알고 대비하자 -192
15장 곡과 마곡의 전쟁에 대해 바로 알자 -205
16장 백보좌 심판에 대하여 바르게 알자 -219
17장 신천신지에 대해 바로 알고 속지말자 -231

3부 1차 들림 받지 못할 수 있는 신앙 형태

18장 진리와 비 진리를 구별하지 못해서 -246

19장 막연한 열정으로 믿음 생활함으로 -261

20장 무속신앙의 잔재를 끊어내지 못해서 -276

21장 보이는 사람을 의지하는 신앙으로 -291

4부 예수 공중 재림 때 들림 받는 신앙 자세

22장 체험적이고 실증 있는 신앙생활로 -305

23장 성령으로 진리를 깨달음으로 -320

24장 성령 안에서 온몸으로 기도하며 -334

25장 예배를 산재물이 되어 드림으로 -347

26장 걸어 다니는 성전으로 살아감으로 -357

1부 죽음이후 가는 장소 혼동과 분별 법

1장 성도는 노후보다 죽음 이후를 준비하라

(히 9:27)"한번 죽는 것은 사람에게 정해진 것이요 그 후에는 심판이 있으리니"

메멘토 모리(Memento mori)는 자신의 "죽음을 기억하라" 또는 "너는 반드시 죽는다는 것을 기억하라", "네가 죽을 것을 기억하라"를 뜻하는 라틴어 낱말입니다. 옛날 로마에서는 원정에서 승리를 거두고 개선하는 장군이 시가행진을 할 때 노예를 시켜 행렬 뒤에서 큰소리로 외치게 했다고 합니다.

"메멘토 모리!" [Memento Mori!]는 라틴어로 '죽음을 기억하라'라는 뜻인데, "전쟁에서 승리했다고 너무 우쭐대지 말라. 오늘은 개선장군이지만, 너도 언젠가는 죽는다. 그러니 겸손하게 행동하라." 이런 의미에서 생겨난 풍습이라고 합니다.

우리는 나면서부터 이 사실을 기억해야 합니다. 이 사실을 기억해 비관에 빠지지 말고 죽음을 넘어 영원에 이를 수 있는 길을 찾아야 합니다. 언젠가 갑자기 임할 죽음을 두려움 없이 기쁨으로 환영하며 살 수 있는 준비가 필요한 때입니다. "악인은 그 환난에 엎드러져도 의인은 그 죽음에도 소망이 있느니라"(잠14:32).

대학병원에 가면 암을 전문으로 치료하는 의사가 있습니다. 이 분들은 다종의 암 환자들을 만납니다. 종합적으로 CT, MRI,

PET-CT 검사를 하여 말기라고 판명되면 이렇게 말합니다. 편안하게 쉬시면서 먼 곳으로 여행을 하실 마음의 준비를 하십시오. 의술로는 치료가 불가능합니다. 그러면 어떤 환자는 의사에게 매달리면서 살려달라고 합니다. 의사가 생명을 어찌할 수가 없습니다. 생명은 생사화복을 주장하시는 하나님께 달렸습니다.

필자가 병원에 능력전도를 하러 다닐 때의 일입니다. 72세의 노인이 간암 말기가 되어 투병하는 분을 만나서 전도한 적이 있었습니다. 이분에게 사람은 누구나 한번 왔다가 가는 것입니다. 너무나 상심하시지 마십시오. 예수를 믿으시면 저 세상에서 영생하시면서 편안하게 지낼 수가 있습니다. 예수를 믿으십시오. 그랬더니 이분이 우는 것입니다. 목사님! 제가 인생을 잘못 살아온 것 같습니다. 그러면서 눈물을 하염없이 흘리는 것입니다. 예수님을 믿겠다고 하시기에 예수님을 영접시키고 이렇게 말했습니다.

어르신 시종을 알지 못하는 인생이기에 평생 고생만하다가 갑자기 닥쳐온 죽음 앞에 무기력하게 이 땅의 삶을 마감하는 안타까운 인생들이 너무나도 많습니다. "저가 모태에서 벌거벗고 나왔은즉 그 나온 대로 돌아가고 수고하여 얻은 것을 아무 것도 손에 가지고 가지 못하리니"(전도서5:15)라는 성경 말씀과 옛 선친들이 이야기한 '공수래공수거(空手來空手去)'라는 말을 실감하게 됩니다. 젊고 건강할 때는 죽음을 생각하지 못하고 오로지 이 땅에서의 유토피아를 꿈꾸며 살아갑니다.

그러나 "한번 죽는 것은 사람에게 정하신 것이요 그 후에는 심판이 있습니다."(히브리서9:27). 그 심판의 결과에 따라서 영생복

락의 천국에 들어가거나 영원히 꺼지지 않는 불과 유황으로 타는 못에 빠뜨리는 지옥의 형벌을 받게 됩니다. 누구도 피해갈 수 없는 그 심판에서 구원받는 유일한 길은 우리 죄를 위하여 십자가에서 고난 받으시고 부활하신 하나님의 아들 예수님을 믿고 구주로 영접하는 것입니다. "누구든지 주(예수)의 이름을 부르면 구원을 얻으리라"(로마서10:13) 신실하신 하나님께서 약속하신 말씀입니다. 인생의 참된 지혜는 죽음이후의 영원한 세상을 준비하는 것입니다. 지금 예수님을 구주로 영접하셨으니 죽음이후의 아름다운 천국을 보장받는 복된 인생이 되시기를 바랍니다.

죽음이후를 준비하는 것이 중요하다는 것을 깨달은 필자도 내 삶을 정리하는 차원에서 '나의 죽음'에 대해 곰곰이 생각해 보았습니다. 과연 나는 죽을 준비가 되어 있는가? 내 마음대로 살았던 많은 날들이 덧없이 느껴집니다. 후회하고 회개해도 나를 과거로 되돌릴 수는 없습니다.

이제 남은 삶을 최대한 활용해서 알차게 사는 것이 죽음을 준비하는 삶일 것입니다. 하나님 앞에 부음 받고 나갔을 때 하나님이 나를 "착하고 충성된 종아!"라고 불러 주신다면 더 이상 무엇을 바라겠는가. 앞으로 나는 이렇게 살아갈 것입니다.

첫째로 항상 마지막을 준비하는 심정으로 살아야겠습니다.

둘째로 성도들에게 영적인 진리를 바르게 전해야 하겠습니다.

셋째로 육신의 움직임이 가능할 때 영육으로 고통 받는 성도들을 치유하고 살리는 일에 전념하겠습니다.

넷째로 세상 것에 미련을 두지 않기 위해 필요 없는 것, 어쩌다 필요한 것 같아 보관하고 있는 것을 모두 버려야겠습니다.

다섯째로 세상 것에 목숨 걸지 말아야하겠습니다.

여섯째로 죽을 때 웃으며 아름답게 죽을 수 있도록 늘 기도해야하겠습니다. 저는 아름다운 순교나 위대한 죽음을 생각하기에는 너무나 평범한 사람입니다. 그러나 하나님의 자녀로서 부끄럽지 않게 주님의 일을 위해 최선을 다하며 살고 싶습니다.

남은 인생을 주님께 드리는 것만이 내가 받은 하나님의 은혜에 보답하는 길입니다. 아마 내가 남길 유서는 "하나님, 사랑합니다. 감사합니다."가 요지일 것입니다. "그런즉 깨어 있으라 너희는 그날과 그 시를 알지 못하느니라"(마25:13). 우리는 마태복음 25장에 나오는 슬기로운 다섯 처럼 기름을 준비하여 하늘에 있는 본향에서 주님과 함께 영생복락을 누려야 하겠습니다.

이런 우화가 있습니다. 멧돼지가 산을 돌아다니다가 감나무 밑에서 홍시를 보았습니다. 그것을 먹으니 얼마나 맛이 있던지, "세상에! 이렇게 맛있는 것도 있구나."하며 홍시를 더 얻기 위해 땅을 열심히 팠습니다. 땅에서 홍시를 얻었기 때문입니다. 그러나 주둥이와 발로 아무리 땅을 파헤쳐도 홍시가 나오지 않았습니다. 목숨을 걸고 파다 보니 주둥이가 부서지고 이빨이 부러지고, 나중에는 과로로 자빠져 죽기에 이르게 되었습니다. 발랑 자빠져 죽어가면서 보니 홍시가 나무에 달려 있었습니다. 그것을 본 멧돼지가 "진작 위를 쳐다 볼 걸."하고는 죽었답니다.

여기에 큰 교훈이 있습니다. 오늘날 많은 사람이 각양 좋은 것들이 위에 계신 하늘 아버지께로부터 온다는 것을 알지 못하여

위를 쳐다보지 않고 땅만 보며 열심히 삽니다. 열심히 공부하고, 열심히 돈 벌고, 열심히 노력하고, 성공과 출세를 위해 열심히 여기저기 뛰어 다닙니다. 그러다가 나중에 기진해서 쓰러집니다. 영원히 오지 못할 길을 가고 맙니다.

예수를 믿는다고 하면서도 그렇게 사는 사람들이 많습니다. 모든 기회를 다 잃고 진즉에 주님 말씀대로 살 걸! 하고 탄식합니다. 우리들은 하늘을 바라보고 영원한 세계를 위하여 준비하는 지혜를 가져야 합니다. 예수의 이름은 노후(老後) 대책정도가 아니라 우리의 죽음이후 사후(死後)대책입니다.

왜냐하면 그 이름을 믿는 자는 죽어도 살고, 살아서 믿는 자는 영원히 죽지 않기 때문입니다. 노후 대책보다 죽음이후 대책이 더 중요합니다. 왜냐하면 노인으로는 오래 살아야 30년이지만 죽음 이후는 영원한 세계이기 때문입니다. 누구나 막론하고 죽음 이후를 대비해야 합니다.

첫째, 준비 없는 인생은 실패자가 됩니다.

1) 게으른 자는 준비하지 않습니다. 잠6:9-10절에 "게으른 자여 네가 어느 때까지 눕겠느냐 네가 어느 때에 잠이 깨어 일어나겠느냐 좀 더 자자, 좀 더 졸자, 손을 모으고 좀 더 눕자" 한다고 했습니다. 게으름을 잠이라고 표현합니다(잠6:6-11). 그러므로 신앙생활이 게으르다면 그것은 영적인 잠을 자고 있는 것입니다. 그 결과는 육신과 영의 빈궁 밖에는 없습니다.

네덜란드 속담에 "게으름은 마귀의 베개다."라는 말이 있습니다. 영국 캔터베리의 대주교 안셀므스는 "태만은 살아있는 자의 무덤이다"라고 했습니다. 게으른 자는 게으름의 구실을 찾고 핑계거리를 찾습니다. 잠26:13절에 "게으른 자는 길에 사자가 있다 거리에 사자가 있다 하느니라."했습니다. 이르면 너무 이르다고 미루고, 일할 시간이 되면 다음에 하자고 미루고, 늦으면 늦어서 안 된다고 말합니다. 추우면 추워서 못한다고 하고, 더우면 더워서 안 된다고 하고 선선하면 놀고 다음에 하자고 합니다.

게으른 자는 배만 위합니다. 딛1:12절에 "그레데인 중의 어떤 선지자가 말하되 그레데인들은 항상 거짓말쟁이며 악한 짐승이며 배만 위하는 게으름뱅이라 하니"라 했습니다. 톨스토이는 게으른 자의 머릿속은 악마가 살기에 가장 좋은 곳이라고 말했습니다. "게으른 자의 머리는 악마의 일터"라는 말도 있습니다. 왜 그렇습니까? 일하기 싫기 때문에 나쁜 방법으로 살아갈 궁리만 하고, 그렇지 않더라도 누구를 고생시켜도 고생시키기 때문입니다.

2) 어리석은 자는 준비하지 않습니다. 눅12장 16절 이하에 나오는 부자는 농사를 지어 많은 소출을 얻어 부유하게 되자 육신의 즐거움을 위해 먹고, 마시고, 즐길 생각만하고 즐거워했습니다. 자기 영혼을 위해 아무 준비 없이 살고자 했을 때 하나님은 "오늘 밤 네 영혼을 찾으리니 어리석은 자야 네 모아 놓은 것이 뉘 것이 되겠느냐" 하셨습니다.

눅16장 12절 이하에 나오는 부자도 세상에서 즐길 줄만 알았지 죽음 이후에 어떻게 될지에 대해서는 전혀 생각하고 있지 않다가 죽고 나서야 음부의 고통 가운데서 자신의 어리석음을 깨달았습니다.

자고새 이야기 아십니까? 이 새의 별명이 "날만 새면"이었다고 합니다. 따뜻한 낮에 마음껏 놀다가 밤이 되면 추워서 견딜 수가 없었습니다. 새끼 새들이 아버지 새를 원망하였습니다. "아버지 우리들도 남들처럼 낮에 집을 지었다가 밤이면 편하게 지내요", "오냐 잘못 했다. 날만 새면 집을 지으마." 이렇게 추워서 오들오들 떨었지만 정작 날이 새자 그만 집을 짓기로 한 각오를 잊어버렸습니다. 어느덧 해는 지고 또 다시 추운 밤이 되었습니다. 그 새는 오들오들 떨면서, "날만 새면 날만 새면, 날만 새면" 집을 짓겠다고 또 다시 맹세하고 또 맹세하였습니다. 그러나 날만 새면 다 잊어버리고 놀기만 하였습니다. 그러다 몹시도 추운 어느 날 그 새의 가족은 서로 부둥켜안고 떨다가 죽고 말았다고 합니다. 어리석은 자가 바로 이와 같습니다. 세상 것에 취해 자기 영혼을 위해 준비하지 않는 자는 참으로 어리석은 자입니다.

3) 무지한 자는 준비하지 않습니다. 예수님께서 비유로 말씀하신 말씀에서 열 처녀들은 같은 부류의 사람들이었습니다. 그들은 모두 신랑을 기다리는 신부였습니다. 우리 역시 모두 같은 사람들입니다. 똑같은 죄인이며, 모두 그리스도의 속죄가 필요한 사람들입니다. 모두 동일한 목적을 가지고 기다리는 것처럼 모든 성도들은 하나님의 영광과 그리스도의 재림, 주님의 구속과 주님과 함께 하는 영광을 기다리고 있습니다.

그들은 같은 장소에 있었습니다. 우리 모두는 세상이라는 공통

된 생활 터전을 가지고 있습니다. 그리고 그들이 모두 신랑을 만나려는 공통적 목적을 이룰 수 있는 장소를 택해서 있었던 것처럼 말씀을 듣고, 기도하고, 찬양과 봉사와 성도의 교제를 통해 믿음을 키울 수 있는 은혜의 장소인 교회라는 테두리 안에 있습니다.

그리고 모두 등과 기름이라는 같은 소유물을 가지고 있습니다. 그러나 그 결과는 크게 달랐습니다. 지혜로운 다섯 처녀는 하나님의 말씀이 무엇을 요구하고 있는지 깨닫고 말씀을 듣고 순종하여 준비했습니다. 그러나 미련한 다섯 처녀들은 넉넉히 준비하지 않았습니다.

그들은 곧 오리라 한 신랑의 말을 경홀히 여겼습니다. 그들은 그 말씀에 대한 믿음이 부족했고, 순종하지 않아 온전한 준비도 부족했습니다. 가지고 있는 기름이 떨어져가자 뒤 늦게 준비하러 간 사이에 신랑이 왔고, 다시 왔을 때에는 이미 문이 다친 뒤였습니다. 이들은 주님을 믿지 않는 이방인들이 아니라 주님을 믿으면서도 영적으로 무지한 자의 모습이기도 합니다. 게으른 자, 어리석은 자, 무지한 자는 준비 없는 실패자가 된다는 사실을 명심하는 성도가 되어 믿음의 실패자가 되지 않기를 소망합니다.

둘째, 개미를 통해 준비하는 지혜를 배웁시다. "곧 힘이 없는 종류로되 먹을 것을 여름에 준비하는 개미와"(잠30:25).

1) 개미는 근면 성실함으로 준비합니다. 게으른 자의 약점이 무엇입니까? 많은 약점 중 하나가 무엇이나 깊이 살펴보고 지혜

를 얻고자 하는 자세를 아예 포기하는 것입니다. 그래서 "게으른 자여 개미에게로 가서 그 하는 것을 보고 지혜를 얻으라."(잠 6:6) 했습니다. 게으른 자여 개미에게 배우라는 말씀은 개미는 게으르지 않다는 의미가 들어있습니다.

개미 중에는 한가하게 놀러 다니는 개미는 없습니다. 혹시 놀러 다니는 개미 보신 분 있나요? 개미는 참 부지런합니다. 개미 일하는 것 보셨지요? 개미는 자기 몸보다 몇 배 큰 먹이를 물거나 끌고 집으로 들어가는 것을 봅니다. 무거운 곡식도 물고 가고, 큰 지렁이도 개미에게 질질 끌려갑니다. 한 여름 땅바닥이 얼마나 뜨겁습니까? 그런데 개미는 신발도 신지 않고 맨발로 열심히 일합니다. 그 약한 허리 아프다고 꾀도 안 부리고, 수레가 없다고 불평도 안 합니다.

우리도 그렇게 부지런해야 합니다. 육신생활이나 영적 신앙생활이나 그렇게 부지런해야 합니다. 롬12:11-13절에 "부지런하여 열심을 품고 주를 섬기라 소망 중에 즐거워하며 환난 중에 참으며 기도에 항상 힘쓰며 성도들의 쓸 것을 공급하며 손 대접하기를 힘쓰라"했습니다.

부지런하면 육신 생활에 여유가 생기고, 영적으로도 풍성해집니다. 주님의 은혜로 속사람이 강건해 집니다. 그래야 성도들의 쓸 것도 공급할 수 있고, 손님도 대접할 수 있고, 어려운 사람들도 돌볼 수 있습니다.

2) 개미는 자발적으로 자기 할 일을 합니다. 지혜의 사람 솔로몬이 개미를 보고 깨달은 것이 무엇입니까? 개미에게는 두령도,

간역자도, 주권자도 없다고 했습니다. 아무도 그들을 이렇게 하라 저렇게 하라 지시하는 자가 없습니다. 일하라고 독려하거나 일을 분담하여 시키거나 압제하지 않습니다. 스스로 자기 할 일을 알아서 합니다. 개미는 여왕개미, 수개미, 일개미가 있지만 시키는 계급이 아닙니다. 개미는 아무도 보는 이가 없지만 최선을 다합니다. 게으른 사람들처럼 감독관이 보고 있으면 일 하는 것처럼 하고 보지 않으면 요령을 부리거나 하지 않습니다.

　신앙생활도 이렇게 해야 합니다. 누가 강제하지 않아도 스스로 해야 합니다. 아무도 보는 사람이 없어도 하나님 잘 섬겨야 합니다. 요셉처럼 아무도 보는 이가 없을 때도 하나님을 잘 섬겨야합니다. 보는 이가 없어도 죄짓지 않아야합니다. 다니엘처럼 누가 말하지 않아도 하나님이 기뻐하시지 않는 것을 위험이 따라도 거절하고, 마땅히 해야 할 쉬지 않고 매일 기도하는 일을 작정하여 실행하는 사람이 되어야 합니다.

　초대 교회 성도들처럼 성령의 감동을 받아 자발적으로 모이기를 힘쓰고, 말씀을 배우고, 기도하기를 힘쓰며, 구제와 성도의 교제와 전도하기를 힘써야 합니다. 우리가 자기의 일을 하거나 남의 일을 하거나 국가의 일을 해도 최선을 다해 일해야 합니다. 보수를 받는 만큼 일 하려 하지 말고 최선을 다하면 하나님께서 나머지는 어떻게 채우시든지 다른 방향에서라도 채워주십니다.

　골3:22-24절에 "종들아 모든 일에 육신의 상전들에게 순종하되 사람을 기쁘게 하는 자와 같이 눈가림만 하지 말고 오직 주를 두려워하여 성실한 마음으로 하라 무슨 일을 하든지 마음을 다

하여 주께 하듯 하고 사람에게 하듯 하지 말라 이는 유업의 상을 주께 받을 줄 앎이니 너희는 주 그리스도를 섬기느니라." 했습니다. 예수님을 섬기듯 하면 어찌 소홀히 할 수 있겠습니까?

3) 개미는 다가올 환란을 대비하는 지혜가 있습니다. 유비무환이란 말이 있습니다. 준비가 있으면 근심할 것이 없다는 말입니다. 개미가 먹을 것을 여름에 예비하며 추수 때에 양식을 모은다고 했습니다.

개미와 베짱이 이야기가 있지요? 개미는 여름에도 부지런히 일하는데 베짱이는 일하지 않고 노래만 부릅니다. 겨울이 왔을 때 베짱이는 어떻게 되었을까요? 동화에 보면 추위에 떨다가 눈보라 속에서 죽고 말았습니다.

개구리나 곰이 겨울잠을 준비하기 위하여 음식을 많이 취하여 지방과 필요한 요소를 미리 몸 안에 저장하여 준비 합니다. 우리들도 다가오는 미래를 위해서 현재 투자를 많이 해야 합니다. 환란의 날과 노년기를 위해서 기도 많이 해 두어야 합니다. 사랑의 투자를 많이 해서 비축해 두어야 합니다. 믿음과 은혜가 충만하도록 준비해야 합니다. 영의 양식인 하나님의 말씀을 마음의 곡간에 채워두어야 합니다. 선한 일에 부요한 자가 되어야 합니다. 성령의 기름을 충만히 예비해야 합니다.

개미는 여름이나 가을이나 항시 내일을 위해 예비하는 지혜로운 태도를 가지고 있다고 말하고 있습니다. 우리는 생각해 보아야 합니다. 갑자기 닥칠 수도 있는 불행을 예비하여 시험에 들지 않기 위해 영적 무장이 되어 있는지….

다시 오실 주님을 미련한 다섯 처녀처럼 도적 같이 맞지 않고 슬기로운 다섯 처녀처럼 깨어 있는 모습으로 맞이할 준비가 되었는지 점검해 보아야 합니다. 마24:42절과 마25:13절에 "그런즉 깨어 있으라 너희는 그 날과 그 때를 알지 못하느니라."했습니다. 그리고 잠13:4절에 "게으른 자는 마음으로 원하여도 얻지 못하나, 부지런한 자의 마음은 풍족함을 얻느니라." 했습니다. 마음으로만 원하면 뭡니까? 실천이 중요합니다. 이 시간 당장 준비하는 지혜를 실천하기를 결단합시다.

셋째, 우리도 무엇을 어떻게 준비하는 자가 되어야 할까요?

1) 죽음이후를 준비하는 자가 됩시다. 인생은 준비하는 기간이 있고 준비한 것을 사용하며 사는 때가 있습니다. 학교 다닐 때 열심히 공부하면 사회생활을 하는데 상당히 도움이 됩니다. 시험을 대비해서 공부를 해놓은 학생은 시험을 잘 볼 수 있습니다.

사명을 감당하는 일도 잘 준비 된 자들이 할 수 있고, 장차 들어 갈 하나님의 나라도 준비 된 자가 들어 갈 수 있습니다. 그런데 많은 사람들이 노후 준비는 중요한지 알면서 죽음이후 영생의 준비는 소홀히 합니다. 우리의 가장 큰 원수는 죽음이며 인간이 가장 두려워하는 것도 죽음 입니다. 그러므로 인간의 궁극적인 문제는 죽음입니다.

그런데도 사람들은 자기는 죽음과 상관이 없는 것처럼 생각하거나 인간의 가장 큰 공포의 대상이며 불안의 대상인 죽음의 문제를 애써서 잊고 살려고 합니다. 그러다가 갑자기 죽음이 닥치면 당황하면서 두려워 떨게 됩니다. 그러나 세상에 사는 동안 믿음으로 잘 준비된 사람은 죽음이 와도 아무 염려할 것이 없습니다.

성도는 무엇 보다 죽음이후 세계를 잘 준비하는 자가 되어야 합니다. 아무리 세상살이를 위하여 좋은 준비를 했다 하더라도 죽음이후의 세계를 준비하지 않으면 그 사람은 어리석은 사람입니다. 사람의 연수가 70이요 강건하면 80입니다. 길어야 100년 사는 것이 인생입니다. 거기에 반해서 죽음이후의 세계는 영원합니다.

사람이 영원한 세계는 준비하지 않고 단지 노후대책 만을 세운 정도로 만족하고 있다면 그 사람은 정말 미련한 사람입니다. 노후 대책보다 더 중요한 것이 죽음이후 세계를 위한 대책입니다.

2) 어떻게 준비해야 할까요? 죽음이후 세계를 위한 준비는 예수 믿고 성령의 지배와 장악되는 것입니다. 성령의 인도를 받는 것입니다. 예수님을 믿으면 영생을 얻고, 하나님의 자녀가 됩니다. 믿는 자들은 하나님의 자녀이기 때문에 죽어서 하나님의 집인 영원한 천국에 들어가는 것입니다. 요3:16절에 "하나님이 세상을 이처럼 사랑하사 독생자를 주셨으니 이는 누구든지 저를 믿는 자마다 멸망치 않고 영생을 얻게 하려 함이라"했습니다.

주님은 "너희는 마음에 근심하지 말라 하나님을 믿으니 또 나를 믿으라 내 아버지 집에 거할 곳이 많도다 그렇지 않으면 너희에게 일렀으리라 내가 너희를 위하여 거처를 예비하러 가노니 가서 너희를 위하여 거처를 예비하면 내가 다시 와서 너희를 내게로 영접하여 나 있는 곳에 너희도 있게 하리라"(요14:1-3)고 말씀하셨습니다.

믿는 자들은 영원한 행복의 나라 천국에 들어갈 수 있기에 죽음이후 준비가 된 것입니다. 그러나 지혜로운 성도는 겨우 천국에 들어가는 것으로 만족하지 않고 상급과 면류관을 받을 수 있는 영광스런 구원에 이르기를 준비하는 자입니다. 그런 성도는 전도에 힘을 씁니다. 천국과 지옥이 있기 때문에 우리들은 전도에 힘을 써야 합니다. 이 땅에서 아무리 착하게 살고 좋은 일을 많이 했어도 믿지 않으면 지옥입니다.

왜냐하면 아무리 착한 사람도 이미 죄인이고 죄의 삯은 사망이기 때문입니다. 우리들은 부지런히 전도해서 한 사람이라도 지옥에 가지 않고 영원한 천국에 들어가게 해야 합니다. 단 12:3절에 보면 많은 사람들을 옳은 데로 돌아오게 한 사람은 하늘의 별처럼 빛나게 되는 영광스러운 존재가 된다고 했습니다. 그는 하늘나라에서 스타가 되는 것입니다. 주변에 있는 연약한 분들을 돌아봅시다. 마 25장에 보면 세 가지 비유가 나옵니다. 그 세 가지 비유는 다 사후의 세계를 위한 준비에 관한 비유입니다. 첫 번째 비유는 오늘 본문 열 처녀의 비유, 두 번째 비유는 달란트의 비유, 세 번째 비유는 양과 염소의 비유입니다. 주님은 오른편에 있는 자들에게 지극히 작은 자들에게 베푼 사랑이 곧 내게 한 것이라고 하시며 영원한 나라를 상속받으리라 하셨습니다. 하나님의 일에 충성합시다.

두 번째 달란트 비유는 충성하는 자에게 주는 상급의 비유입니다. 계2:10절에 "네가 죽도록 충성하라 그리하면 생명의 면류관을 네게 주리라"했습니다. 하나님이 주신 은사, 달란트, 직분, 시간, 물질, 건강을 가지고 하나님의 뜻을 이루며 삽시다.

3) 기회의 문이 다쳐지기 전에 깨어 준비합시다. 지금은 은혜의 때이며 구원의 문이 활짝 열려 있는 때입니다. 그러나 그 문은 언제까지나 열려 있지 않습니다. 그 문은 때가 되면 닫칩니다. 구원의 문이 닫히는 날 하나님께로 나아가는 길은 차단되고 구원으로 향하는 길에는 넘지 못할 절망의 벽이 생깁니다. 기회의 문이 닫히기 전에 깨어 준비해야 합니다(마25:8-13).

미련한 다섯 처녀는 신랑을 맞을 수 있는 기회를 놓쳐버렸습니다. 노아의 방주가 닫쳐진 후에는 더 이상 들어갈 기회가 사라졌습니다. 지혜로운 사람은 구원받을 기회, 은혜 받을 기회, 봉사할 기회, 사랑할 수 있는 기회, 용서할 수 있는 기회, 헌신할 수 있는 기회, 전도할 수 있는 기회, 하나님의 인정을 받을 수 있는 기회, 충성 할 수 있는 기회 등을 잘 붙잡는 자가 됩니다.

시간의 기회는 뒤 걸음 치지 않습니다. 인간에게 돌아오지 못하는 것 네 가지가 있는데 그것은 '뱉어버린 말, 쏘아버린 화살, 지나가버린 세월, 게으른 탓으로 놓쳐 버린 기회'라고 합니다. 부정할 수 없는 사실입니다. 기회를 놓치지 않기 위해서는 깨어 있어야 합니다. 깨어 있으라는 말은 잠을 자지 말고 항시 눈을 뜨고 있으라는 말이 아니라 언제 주님께서 오신다 할지라도 자신 있게 맞이할 수 있도록 준비하고 있을 것을 촉구하는 것입니다.

2장 예수 믿은 자 죽음 이후 장소는 어디인가?

(눅 16:19-31)"(22) 이에 그 거지가 죽어 천사들에게 받들려 아브라함의 품에 들어가고 부자도 죽어 장사되매 (23) 그가 음부에서 고통중에 눈을 들어 멀리 아브라함과 그의 품에 있는 나사로를 보고 (24) 불러 이르되 아버지 아브라함이여 나를 긍휼히 여기사 나사로를 보내어 그 손가락 끝에 물을 찍어 내 혀를 서늘하게 하소서 내가 이 불꽃 가운데서 괴로워하나이다 (25) 아브라함이 이르되 얘 너는 살았을 때에 좋은 것을 받았고 나사로는 고난을 받았으니 이것을 기억하라 이제 그는 여기서 위로를 받고 너는 괴로움을 받느니라 (26) 그뿐 아니라 너희와 우리 사이에 큰 구렁텅이가 놓여 있어 여기서 너희에게 건너가고자 하되 갈 수 없고 거기서 우리에게 건너올 수도 없게 하였느니라 (27) 이르되 그러면 아버지여 구하노니 나사로를 내 아버지의 집에 보내소서 (28) 내 형제 다섯이 있으니 그들에게 증언하게 하여 그들로 이 고통받는 곳에 오지 않게 하소서"

사람은 영원을 사모하도록 하나님께서 창조하셔서 죽음이후에 관심이 많은 것을 사실입니다. 그런 이유로 죽음이후 상태에 대한 이상한 간증과 그와 관련된 책들이 무분별하게 돌아다니기 마련입니다. 크리스천들이 죽음이후에 관심이 많기 때문입니다.

그러므로 성도들은 죽음이후의 징후에 대하여 분별력을 길러야 합니다. 이런 상황 속에서는 여러 사람들이 말하는 이상한 이야기들을 일일이 언급해서 그 문제점을 드러내는 것도 중요하며, 궁극적으로는 성경이 말하는 죽음이후 상태를 분명히 적극적으로 드러내는 것이 필요하다고 여겨집니다.

그러므로 이 장에서는 성경이 말하는 죽음이후 상태의 정확한 모습을 진술하여 성경적 죽음이후 상태에 대한 이해를 분명히 하고, 여러 사람들로 하여금 다른 생각을 가지지 않도록 하는 일에 도움을 드리려고 합니다. 우리들의 궁극적 목적은 어떤 이들이 어떤 잘못된 생각을 하고 있다는 것을 드러내려는 데 있지 않고, 성경이 말하는 바를 적극적으로 잘 제시하여 나가는 데 있기 때문입니다. 이런 성경적 이해가 확산되어 나갈 때만 교회가 건강하게 설 수 있는 것입니다.

첫째, 사람이 세상을 떠나면 가서 있는 곳은 어디일까?

1)예수를 안 믿은 사람들이 가서 있는 곳은 음부입니다. 음부를 '스올'이라고 하기도 하고 '무저갱'이라고 하기도 합니다. 이곳(음부)은 예수를 안 믿어 구원받지 못한 사람들이 가서 있는 임시처소입니다. 지옥과 흡사한 고통을 당하는 곳이나 영구히 있는 곳이 아니고 임시로 있는 곳입니다. 천년왕국이 끝나고 부활하여 지옥으로 영구히 떨어지는 것입니다. 지옥은 쓰레기 처리장입니다. 하나님께서 인간쓰레기를 버려서 영원히 이를 갈며 고통을 당하도록 하는 곳입니다. 지옥을 성경에서는 불 못이라

고 하기도 합니다.

음부의 위치는 어디에 있을까요? 공중에 있다는 학설도 있고, 지하에 있다는 학설도 있으나 성경적으로 지하에 있습니다. 지구의 밑바닥이 없는 센터를 음부라고 하기도 하고 무저갱이라고 합니다. 지구의 핵까지 거리는 약7000km입니다. 온도는 섭씨 6200도라고 합니다. 예수를 믿지 않아 하나님께 아무런 쓸모가 없는 인간쓰레기 들은 이곳에서 죽지 않으면서 영원히 고통을 당하면서 지냅니다. 그러므로 전도해야 합니다.

두 가지의 음부설이 있습니다. ①아브라함의 품, ②음부가 있습니다. 누가복음 16장 22-26절에 보면 "이에 그 거지가 죽어 **천사들에게 받들려 아브라함의 품에 들어가고** 부자도 죽어 장사되매 (23) **그가 음부에서 고통 중에 눈을 들어** 멀리 아브라함과 그의 품에 있는 나사로를 보고 (24) 불러 이르되 아버지 아브라함이여 나를 긍휼히 여기사 나사로를 보내어 그 손가락 끝에 물을 찍어 내 혀를 서늘하게 하소서 내가 이 불꽃 가운데서 괴로워 하나이다 (25) 아브라함이 이르되 얘 너는 살았을 때에 좋은 것을 받았고 나사로는 고난을 받았으니 이것을 기억하라 이제 그는 여기서 위로를 받고 너는 괴로움을 받느니라 (26) 그뿐 아니라 너희와 우리 사이에 큰 구렁텅이가 놓여 있어 여기서 너희에게 건너가고자 하되 갈 수 없고 거기서 우리에게 건너올 수도 없게 하였느니라."

음부 중에 좋은 환경이 아브라함의 품이라는 것입니다. 유대인은 죽으면 아브라함의 품에 들어간다는 학설이 있습니다. 음부에서 아브라함의 품을 눈으로 볼 수가 있으나 왕래는 불가능한 "큰 구렁텅이가 놓여 있어" 왔다가 갔다가 할 수가 없습니다. 유대인들 특히 아브라함이나 이삭이나 야곱이나 선진들도 낙원에 들어가지 못하고 음부의 아브라함에 품에 들어가서 지낸 다는 것입니다. 예수님을 통과 해야 낙원에 가기 때문입니다.

하나님께서 유대인들에게 예수님을 보지 못하고 믿지 못하도록 하셨기 때문입니다. 신명기 32장 20-21절에 보면 "그가 말씀하시기를 **내가 내 얼굴을 그들에게서 숨겨 그들의 종말이 어떠함을 보리니** 그들은 심히 패역한 세대요, 진실이 없는 자녀임이로다 (21) 그들이 하나님이 아닌 것으로 내 질투를 일으키며 허무한 것으로 내 진노를 일으켰으니 나도 백성이 아닌 자로 그들에게 시기가 나게 하며 어리석은 민족으로 그들의 분노를 일으키리로다."

그래서 유대인들은 아무리 의로운 사람이라도 낙원에 들어가지 못합니다. 그러나 유대인이 예수님이 공중으로 재림하시고 7년 대환란을 통과 하면 전부 구원을 받는 다는 성경의 예언입니다. 유명한 144,000도 유대인 중에서 나옵니다.

"형제들아 너희가 스스로 지혜 있다 하면서 이 신비를 너희가 모르기를 내가 원하지 아니하노니 **이 신비는 이방인의 충만한 수가 들어오기까지 이스라엘의 더러는 우둔하게 된 것이라** (26) **그리하여 온 이스라엘이 구원을 받으리라** 기록된바 구원자가 시온에서 오사 야곱에게서 경건하지 않은 것을 돌이키시겠고"(롬 11:25-26)

"나 여호와는 변하지 아니하나니 그러므로 야곱의 자손들아 너희가 소멸되지 아니하느니라"(말 3:6)

"그러나 너희 생각에는 어떠하냐 어떤 사람에게 두 아들이 있는데 맏아들에게 가서 이르되 얘 오늘 포도원에 가서 일하라 하니 (29) 대답하여 이르되 아버지 가겠나이다. 하더니 가지 아니하고 (30) 둘째 아들에게 가서 또 그와 같이 말하니 대답하여 이르되 싫소이다. 하였다가 그 후에 뉘우치고 갔으니 (31) 그 둘 중의 누가 아버지의 뜻대로 하였느냐 이르되 둘째 아들이니이다. 예수께서 그들에게 이르시되 내가 진실로 너희에게 이르노니 세리들과 창녀들이 너희보다 먼저 하나님의 나라에 들어가리라" (마 21:28-31)

유대인들은 7년 대환란 중 후 3년 반시기에 구원을 받게 됩니다. 유대인들은 하나님의 특별한 은총으로 마지막 때에 모두 구원을 받게 된다는 성경의 예언입니다.

"내가 다윗의 집과 예루살렘 주민에게 은총과 간구하는 심령을 부어 주리니 그들이 그 찌른 바, 그를 바라보고 그를 위하여 애통하기를 독자를 위하여 애통하듯 하며 그를 위하여 통곡하기를 장자를 위하여 통곡하듯 하리로다."(슥 12:10)

"그 날 이후에 이스라엘 족속은 내가 여호와 자기들의 하나님인 줄을 알겠고 (23) 여러 민족은 이스라엘 족속이 그 죄악으로 말미암아 사로잡혀 갔던 줄을 알지라 그들이 내게 범죄하였으므로 내 얼굴을 그들에게 가리고 그들을 그 원수의 손에 넘겨 다 칼에 엎드러지게 하였으되 (24) 내가 그들의 더러움과 그들의 범죄한 대로 행하여 그들에게 내 얼굴을 가리었었느니라 (25) 그러므로 주 여호와께서 이같이 말씀하셨느니라 내가 이제 내 거룩한 이름을 위하여 열심을 내어 야곱의 사로잡힌 자를 돌아오게 하며 이스라엘 온 족속에게 사랑을 베풀지라 (26) 그들이 그 땅에 평안히 거주하고 두렵게 할 자가 없게 될 때에 부끄러움을 품고 내게 범한 죄를 뉘우치리니 (27) 내가 그들을 만민 중에서 돌아오게 하고 적국 중에서 모아 내어 많은 민족이 보는 데에서 그들로 말미암아 나의 거룩함을 나타낼 때라 (28) 전에는 내가 그들이 사로잡혀 여러 나라에 이르게 하였거니와 후에는 내가 그들을 모아 고국 땅으로 돌아오게 하고 그 한 사람도 이방에 남기지 아니하리니 그들이 내가 여호와 자기들의 하나님인 줄을 알리라 (29) 내가 다시는 내 얼굴을 그들에게 가리지 아니하리니 이는 내가 내 영을 이스라엘 족속에게 쏟았음이라 주 여호와의 말씀이니라."(겔 39:22-29)

지옥을 요한계시록 20:10절에서는 불과 유황 못이라고 했습니다. "또 그들을 미혹하는 마귀가 불과 유황 못에 던져지니 거기는 그 짐승과 거짓 선지자도 있어 세세토록 밤낮 괴로움을 받으리라."(계 20:10)

음부에 대기하고 있던 자들의 심판 장면이 나옵니다. "또 내가 크고 흰 보좌와 그 위에 앉으신 이를 보니 땅과 하늘이 그 앞에서 피하여 간 데 없더라. (12) 또 내가 보니 죽은 자들이 큰 자나 작은 자나 그 보좌 앞에 서 있는데 책들이 펴 있고 또 다른 책이 펴졌으니 곧 생명책이라 죽은 자들이 자기 행위를 따라 책들에 기록된 대로 심판을 받으니 (13) 바다가 그 가운데에서 죽은 자들을 내주고 또 사망과 음부도 그 가운데에서 죽은 자들을 내주매 각 사람이 자기의 행위대로 심판을 받고 (14) 사망과 음부도 불못에 던져지니 이것은 둘째 사망 곧 불못이라.”(계 20:11-14)

바다가 이들을 내어주고 사망과 음부가 죽은 자들을 내어 줍니다. 이들을 사망과 음부도 그 행위대로 심판을받고 영원한 불못에 던집니다. 분명하게 천년왕국이 끝나면 예수를 믿지 않고 죽었던 자들도 부활을 합니다. 백보좌 심판을 받고 영원한 지옥(불못) 던져집니다. 6200도의 지옥에서 영원히 이를 갈며 고통을 당합니다. “선한 일을 행한 자는 생명의 부활로, 악한 일을 행한 자는 심판의 부활로 나오리라”(요 5:29)

2)예수를 믿고 세상을 떠난 사람은 어디로 갈까요. 음부는 마귀의 자식들이 임시로 거처하면서 고통을 받는 곳입니다. 예수를 믿은 사람들은 선별되어 낙원으로 갑니다. 낙원은 하나님의 자녀들이 가서 임시 기거하는 곳입니다.

사망은 두 번 다가옵니다. 첫째 사망은 육체 사망입니다. 둘째 사망은 영혼 사망으로 예수를 믿는 사람은 부활하여 영원한 천국(신천신지)에 가서 하나님과 영원히 살아가게 됩니다. 예수를 믿지 않은 마귀의 자녀들은 부활하여 마귀가 사는 지옥(6200도) 속으로 들어가 영원히 이를 갈며 후회하며 살아가게 됩니다. “그러나 두려워하는 자들과 믿지 아니하는 자들과 흉악한 자들과 살인자들과 음행하는 자들과 점술가들과 우상 숭배자들과 거짓 말하는 모든 자들은 불과 유황으로 타는 못에 던져지리니 이것 이 둘째 사망이라"(계 21:8)

이 말씀은 문자적으로 보지 말고 영해를 해야 바르게 깨달을 수가 있습니다. 예를 든다면 거짓말하는 자들은 육적인 거짓말 이 아니고 신천지 이만희 같이 영적인 거짓말을 하여 성도들을 사망의 구렁텅이에 빠뜨리는 자를 말합니다. 그러니까 예수를 안 믿는 사람들은 죽으면 음부에 가서 고통을 당하다가 천년왕 국이 끝나고 부활하여 지옥에 가서 영원히 사는 것입니다.

예수를 믿은 크리스천은 낙원에 들어가 지내다가 예수님이 공 중재림하시면 1차적으로 부활을 하여 공중에서 주님을 영접합 니다. 이 신자들이 천년 왕국 시에 지도자급으로 예수님과 같이 활동하게 됩니다. 예수님 공중 재림 때에 들림을 받지 못한 사람 들은 낙원에 있으면서 7년 대환란을 통과해야 합니다. 통과하면 예수님 지상 재림시에 부활하게 됩니다.

그래서 첫째 부활에 참여하는 자들이 복이 있다고 하는 것입 니다. 성경 요한계시록20:6에 "이 첫째 부활에 참여하는 자들은 복이 있고 거룩하도다 둘째 사망이 그들을 다스리는 권세가 없 고 도리어 그들이 하나님과 그리스도의 제사장이 되어 천 년 동 안 그리스도와 더불어 왕 노릇 하리라"

천주교에서는 영혼의 거처를 음부와 지옥과 낙원과 천국 외 에도 여러 곳이 있다고 주장합니다. 음부도 낙원도 아닌 연옥(煉 獄)이 있으며 선조림보와 유아 림보가 있다고 합니다. 그래서 천주교를 믿다가 죽은 부모님이나 형제들을 위하여 성인들에게 부탁하여 헌금을 하고 정성을 다하여 빌면 연옥에 있던 부모님이 천국으로 들어간다는 것입니다. 천주교 성당에 가서보면 마리아 상이 있습니다. 마리아 상 밑에 촛불을 켜 놓은 것이 모두 그것입니다.

촛불을 켜 놓고 베드로나 바울이나 마리아나 이런 의인들에게 자신의 부모님들을 천국으로 옮기게 해달라고 열과 성의를 다하여 비는 것입니다. 이것은 비 성경적 견해이므로 절대로 관심을 두어서는 안 됩니다. 사람이 세상에서 수명을 다하면 낙원 아니면 음부에 들어가는 것입니다.

3)복음을 듣지 못하고 세상을 떠난 사람들은 어디에 가 있느냐 입니다. 예를 든다면 이순신 장군이나 세종대왕이나 의로운 일을 많이 한 사람들이 대관절 어디에 가 있을 까요?

①구약 때 유대인들은 그러니까 예수님 십자가 사건 전의 유대인들은 모두 아브라함의 품에 들어간다는 설입니다.

②신약 때 유대인들: 먼저 예수님을 믿은 유대인들은 모두 낙원에 들어갑니다. 유대인들도 메시아닉 주라고 하여 예수를 믿고 믿음생활을 하는 사람들이 있습니다. 그러나 예수님 공중 재림 때에는 들림 받지 못합니다. 7년 대환란을 통과한 후에 들림 받게 됩니다. 예수님을 믿지 않은 유대인들은 아브라함의 품에 들어갑니다. 예수님 부활의 사건 당시에 많은 성도들이 부활했습니다. 구약의 유대인들로 아브라함, 이삭, 이스라엘 등등 성인

으로 괜찮은 주님의 사람들이 부활했습니다.

"이에 성소 휘장이 위로부터 아래까지 찢어져 둘이 되고 땅이 진동하며 바위가 터지고 (52) **무덤들이 열리며 자던 성도의 몸이 많이 일어나되 (53) 예수의 부활 후에 그들이 무덤에서 나와서 거룩한 성에 들어가 많은 사람에게 보이니라.**"(마 27:51-53). 예수님과 같이 40일 동안 보이시다가 예수님을 따라 갔습니다. 낙원으로 갔다는 말입니다.

4)예수님 오시기 전에 죽은이방인들은 어떻게 되었을 까요?
구약 때 이방인들은 모두다 음부에 들어갔습니다. 그러나 예수님께서 한 번 구원의 기회를 주셨습니다. 예수님께서 십자가에서 돌아가신 후에 3일 동안 음부에 들어가셔서 복음을 전하셨습니다. 구원의 기회를 주신 것입니다.

이것을 베드로가 성령으로 받아서 성경에 기록함으로 증명했습니다. "그리스도께서도 단번에 죄를 위하여 죽으사 의인으로서 불의한 자를 대신하셨으니 이는 우리를 하나님 앞으로 인도하려 하심이라 육체로는 죽임을 당하시고 영으로는 살리심을 받으셨으니 (19) **그가 또한 영으로 가서 옥에 있는 영들에게 선포하시니라**"(벧전 3:18-19). 예수님께서 음부에 가셔서 거기 있는 자들에게 영으로 "나를 믿으라. 그러면 영원히 천국에서 살 것이다" 하면서 복음을 전했습니다. 이때 들을 귀가 있어서 알아듣고 예수님을 주인으로 믿은 사람들은 모두 낙원으로 갔습니다.

바울도 증명하였습니다. "우리 각 사람에게 그리스도의 선물의 분량대로 은혜를 주셨나니 (8) 그러므로 이르기를 **그가 위로 올라가실 때에 사로잡혔던 자들을 사로잡으시고 사람들에게 선물을 주셨다 하였도다 (9) 올라가셨다 하였은즉 땅 아래 낮은 곳으로 내리셨던 것이 아니면 무엇이냐** (10) 내리셨던 그가 곧 모든 하늘 위에 오르신 자니 이는 만물을 충만하게 하려 하심이라" (엡 4:7-10).

결론적으로 예수를 믿는 크리스천이 세상에서 삶을 마감하면 즉시로 천사들의 배웅을 받으면서 낙원으로 갑니다. 거기서 예수님의 위로와 보살핌을 받다가 예수님의 공중 재림 시에 들림을 받습니다. 이 성도가 가장 복이 있는 성도입니다. 들림 받아 예수님과 함께 천년왕국을 지나고 백보좌 심판이 끝나면 영원한 천국(신천신지)에 들어가 영원히 거하게 됩니다.

예수님 공중 재림 시에 들림 받지 못한 신자는 낙원에 거하면서 7년 대환란을 통과한 후에 예수님 지상 재림 시에 들림 받아 천년왕국을 지냅니다. 천년왕국을 지나고 백보좌 심판이 끝나면 영원한 천국(신천신지)에 들어가 영원히 거하게 됩니다.

예수님을 믿지 않은 사람은 음부에 떨어져서 고통을 당하다가 천년왕국을 지나고 부활하여 백보좌 심판이 끝나면 영원한 지옥에 들어가 영원히 거하게 됩니다. 그로므로 신약 시대를 살아가는 사람은 생명이 있을 때 복음을 받아들이지 않으면 영원히 구원 받을 기회가 없는 것입니다. 생명이 있을 때 복음을 받아들이고 예수님을 주인으로 영접해야 지옥 형벌을 피할 수가 있습니다.

둘째, 기본적으로 죽음이후 상태에 대해서 성도들의 생각. 기본적으로 성도들은 예수님을 구주와 주님으로 믿는 자신들은 그리스도의 공로로 말미암아 이미 이 세상에서도 영생을 누리고 있고, 죽은 후에도 그 영혼이 영원한 천국에서 영생을 누리며, 또한 그 후에는 죽은 자들 가운데서 부활하여 영원히 영생을 누리게 된다는 것을 유념할 필요가 있습니다. 그러므로 우리들의 죽은 다음의 상태가 성도들에게 대해 최종적인 것처럼 생각하는 것은 바르지 못한 태도가 아닐 수 없습니다.

우리는 언제나 그리스도 안에서 우리가 지금 누리고 있는 영생과 새 하늘과 새 땅에서의 부활체가 누리는 영생의 극치의 빛에서 죽음이후 상태를 이해해야 합니다. 그러므로 과거부터 신학에서는 죽음이후 상태를 '중간 상태'(the intermediate state)라고 말하는 일이 일반적이었습니다. 이는 개개인의 죽음과 부활 사이의 기간, (성도를 중심으로 말하자면) 지금 우리가 누리는 영생과 극치 상태에서 누릴 영생 사이에 있는 시기(즉, 中間期; intermediate period)의 상태라는 의미로 사용된 것입니다.

그리고 성경에 의하면, 중간 상태는 신자들의 중간 상태인 '하늘'에서의 삶과 불신자들의 중간 상태인 불신자의 영혼만이 '음부에서 지옥을 미리 맛보는 것'으로 나뉩니다.

웨스트민스터 신앙고백서가 표현한 바와 같이, 최고의 낙원(하늘)(the highest heaven)과 음부(지옥)(hell) 이외에 다른 중간 상태는 없는 것입니다. 즉, 천주교회가 말하는 연옥(purgatory) 같은 것은 있지 않다는 것입니다. 연옥에 대한 생각은 성경의 지지를 받지 못하는 잘못된 생각이 중세기에 발전한 것입니다. 중간 상태는 '최고의 하늘'과 '음부(지옥)'뿐인 것입니다. 성도들의 중간 상태는 최고의 하늘(낙원)에서의 삶을 사는 것이고, 불신자들의 중간 상태는 음부(지옥)의 고통과 형벌을 미리 누리는 것입니다.

셋째, 예수님을 믿은 자의 영혼은 낙원에서 쉬면서 기다리는 것이다. 또한 이렇게 순교자들과 증언자들에게 대해 "저희에게 흰 두루마리를 주시며 …아직 잠시 쉬되"라고 말씀하시는 것으로부터(계 6:11) 무엇을 기다리는가? 하는 본문의 직접적인 대답은 "저희 동무 종들과 형제들도 자기처럼 죽임을 받아 그 수가 차기까지 하라"는 것입니다(계 6:11). 그러므로 하늘의 온전케 된 성도들의 영혼은 하나님의 구원 역사의 정해진 때가 차기까지 기다리고 있는 것입니다. 죽음이후의 하늘의 영혼은 기본적으로 그 일을 그치고 쉬며 기다리고 있는 것입니다.

물론 그 영혼이 항상 하나님 앞에 있는 것이므로 기도도 하며 찬양도 하며 즐거움도 누리고 있습니다. 그래서 바울은 "떠나서 그리스도와 함께 있을 욕망을 가진 이것이 더 좋으나"(빌 1:23)라고 말하고 있는 것입니다. 사는 것도 유익하고 죽는 것도 유익하다고 하면서 바울은 그들 중 어느 것을 가릴는지 알지 못한다고 하면서 결국 자신만을 생각하면 이 세상을 떠나서 주와 함께 있는 것이 더 좋다고 한 것입니다. 그러나 그 상태가 성도들의 최종적 상태는 아니므로 성도들은 기쁨을 누리면서 하나님 나라가 극치에 이르기를 기다리는 것입니다.

그러므로 하나님 나라가 극치에 이르기를 기다린다는 것은 우주적으로 말하면 우주 전체가 하나님께서 의도하신 최종적 목적에 도달하는 것을 바라며 기다리고 있는 것입니다. 피조세계 전체가 그리스도의 사역의 결과로 온전히 회복되고, 하나님의 자녀들의 영광의 자유에 이르러 피조세계가 허무한 것에 굴복하는 것에서 벗어나는 것을 기다리는 것입니다(롬 8:19-21). 이는 또한 개인적으로 말하면 우리가 부활체를 가지고 그 부활한 온전한 존재 전체를 사용해서 하나님의 뜻을 온전히 수행하게 되는 것을 기다리는 것입니다.

넷째, 죽은 후 상태를 바로 이해하는 성도는 어떻게 해야 하는가? 이와 같이 성경적인 죽음이후 상태의 이해를 가지게 된 성도들은 이제 어떻게 해야 할까요? 다음과 같은 몇 가지를 분명히 하는 것이 중요하다고 생각됩니다.

1) 지금 여기서 우리가 살아있을 때 그리스도의 십자가 공로에 근거해서 누리고 있는 영생을 확신하고 그 영생에 부합한 삶을 살아가야 합니다. 성령 안에서 사랑과 화평과 희락을 누리고 그것을 전하는 도구로 살아야 하는 것입니다. 자신이 걸어 다니는 성전으로 살아가야 합니다. 성령으로 자신의 영-혼-육을 온전한 상태로 치유하여 관리하는 일에 집중해야 합니다. 보물을 자신의 마음 안에 쌓아야 한다는 진리를 바르게 깨닫고 자신의 전인격을 하늘나라 만드는 일에 전념해야 합니다.

2) 죽음이후에 우리가 그리스도와 함께 하나님 면전에 있게 될 것임을 분명히 믿으면서 우리는 죽을 때에도 '하늘' 소망을 가지고 죽음에 임해야 합니다. 바울이 말하는 것과 같이 성도들에게는 죽는 것도 유익한 것이기 때문입니다. 그리고 성경이 말하는 죽음이후 상태에 대해서 정확하고 바른 이해를 가지고 그 상태가 몸을 가진 상태인 것과 같이 생각하지 말아야 합니다.

3) 그러나 성도의 죽음이후 상태가 최종적인 상태인 것과 같이 생각하여 성경이 가르치는 온전한 영원 상태를 분명히 하지 않는 일로부터 벗어나야 합니다. 성도들의 궁극적 상태는 부활체를 가지고 새 하늘과 새 땅에서 사는 상태이기 때문입니다.

4) 마지막으로 예수 그리스도를 개인적 구주로 믿지 않는 이들은 ○ 지금 여기서도 영생을 누리지 못할 뿐만 아니라, 그들이 죽기 전에 그리스도를 개인적 구주로 영접하지 않는 한 ○ 죽음 이후에도 '하늘'의 복락에 참여할 수 없으므로 그 영혼이 '음부(지옥)'의 고통을 미리 경험할 뿐만 아니라, 궁극적으로 ○ 영원의 상태에서도 그 몸과 영혼이 '지옥'의 형벌을 영원히 받게 되는 영벌의 상태에 있게 될 것임을 분명히 의식하면서, 그들에게 그리스도의 천국 복음을 전하는 일에 힘써야만 합니다.

3장 죽음이 끝이 아니고 사후의 세계가 있다.

(고전 15:50-58)"(51)보라 내가 너희에게 비밀을 말하노니 우리가 다 잠 잘 것이 아니요 마지막 나팔에 순식간에 홀연히 다 변화되리니 (52)나팔 소리가 나매 죽은 자들이 썩지 아니할 것으로 다시 살아나고 우리도 변화되리라 (53)이 썩을 것이 반드시 썩지 아니할 것을 입겠고 이 죽을 것이 죽지 아니함을 입으리로다 (54)이 썩을 것이 썩지 아니함을 입고 이 죽을 것이 죽지 아니함을 입을 때에는 사망을 삼키고 이기리라고 기록된 말씀이 이루어지리라"

죽음은 길고도 깊고 아득한 터널과 같습니다. 사람들은 이 세상 삶의 끝에서 죽음이라는 아득하고 캄캄한 터널을 들여다 볼 때 그 끝이 보이지 않고 저쪽 출구가 전혀 보이지 않음을 보고 절망합니다. 그래서 무신론자들은 죽음은 전적인 무의 세계로 돌아가는 것으로 죽음 그 자체로 삶은 영원히 사라진다고 말하고 있습니다. 불가지론자들은 죽음 저 건너편에 삶이 있는지 없는지는 알 수가 없다고 말합니다.

실존주의자들은 삶이란 지금 여기 현실 세계 안에서 밖에 논할 수 없다고 주장하고 죽음 저 건너편에 대하여는 생각할 필요조차 없다고 말을 합니다. 그러나 여러 종교들은 그들 나름대로 죽음이후의 세계에 관하여 말하고 있습니다. 그러면 성경은 죽음 저 건너편 세계에 관하여 무엇이라고 말하고 있습니까?

첫째, 구약성경이 말하는 인간과 사후의 삶에 관해서 알아보고자 합니다. 인간은 하나님의 형상과 모양으로 지음을 받았다고 구약 성경 창세기에 말을 하고 있습니다. 그런데 하나님은 영이시라 예배하는 자가 영과 진리로 예배할지라고 말씀하셨습니다. 인간은 하나님의 형상과 모양으로 지음 받았기 때문에 당연히 영으로 지음을 받았습니다. 그 영이 혼과 더불어 우리 육체 속에 지금 거하고 있는 것입니다. 그러므로 인간이 영을 가지고 있기 때문에 하나님과 교제가 되고 대화가 되는 것입니다. 지금까지 아무리 발달한 동물이라도 동물이 하나님과 교제를 했다는 기록은 전혀 없습니다. 동물이 절간을 지었다든지 성당을 지었다든지 교회당을 지었다는 말은 전혀 없습니다. 왜냐하면 영이 없기 때문에 영적 대화가 되지 않을 뿐 아니라 영적인 요구도 없는 것입니다.

그러나 타락한 인간은 하나님 앞에서 쫓겨났으나 영적인 교통을 사모하고 있기 때문에 인간이 사는 곳은 어느 곳에서 종교가 있습니다. 저 아프리카의 피그미 족속으로부터 시작해서 알라스카의 그 곳에 사는 눈 속에 사는 사람들까지도 모두 다 자기 나름대로의 종교를 가지고 있습니다. 그것은 왜냐하면, 사람은 근본적으로 그 속에 영이 있기 때문에 영은 영과의 교통을 사모하고 있습니다. 그러므로 그 수단으로서의 종교를 만들어 내는 것입니다. 영은 죽지 않으므로 인간은 천국이나 지옥에 갈지언정 영원히 소멸하지는 않습니다.

성경에는 그 사실을 구약에도 분명히 증거하고 있습니다. 아담의 칠세 손 에녹은 300년 동안 하나님과 동행하다가 하나님이 산채로 천국으로 데리고 가버리고 말았습니다. 창세기 5: 22~24에 "므두셀라를 낳은 후 삼백 년을 하나님과 동행하며 자녀를 낳았으며 그가 삼백 육십 오 세를 향수 하였더라 에녹이 하나님과 동행하더니 하나님이 그를 데려가시므로 세상에 있지 아니하였더라." 그는 물질적인 세계와 영적인 세계를 왔다 갔다 왕래하다가 그만 영적 세계 속에 머물게 됨으로 보이지 않게 되고 마는 것입니다. 사람이 만일 물질적인 존재에 불과하다면 왜 에녹이 하나님과 동행하다가 하나님이 산채로 영적인 세계인 천국으로 옮겨가 버리고 만 것입니까? 그것은 인간의 죽지 않는 영원한 존재이기 때문에 하나님께서 그렇게 하신 것입니다.

인간은 물질적인 존재일 뿐 아니라 영적인 존재요 물질세계 속에 살 뿐 아니라 신령한 세계에서도 살기 때문에 언제나 물질세계와 영적 세계에 왕래할 수 있도록 주님께서 만들어 놓은 것입니다. 그러므로 영이신 하나님과 오직 영적인 존재인 인간만이 교통할 수 있기 때문에 하나님은 영생하심으로 인간도 영적 존재이므로 영생하는 것입니다. 그러므로 하나님께서는 필요하시다면 죽음이라는 과정을 무시하고 영의 세계로 영생의 세계로 인간을 데리고 가신다는 것을 이 사실을 통해서 분명히 증거 해주고 있는 것입니다.

둘째, 신약과 사후의 세계를 우리가 알아보십시다. 예수님은 완전한 하나님이 완전한 사람으로 오셔서 이 땅에서 33년 동안 계시다가 십자가에 죽었다 무덤에 들어간 지 사흘 만에 부활하여 사십일 동안 보이시다가 승천하셨습니다. 그런데 예수님께서 이 땅에서 사역할 동안에 많은 죽은 자를 살리셨습니다. 그러므로 예수님이 하나님의 아들 된 것을 증명할 뿐 아니라 인간은 영과 육이 분리되었으면 죽었으나 영이 돌아오면 도로 살아난다는 사실을 주님은 그 사역을 통해서 분명히 증거 해 주셨습니다.

예수님이 사역할 동안에 유대인의 회당장 야이로라는 사람의 딸이 죽었습니다. 회당장이 예수께 나와서 간절히 간구하여 자기 딸에서 손을 얹어서 살려 달라고 하므로 예수님이 야이로의 집에 가서 그 딸을 살린 기록이 성경에 있습니다.

누가복음 8:53~56에 "그들이 그 죽은 것을 아는 고로 비웃더라 (54) 예수께서 아이의 손을 잡고 불러 이르시되 아이야 일어나라 하시니 (55) 그 영이 돌아와 아이가 곧 일어나거늘 예수께서 먹을 것을 주라 명하시니 (56) 그 부모가 놀라는지라 예수께서 경고하사 이 일을 아무에게도 말하지 말라 하시니라" 여기에 분명히 말하기를 아이야 일어나라고 하시니 그 영이 돌아왔다고 말을 한 것입니다. 그러므로 그 아이의 영이 떠나서 하늘나라에 갔을 때는 아이가 죽었으나 하늘나라의 임금인 예수께서 돌아오라고 말을 하니 그 영이 그 몸에 돌아오니까 그 죽은 몸이 살아난 것입니다.

그러므로 인간이 죽는다는 것은 그 영이 몸을 떠날 때에 죽는 것이고 영이 다시 몸에 돌아오면 그는 살아나는 것입니다. 인간은 영이 그 육체 속에 사는 것이요 육체의 장막 집을 벗어버린다고해서 그 영이 없어지지 않는 것은 그 영은 죽지 않고 영생하기 때문인 것입니다.

가장 극적인 사건은 나라로의 부활인 것입니다. 나사로는 죽은 지 벌써 나흘이 되고 무덤에 장사되어 썩은 냄새가 났습니다. 그러므로 그의 여동생인 마르다와 마리아는 극구 무덤 문을 열어 놓기를 거부했습니다. 그러나 예수님은 무덤 문을 옮겨 놓으라고 명령하신 다음 무덤 입구에 서서 나사로야 나오라고 고함을 치시니까 나사로가 그 수의를 입은 채 몸이 묶인 채 그는 나왔습니다. 예수님이 풀어놓아 다니게 하라고 하니까 풀어놓으니 멀쩡하게 살아났습니다.

그는 무덤에 들어가서 이미 그 몸이 부패했습니다. 절대로 의학적으로는 살아 날 수 없습니다. 그런데도 불구하고 예수님께서 그 영을 불러들이니 그 썩고 부패한 몸이 즉시로 살아 일어났습니다. 이러므로 사람은 그냥 물질적인 존재가 아니라는 것입니다. 영이 들어오면 살고 영이 떠나면 죽는다. 그러면 우리 자체가 누구냐! 우리는 영이 마음을 더불어 육체 속에 지금 살고 있을 따름인 것입니다. 우리의 참 모습은 영이요 육체가 아니라는 것을 성경은 보여주고 있는 것입니다.

예수님께서 예루살렘으로 십자가에 못 박기 위해서 여행을 하는 동안에 베드로와 야고보와 요한을 데리시고 변화산상에 올라간 적이 있습니다. 변화산상에 올라가서 기도할 때에 주님의 입은 옷이 빨래한 자의 흰옷 같이 희어지고 눈부시고 광채가 났습니다.

그러자 모세와 엘리야가 나타나서 예수 그리스도가 예루살렘에 올라가서 십자가에 못 박아 죽을 것을 이야기하는 것을 베드로가 보고 너무 놀라고 감동해서 주여 여기가 좋사오니 초막 셋을 우리가 지어 하나는 주님을 위해서 하나는 모세를 위해서 하나는 엘리야를 위해서 하십시다. 그렇게 말한 적이 있습니다. 그러자 즉시 구름이 그들을 가리고 하늘에서 음성이 나서 말하되 이는 내 사랑하는 자요 내가 기뻐하는 자니 저만 들으라. 그러시고 구름이 사라지고 그들의 정신이 번쩍 차려보니 예수님만 계시더라는 것입니다.

이 사건은 마가복음 9: 2~5에 상세하게 기록하고 있습니다. "엿새 후에 예수께서 베드로와 야고보와 요한을 데리시고 따로 높은 산에 올라가셨더니 저희 앞에서 변형되사 그 옷이 광채가 나며 세상에서 빨래하는 자가 그렇게 희게 할 수 없을 만큼 심히 희어졌더라. 이에 엘리야가 모세와 함께 저희에게 나타나 예수로 더불어 말씀하거늘 베드로가 예수께 고하되 랍비여 우리가 여기 있는 것이 좋사오니 우리가 초막 셋을 짓되 하나는 주를 위하여, 하나는 모세를 위하여, 하나는 엘리야를 위하여 하사이다 하니" 여기에 모세와 엘리야가 변화산상에 나타났습니다.

그런데 우리가 너무나 잘 아는 것처럼 모세는 예수님 오시기 전 1400년경에 이스라엘 백성을 데리고 가나안 땅에 들어오다가 요단강 이편 느보산 어떤 한 기슭에 죽어서 장사되었습니다. 그는 1400년 전에 죽었습니다. 그래서 분명히 모세를 느보산의 한 지산인 비스가산에서 장사지냈습니다. 그 육체를 땅에 파묻었습니다. 그 영은 떠나가고… 그리고 엘리야는 예수님이 오시기 전 850년경에 그는 죽지 않고 그 몸을 가진 그대로 승천해 올라갔었습니다. 그런데 예수님이 변화산상에서 기도할 때에 예수님을 돕기 위해서 나타난 사람이 율법을 대표하는 모세와 예언을 대표하는 엘리야가 나타나서 율법에 예언된 대로 예수님은 예루살렘에 가서 죽었다가 사흘 만에 부활할 것을 주께 보고하는 장면입니다. 여기에 보니까 죽어서 몸을 땅에 파묻고 영만 올라간 모세나 몸채로 그대로 올라간 엘리야나 똑같이 신령한 몸으로 나타나서 예수님께 보고를 하고 있는 것입니다.

여기에 보게 될 때에 그러므로 사람은 몸 안에 있으나 몸 밖에 있으나 똑같다는 것입니다. 몸 밖에 나간 사람도 신령한 몸 그대로 있고 몸 안에 있어서 몸을 가지고 올라간 사람도 신령한 사람으로 변화되어 버리고 만다는 것입니다. 이 혈과 육은 문제가 아니라 이 속에 있는 영이 중요하다는 것입니다.

그러므로 1400년 전에 죽은 모세도, 850년 전에 불 수레 타고 올라간 엘리야도 죽고 사라진 것이 아니라 예수님에게 1400년 후에 나타나고 850년 후에 나타나서 그리스도에게 보고하고 있는 것입니다. 그러므로 여기에 보면 분명히 사람은 죽어 사라지는 것이 아니라 육체와 혈과 육은 사라져도 영혼은 영생한다는 사실을 여기에 너무나 똑같이 보여 주고 있는 것입니다.

예수님의 죽으심과 부활하심을 보세요. 예수님은 우리와 똑같이 어린아이로 인간으로 출생하여 우리가 똑같이 33년간 성장하셨습니다. 예수님이 인간의 모든 고통을 당하시고 십자가에 죽으실 때에 그의 우편 강도와 좌편 강도가 함께 못 박혔는데 우편 강도가 예수께 말했습니다. "주님이 오시는 날에 나를 기

억 하소서." 그때 예수님이 뭐라고 하셨습니까? "오늘날 너는 나
와 함께 낙원에 있으리라"고 말했었습니다. 분명히 그는 십자가
에 못 박혀 있는데도 불구하고 주님께서는 네가 나와 함께 낙원
에 있으리고 말한 것입니다. 그러면 그 육체가 낙원에 내려갔습
니까? 아닙니다. 뭐가 낙원에 내려갑니까? 예수님의 영혼이 낙
원으로 내려갔고 그 우편 강도의 영혼이 낙원에 내려간 것입니
다. 너는 오늘 나와 함께 낙원에 있으리라 여기에서 주님께서 우
리 죽어 없어진다고 말하지 않았습니다. 우리 죽고 난 다음 미래
가 어떻게 될지 불투명하다고 그렇게 말씀하지 않았습니다.

예수께서는 분명히 십자가에 못 박혀 죽어간 그 우편 강도를
바라보고 당신도 십자가에 못 박혀 있으면서 너는 오늘 나와 함
께 낙원에 가 있으리라고 말한 것입니다. 우리가 실제 환경을 보
면 예수님의 몸은 낙원에 있지 않고 무덤에 들어갔고 우편 강도
는 다리가 잘려서죽어서 장례 지냈습니다. 그럼에도 불구하고
육체는 이와 같이 죽었으나 그 속사람은 낙원으로 내려간 사실
을 우리가 알 수 있는 것입니다.

예수님은 인간의 모습 그대로 육의 몸이 신령한 몸으로 변화
되는 것을 부활절을 통해서 보여 주셨습니다. 예수님께서 분명
히 낙원에 내려갔다가 그 다음 그 육체의 몸에 들어오셔서 그 몸
으로 부활하셨습니다. 그 몸이 무덤에 남이 있지 않았습니다. 대
표적인 인간으로 주님께서는 죽으시고 대표적인 인간으로 부활
하신 것입니다. 인간은 죽음으로 끝이 나지 않는다는 것을 여기
에 보여 주셨습니다.

고린도 전서 15:44~45에 보면 "육의 몸으로 심고 신령한 몸으로 다시 사나니 육의 몸이 있은즉 또 신령한 몸이 있느니라 기록된바 첫 사람 아담은 산 영이 되었다함과 같이 마지막 아담은 살려주는 영이 되었나니" 마지막 아담 예수 그리스도를 구주로 믿으면 예수님은 살려주는 영이 되어서 육의 몸이 있은즉 신령한 몸이 있느니라. 이 육의 몸이 없어진다고 해서 이 속에 살고 있는 신령한 몸이 사라지는 것이 아닙니다. 육의 몸이 없어질 때는 신령한 몸이 살아 일어나는 것입니다. 이러므로 죽어서 육의 몸으로 심으면 우리는 신령한 몸으로 다시 살아서 주님과 함께 영원히 거하게 되는 것입니다. 이렇기 때문에 여러분 죽음 그 자체가 우리를 없애 버리는 것이 아닙니다.

셋째, 사도시대와 사후의 세계를 우리가 알아보십시다. 사도들은 예수님이 부활하시고 난 다음 계속적으로 나타나시는 것을 보고 난 다음 사람은 죽어서 사라지는 것이 아니라 영원히 산다는 것을 알고 대단히 담대해졌습니다. 그래서 주를 위해서 죽어도 영원히 산다는 뚜렷한 확신을 그들은 얻게 되었습니다. 그들은 부활하신 예수 그리스도의 몸을 만져 보기도 하고 부활하신 예수 그리스도와 함께 앉아서 식탁을 같이 하기도 하고 부활하신 예수 그리스도 앞에서 교훈을 받기도 했습니다.

이러므로 그들은 눈으로 보고 귀로 듣고 손으로 만져보고 예수님이 부활한 사실을 너무나 또렷이 알았기 때문에 사람으로서 죽으나 또 신령한 사람으로서 영원히 산다는 사실을 그들은 마음에 뚜렷이 알게 되었습니다. 그런데 주님의 제자인 베드로도 죽은 자를 살렸었습니다. 그가 욥바에 가서 다비다라는 여제자가 죽었는데 그가 평소에 너무나 착한 일을 많이 한즉 그를 따르던 수많은 사람들이 욥바에 있는 베드로를 불러서 다비다를 살려달라고 했습니다. 그래서 그가 가니까 "다비다를 씻겨서 다락 위에 얹어 놓은지라" 그가 가서 사람들 다 내려 보내고 하나님께 무릎을 꿇어 기도하고 난 다음에 돌아보고 다비다야 일어나라고 하니까 즉시로 일어나 살아났습니다. 예수님이 죽은 자를 살린 것처럼 베드로도 죽은 자를 살렸습니다. 그가 일어나라고 하며 그의 영혼이 돌아와서 그는 살아난 것입니다.

사도바울 선생은 정말로 극적인 체험을 한 것입니다. 성경에 보면 그가 루스드라에서 복음을 증거 하다가 잡혀서 돌에 맞아 죽었습니다. 원수들이 그가 죽은 것을 확인하고 그를 끌고 도시 밖에 시체에 버리는 거름무더기에 갔다 내어 던져 버렸습니다. 그런데 제자들이 이 사도 바울의 죽은 시체를 어떻게 할까? 의논하고 기도하는데 바울선생이 살아 일어나고 마는 것입니다.

그런데 바울은 13년이 지난 후에 그 사건을 그는 고린도후서에 이렇게 기록했습니다. 고린도후서 12:1~4에 "무익하나마 내가 부득불 자랑하노니 주의 환상과 계시를 말하리라 내가 그리스도 안에 있는 한 사람을 아노니 십 사년 전에 그가 셋째 하늘에 이끌려 간 자라 그가 몸 안에 있었는지 몸 밖에 있었는지 나는 모르거니와 하나님은 아시느니라 내가 이런 사람을 아노니 그가 몸 안에 있었는지 몸 밖에 있었는지 나는 모르거니와 하나님은 아시느니라 그가 낙원으로 이끌려가서 말할 수 없는 말을 들었으니 사람이 가히 이르지 못할 말이로다" 14년 전에 바울 선생은 이 죽음의 경험을 통해서 그의 속사람이 낙원에 올라가서 도저히 말로써 표현 할 수 없는 아름다운 장면을 보았는데 그는 말하기를 그때의 체험이 몸 안에서 갖는지 몸 밖에서 갖는지 도무지 분간을 할 수 없었다고 말한 것입니다.

사람들은 생각하기를 죽으면 저 구름과 안개같이 공중에 떠다니면서 희미하게 그렇게 있을 줄로 생각하는데 그렇지 않고 바울 선생을 말을 들으십시오. 내가 몸 안에 있었는지 몸 밖에 있었는지 도무지 분별이 되지 않는다고 두 번이나 말했습니다. 직접 몸으로 간 것같이 너무나 뚜렷하게 하늘에 올라가서 자기를 인식하고 하늘을 바라보고 그곳에 있는 영광을 이야기했다는 것입니다.

이러므로 그가 몸 안에 있었는지 몸 밖에 있었는지 나는 모르거니와 하나님은 아신다고 하므로 바울 선생은 자기가 직접 몸으로 올라갔는지 그렇지 않으면 몸 밖의 영혼이 나와서 올라갔는지 지금도 분별할 수 없을 정도라는 것입니다. 그렇기 때문에 죽으면 다 모르겠지 그냥 세상도 다 모르고 일가친척도 모르고 희미하게 되겠지? 그렇지 않습니다. 죽음이라는 것은 오늘날 이 세상 삶의 연속으로서 더 아름답고 영광스러운 세계 속에 들어가는 것입니다. 바울 선생은 이 체험을 하고 난 다음에 항상 천국이 그리웠습니다.

빌립보서 1:21~23에 "이는 내게 사는 것이 그리스도니 죽는 것도 유익함이니라 그러나 만일 육신으로 사는 이것이 내일의 열매일진대 무엇을 가릴는지 나는 알지 못하노라 내가 그 두 사이에 끼였으니 떠나서 그리스도와 함께 있을 욕망을 가진 이것이 더욱 좋으나"라고 말했습니다. 차라리 육체를 떠나서 예수 그리스도와 함께 있을 욕망이 더 좋다고 말했습니다. 그 바울은 죽음을 오히려 사모했습니다. 고린도후서5:1에도 "만일 땅에 있는 우리의 장막집이 무너지면 하나님께서 지으신 집 곧 손으로 지은 것이 아니요 하늘에 있는 영원한 집이우리에게 있는 줄 아나니"라고 말한 것입니다. 그러므로 이 땅에 있는 육신의 장막집이 무너진다고 우리가 사라지는 것이 아니라 하늘의 하나님이 인간의 손으로 짓지 않은 영원한 집이 있다고 말했었습니다. 고린도후서 5:8~9에 "우리가 담대하여 원하는 바는 차라리 몸을 떠나 주와 함께 거하는 그것이라 그런즉 우리는 거하든지 떠나든지 주를 기쁘시게 하는 자 되기를 힘쓰노라" 차라리 담대해진다면 우리 몸을 떠나서 예수님과 함께 있는 것이 더 좋다고 바울은 말했었습니다. 그러므로 우리가 몸 안에 있던지 몸 밖에 있던지 우리는 주를 섬긴다고 그는 말했습니다. 베드로도 그는 만연에 주님께서 정한 뜻이 있어서 그 육신의 장막집을 떠날 날이 가까워 온다고 말했었습니다.

베드로후서 1:12~14에 "이러므로 너희가 이것을 알고 이미 있는 진리에 섰으나 내가 항상 너희로 생각하게 하려 하노니 내가 이 장막에 있을 동안에 너희를 일깨워 생각하게 함이 옳은 줄로 여기노니 이는 우리 주 예수 그리스도께서 내게 지시하신 것 같이 나도 이 장막을 벗어날 것이 임박한 줄을 앎이라" 베드로가 죽기 전에 말했습니다.

내가 장막을 벗어날 시간이 임박한 줄을 앎이라. 장막은 뭡니까? 천막입니다. 내가 천막 안에서 살다가 이 천막집을 벗어버리고 떠날 날이 가까워 왔다가 말했습니다. 내가 이 땅에 사라질 날이 가까워 왔다고 말하지 않았습니다. 내 장막집에 살다가 주님께서 말씀하신 대로 이 장막집을 벗어버리고 주님께로 나아갈 기한이 가까워 왔다고 그는 말했습니다.

더구나 사도 요한의 체험을 보세요. 사도 요한은 그가 로마 십대 황제의 핍박 때에 네로 황제에게 잡혀서 밧모 섬에 유배를 갔을 때에 주일날 기도하다가 하나님께서 그에게 놀라운 환상을 보여 주셨습니다. 요한계시록 4:1~6에 "이 일 후에 내가 보니 하늘에 열린 문이 있는데 내가 들은바 처음에 내게 말하던 나팔 소리 같은 그 음성이 가로되 이리로 올라오라 이후에 마땅히 될 일을 내가 네게 보이리라 하시더라. 내가 곧 성령에 감동하였더니 보라 하늘에 보좌를 베풀었고 그 보좌 위에 앉으신 이가 있는데 앉으신 이의 모양이 벽옥과 홍보석 같고 또 무지개가 있어 보좌에 둘렸는데 그 모양이 녹보석 같더라 또 보좌에 둘려 이십 사 보좌들이 있고 그 보좌들 위에 이십 사 장로들이 흰 옷을 입고 머리에 금 면류관을 쓰고 앉았더라. 보좌로부터 번개와 음성과 뇌성이 나고 보좌 앞에 일곱 등불 켠 것이 있으니 이는 하나님의 일곱 영이라 보좌 앞에 수정과 같은 유리 바다가 있고 보좌 가운데와 보좌 주위에 네 생물이 있는데 앞뒤에 눈이 가득하더라"

여기에 사도 요한은 밧모 섬에서 하늘로 들려 올라갔었습니다. 하늘의 문이 열리고 그는 하늘 문을 통해서 하늘에 들리어 올라가서 거기에 하나님이 보좌에 앉아 계시고 그리고 24장로들이 하는 일을 보았습니다. 12장로는 구약을 대표하고 12장로는 신약을 대표합니다. 그 구약의 구원받은 사람 신약에 구원받은 대표들이 이미 면류관을 쓰고 흰옷을 입고 보좌에 앉은 것을 보았습니다. 그러므로 사람은 죽어서 사라지는 것이 아니라 하늘 문이 열리고 하늘로 올라간다는 사실을 사도 요한은 여기에 뚜렷하게 체험했었습니다.

예수님께서는 요한복음 14:1~3에 "너희는 마음에 근심하지 말라 하나님을 믿으니 또 나를 믿으라. 내 아버지 집에 거할 곳이 많도다. 그렇지 않으면 너희에게 일렀으리라 내가 너희를 위하여 처소를 예비하러 가노니 가서 너희를 위하여 처소를 예비하면 내가 다시 와서 너희를 내게로 영접하여 나 있는 곳에 너희도 있게 하리라"고 말씀하신 것입니다.

그러므로 우리가 한 사람 한 사람 죽음을 당할 때에 예수님이 와서 우리를 데리고 주님이 예비한 영원한 처소에 가시겠다고 말씀하신 것입니다. 이러므로 우리는 이 땅에 살다가 굼벵이같이 죽어서 흙으로 변해 버리는 존재가 아닙니다. 우리의 육신의 장막집이 무너지면 주께서 우리를 인도하셔서 우리를 눈물과 근심과 탄식과 이별하는 것이나 곡하는 것이나 앓는 것이 없는 영원한 천국으로 데려가는 것입니다.

인간이 죽음으로 모든 것이 끝난다는 말은 마귀의 거짓말입니다. 우리의 육신의 옷을 벗어버릴 때에 어떤 이는 거지 나사로같이 낙원으로 가고 이 땅에 그리스도를 배반하고 하나님을 무시한 부자 같은 사람은 음부에 내려갈 것입니다.

히브리서 9:27에 "한번 죽는 것은 사람에게 정하신 것이요 그 후에는 심판이 있으리라" 그런데 예수 믿는 사람들은 그리스도가 십자가에서 우리를 대신해서 심판을 받았음으로 사망에서 생명으로 옮겨져서 용서와 의를 가지고 영광스럽게 천국으로 들어갈 수 있게 되는 것입니다. 이러므로 세상에 무신론자들이나 불가지론자들이나 실존주의자들이 죽으면 없어진다는 그 거짓말 하는 것에 유혹되지 말아야 합니다.

우리는 잠시 잠깐 후에 이 육신의 장막집을 벗어버리고 영원히 천국에 들어가서 주님과 함께 거하게 될 것이요 그전에 주님이 오시면 우리는 주님 안에서 변화되어 약한 몸이 강한 몸으로 추한 몸이 영화로운 몸으로 육이 몸이 신령한 몸으로 변화되어 주와 함께 영원히 살게 될 것입니다. 우리 사람은 영인지라 천국에서 하나님과 영원히 살든지 하나님을 배반하고 지옥에 내려가서 영원히 심판을 당하든지 둘 중에 하나인 것입니다.

인간은 중간에 있을 수 없습니다. 피할 수 없습니다. 이러므로 두려워하는 자들과 믿지 않는 자들과 살인자들과 행음 자들과 우상숭배자들과 모든 거짓말하는 자들은 불과 유황으로 타는 못에 참여하리니 이것이 둘째 사망이라고 말했었습니다. 육체도 죽고 영이 죽으면 그보다 더 비참한 것이 어디에 있습니까? 이러므로 주님께서 은혜를 베풀 때에 우리가 간절히 기도해서 주의 구원의 손을 잡고 영원한 생명을 확보하게 되시기를 주의 이름으로 축원합니다.

4장 악인이 가는 음부(지옥)은 어떤 곳일까?

(막 9:47-49)"만일 네 눈이 너를 범죄 하게 하거든 빼
버리라 한 눈으로 하나님의 나라에 들어가는 것이 두 눈
을 가지고 지옥에 던져지는 것보다 나으니라 (48) 거기
에서는 구더기도 죽지 않고 불도 꺼지지 아니하느니라
(49) 사람마다 불로써 소금 치듯 함을 받으리라"

정말 음부(지옥)은 있습니다. 우리가 영혼이 중한 줄 알면 이
문제를 확실히 밝혀야 합니다. 하나님은 참되시나 사람은 모두
거짓됩니다. "악인이 음부로 돌아감이여"(시9:17). 천지는 없어
지겠으나 하나님의 말씀은 변함이 없다고 했습니다. 예수님께서
도 직접 여러 번 음부(지옥)에 관한 말씀을 해 주셨습니다. "거기
는 구더기도 죽지 않고 불도 꺼지지 아니하리라"(막 7:48).
  문제는 한 영혼이 천하보다 귀하므로 음부(지옥)의 유무를 확
실히 밝혀야 옳습니다. 구더기도 죽지를 않고 불도 꺼지지 않는
지옥이라고 한 예수님의 말씀이 거짓말이었을까? 또 부자와 나
사로의 비유에서 부자가 음부의 고통 중에 눈을 들어 혀끝에 물
한 방울만 떨어뜨려 달라고 한 이야기가 실제로는 없는 거짓의
것을 예수님이 공상하여 말하였을까? 예수님이 우리를 두렵고
불안하게 하기 위하여 존재치 않는 것을 공상하여 묘사했을까?
하나님은 거짓말하지 못하십니다. 고로 영원하며 꺼지지 않는
불이 붙고 있는 음부(지옥)이 있다는 것은 영원토록 진리이며 하

나님의 말씀만이 모든 의심을 없애줍니다.

만일 음부(지옥)이 없으면 천국도 있을 수 없습니다. 둘은 모두 동일한 기초 위에서 있으니 그 기초는 하나님의 진리입니다. 성경에는 천국의 존재를 증명하는 말씀이 많은데 음부(지옥)의 존재를 증명하는 말씀도 그와 같이 많습니다.

또한 성경에는 천국에 대한 약속이 많이 있고, 음부(지옥)의 두려움에 대한 말도 많이 있습니다. 하나님의 구원계획은 하나이니 만일 일부를 부인하면 전체를 부인하는 것이 됩니다.

만일 음부(지옥)이 없다면 예수님께서 갈보리에서 죽으실 필요도 없었을 것입니다. 고로 만일 당신이 영혼을 사랑할진대 아무런 의심을 품지말기를 바랍니다. 형벌의 영원성은 예수님이 하나님 되심이 뚜렷한 것 같이 뚜렷합니다. 고로 이 두 가지 진리는 존재를 같이 합니다.

예수님이 하나님이심과 같이 음부(지옥)도 엄연히 존재합니다. 죄성의 영원성과 불법의 필연적인 보응과 하나님의 말씀의 진리성과 하나님의 아들의 죽으심은 모두 한 가지 진리를 말하는데 그것은 음부(지옥)이 있다는 것입니다.

첫째, 성경에서 말하는 음부(지옥)은 어떤 곳인가? "네 영화가 스올에 떨어졌음이여 네 비파 소리까지로다 구더기가 네 아래에 깔림이여 지렁이가 너를 덮었도다"(이사야 14:11). "거기에서는 구더기도 죽지 않고 불도 꺼지지 아니하느니라. 사람마다 불로써 소금 치듯 함을 받으리라"(마가 9:48~49). "불러 이르되 아버지 아브라함이여 나를 긍휼히 여기사 나사로를 보내어 그 손가락 끝에 물을 찍어 내 혀를 서늘하게 하소서 내가 이 불꽃 가운데서 괴로워하나이다"(누가 16:24). "몸은 죽여도 영혼은 능히 죽이지 못하는 자들을 두려워하지 말고 오직 몸과 영혼을 능히 지옥에 멸하실 수 있는 이를 두려워하라"(마태 10:28). "하나님이 범죄한 천사들을 용서하지 아니하시고 지옥에 던져 어두운 구덩이에 두어 심판 때까지 지키게 하셨으며"(벧후 2:4).

음부(지옥)은 구더기와 지렁이가 사람 몸을 의지하여 살며, 프라이팬에 기름을 붇고 소금을 올려놓으며 뜨거운 기운에 튀기는 것처럼, 사람이 그렇게 불에 치듯 함을 받습니다. 나사로는 불꽃 가운데서 요청한 것은 물 한 컵이 아니라 손가락 끝에 묻은 한 방울의 물이었습니다. 음부(지옥)이 얼마나 참혹한 곳이라는 것을 생생하게 보여주고 있습니다.

음부(지옥)의 멸망당한 영혼의 탄식소리를 들어 보시기를 바랍니다. 일곱명의 콜럼비아 청소년들은 그룹으로 함께 예수님에 의해 천국과 지옥을 체험하게 되었는데, 먼저 지옥의 비참함에 대해 말하는 그들의 증언에 귀를 기울이십시오. 주님께서는 우리들의 삶의 방향을 바꿔 버리게 만든 놀랄만한 것을 보여주셨습니다. 오전 10시쯤 경, 갑자기 굉장히 강렬한 흰 빛이 한 유리 창문을 통해서 비춰 들어오기 시작했습니다.

그 빛이 비춰 들어오기 시작할 때, 우리 7명 모두들에게 성령님께서 임재하시면서, 모두의 입에서 갑자기 방언기도가 나오기 시작했습니다. 그 순간, 우리들은 우리들의 눈앞에 나타난 것에

놀랐고, 한편으로는 매료되었습니다. 그 영광의 흰 빛은 방 전체를 비추고 있었는데, 밖에 비추이는 태양빛보다도 훨씬 더 강렬한 빛이었습니다.

믿었던 자들과, 배교자들이 가있는 지옥의 실상을 보여 주셨습니다. 우리들은 다른 장소로 이동하기 시작했고, 지옥에서 가장 끔찍한 장소에 다다르게 되었습니다. 여느 지옥의 장소보다 더 잔혹한 고통이 있는, 바로 지옥의 중심부였습니다. 인간이 표현할 수 없는 고통들이 동시에 가해지는 곳이었습니다.

이곳에는 예수님과 주님의 말씀인 성경을 알았던 사람들만이 오는 곳이었습니다. 목사들, 선교사들, 전도자들 그리고 예수님을 한번이라도 영접하였었고, 진리가 무엇인지를 알았던 사람들 중, 이중적인 삶을 살았던 모든 자들이 그곳에 와 있었습니다.

그곳에는 또한 기독교인이었다가 배교한 모든 사람들도 와 있었습니다. 이 배교자들의 고통은 그곳에 있는 다른 사람들보다 천배는 더 심해보였습니다. 그들 모두 주님께 자비를 구하면서 소리쳐댔습니다. 하지만, 히10:26-27에서 주님은 이렇게 말씀하십니다. "우리가 진리를 아는 지식을 받은 후 짐짓 죄를 범한즉 다시 속죄하는 제사가 없고 오직 무서운 마음으로 심판을 기다리는 것과 대적하는 자를 소멸할 맹렬한 불만 있으리라."

"모세의 법을 폐한 자도 두 세 증인을 인하여 불쌍히 여김을 받지 못하고 죽었거든 하물며 하나님 아들을 밟고 자기를 거룩하게 한 언약의 피를 부정한 것으로 여기고 은혜의 성령을 욕되게 하는 자의 당연히 받을 형벌이 얼마나 더 중하겠느냐 너희는 생각하라"

그들은 살아생전에 그들이 전도하고 금식하고, 찬양하고, 그들의 팔을 교회에서 주님을 위해 치켜들었지만, 거리에서는, 그리고 가정에서는 간음하고, 간통하고, 거짓말하고, 도적질하였기 때문에 그곳에 와 있었습니다. 우리들은 주님께 거짓말 할 수 없습니다. 성경은 눅12-48에서 "알지 못하고 맞을 일을 행한 종은 적게 맞으리라 무릇 많이 받은 자에게는 많이 찾을 것이요 많이 맡은 자에게는 많이 달라 할 것이니라" 라고 말씀하고 계십니다.

그리고 나서, 하나님은 세상에 있을 때 한때 크리스천 자매들이었지만, 주님 앞에서 올바르지 못한 삶을 살았던 두 여자를 보여주셨습니다.

그들은 서로에게 "너~ 이 저주받은 인간아! 너 때문에 내가 지금 이곳에 와있단 말이다! 네가 나한테 복음을 제대로 전하지 않았기 때문에, 네가 나에게 진리를 말해주지 않았기 때문에, 내가 지금 이 지옥에 와있단 말이다!" 라고 외쳐대며, 그 불꽃화염 속에서 서로를 증오하고 있었는데, 왜냐하면 그곳, 지옥에는 사랑이나 자비, 용서가 없기 때문이었습니다.

그곳에는 세상에 있을 때 주님의 말씀을 알고 있었으나, 주님 앞에 깨끗하지 않은 삶을 살았던 수많은 사람들이 있었습니다. 예수님께서는 말씀하셨습니다. "하나님을 속일수도 없으며, 지옥 불 또한 속일수가 없느니라!" 또 다시 주님께서는 우리들에게 말씀하셨습니다.

"나의 자녀들아, 설령 지상에서의 모든 고통들이 한곳에 쏟아

부어진다해도, 지옥에서 가장 견디기 쉬운 곳에 있는 자가 받는 고난에 비교한다면 그것은 아무것도 아니니라"

지옥에서 가장 견디기 쉬운 고난을 받는 사람의 고통이 그 정도라면, 도대체 한때 주님을 알았다가 떠나버린 영혼들이 오는 지옥의 중심부에 존재하는 고통은 얼마나 끔찍하단 말인가…. 주님은 다시 말씀하셨습니다. "우리가 지상에 있을 때는 불을 가지고 장난을 칠 수 있지만, 지옥의 불로는 절대로 그럴 수 없다" 라고…. 우리들은 계속 다른 장소로 이동하였고, 주님께서는 우리들에게 아주 많은 종류의 사람들을 보여주셨습니다. 우리들이 보니, 그곳에 있는 모든 사람들이 대략 6가지 종류의 다른 고통들을 받고 있는 것 같았습니다. 모든 종류의 고문을 가지고 악한 영들로 부터 괴롭힘을 당하는 영혼들도 있었습니다.

하지만 그러한 고문들 이외에 또 다른 괴로운 고문은, 그들의 양심이 계속 그들에게 "그들이 너를 전도하던 때를 기억하라, 네가 하나님의 말씀을 들었을 때를 기억하라, 그들이 너에게 지옥에 대해서 얘기해줬을 때 네가 그것을 비웃었을 때를 기억하라!" 라고 말하면서 그들의 양심이 그들을 고문시키는 것이었습니다.

벌레들이 그들의 온몸으로 기어 다니고, 우리들이 지상에서 알고 있던 불보다 천배의 천배는 더 뜨거운 화염이 그들을 불태우는 고문과 함께, 그들의 양심도 그들을 계속 고문하고 있었습니다. 이 고문은 마귀를 찾고, 그들을 따르던 모든 이들에게 마귀가 주는 댓가(reward)였습니다.

계 21:8에서 주님은 말씀하십니다. "그러나 두려워하는 자들과 믿지 아니하는 자들과, 흉악한 자들과, 살인자들과 행음자들과, 술객들과, 우상 숭배자들과, 모든 거짓말 하는 자들은, 불과 유황으로 타는 못에 참예하리니 이것이 둘째 사망이라"

둘째, 음부(지옥)은 왜 만들었나? 사람들은 사랑의 하나님이 무엇 때문에 음부(지옥)을 만들었는지 궁금해 합니다. 음부(지옥)(Hell)은 구속함을 받지 못한 사람들이 가게 될 최후의 상태를 가리킵니다. 하나님은 음부(지옥)을 원래 사람을 위해 만든 것이 아니었습니다. 범죄한 천사들을 위해 만든 것입니다.

"또 왼편에 있는 자들에게 이르시되 저주를 받은 자들아 나를 떠나 마귀와 그 사자들을 위하여 예비된 영원한 불에 들어가라"(마태 25:41). 원래는 범죄한 천사들을 위하여 음부(지옥)이 만들어 졌지만 인간이 타락한 이후 사람도 음부(지옥)에 들어가게 된 것입니다.

셋째, 음부(지옥)의 위치는? 음부(지옥)의 위치에 대해서는 여러 이론이 있습니다. 음부(지옥)(地獄)의 명칭대로 지구 땅 아래 위치한다는 주장이 있습니다. "정말 음부(지옥)은 있습니다." 저자인 Mary K, Baxter도 음부(지옥)이 지구내부에 있다고 했습니다. 단테의 음부(지옥)도 땅 아래 있습니다. 음부(지옥)과 천국을 어떤 지역으로 물질적으로 해석하는 경우와 극단적으로 영적으로만 해석하는 주장이 있습니다. 성경에서 말하는 음부(지옥)과 천국은 마음 상태가 아니라 인격적인 존재들이 살고 있는 실제적인 장소입니다.

그러나 음부(지옥)과 천국이 100% 물질적으로만 이루어졌다는 의미는 아닙니다. 물질적이면서 영적인 것이 공존할 수도 있고 차원이 다른 세계일수도 있습니다. 천국의 위치나 구조에 대한 차이도 이런 차원에 따른 인간의 이해의 한계 때문에 발생할 수 있습니다. 우리가 이 지상 천막집이 허물어지면 하나님께서 마련하신 건물 즉 사람 손으로 짓지 않은 영원한 집을 하늘에서 얻는다는 사실을 우리는 압니다(고후 5:1~2). 건물이지만 사람 손으로 짓지 아니한 모습을 우리의 지식으로는 이해하기 힘들다는 겁니다.

"내 아버지 집에 거할 곳이 많도다, 내가 너희를 위하여 거처를 예비하러 가노니 가서 너희를 위하여 거처를 예비하면 내가 다시 와서 너희를 내게로 영접하여 나 있는 곳에 너희도 있게 하리라"(요한 14:2~3). 그러나 예수님이 하신 말씀을 보면 실제적으로 거주할 수 있는 장소입니다. 거할 곳은 원래부터 있었던 영원한 저택이라는 의미이며 거처(Place)는 나중에 만들어질 주택으로 이해합니다. 음부(지옥)의 위치에 대해서 또 다른 주장은 지구 밖에 있다는 것입니다.

넷째, 지옥에 가는 크리스천들이 있습니다. 예수를 믿는 성도라도 천국 가는 것은 100% 보장되지 않습니다. "그러나 두려워하는 자들과 믿지 아니하는 자들과 흉악한 자들과 살인자들과 음행하는 자들과 점술가들과 우상 숭배자들과 거짓말하는 모든 자들은 불과 유황으로 타는 못에 던져지리니 이것이 둘째 사망이라"(계 21:8). 예수를 믿는 성도라도 천국 가는 사람은 많지 않다는 말입니다. 천국에 들어가는 것은 말과 같이 쉽지 않습니다. 이스라엘이 가나안 땅에 12명중에 2명이 들어갔습니다. 오순절 날 처음 기도하던 사람들이 600명 이었는데 다 중간에 돌아가고 남은 사람이 120명입니다. 천국에 들어가는 것은 그리 쉽지 않다는 증명입니다. 이로보아 20%정도가 천국 간다는 말입니다.

어떻게 해야 천국가지요? 돈으로도 못가고 착한 행실로도 못가는 그 천국 오직 믿음으로 가지요. 맞습니다. 하지만 또한 틀립니다. '예수님 믿어야 구원 받는다.' 라는 분명한 진리 앞에서 원수 사단이 인간을 지옥에 가게 하기 위해 말을 왜곡시켰습니다.

예수님을 왜곡시킬 수 있나요? 우리는 예수님을 인간이자 하나님, 하나님의 아들, 우리의 구세주로 믿습니다. 분명 그러하지요? 예수님을 주인으로 믿으면 구원 받는다. 죄에서 구원받아 천국가고 싶은 우리들에게 이 말을 왜곡시킬 수 있나요? 힘들지요. 그래서 마귀는 '믿는다'라는 말을 왜곡시켜서 많은 크리스천을 지옥으로 데려가고 있습니다. "주여! 우릴 불쌍히 여기소서" 절대 지옥에는 가지 마세요! 그래서 이 글을 씁니다.

결론적으로 행함이 없는 믿음은 구원받는 믿음이 아닙니다. "행함이 없는 믿음은 그 자체가 죽은 것이라"(약2:17). 구원 받기 위해서는 믿음만큼이나 회개와 말씀과 성령의 역사로 정화가 필요합니다. 믿음과 회개 양 날개가 있어야 천국으로 날아갈 수 있습니다.

자~ 봅시다. 제가 예수님께서 나의 죄를 위해 십자가에 죽으시고 다시 살아나셨으므로 그 분을 나의 구주로 미음으로 믿어 입으로 시인하고 나의 주인으로 영접했습니다. 지난 죄를 모두 회개하고 거듭남으로 새 생명을 얻었습니다.

교회도 열심히 나가고, 헌금도 꼬박꼬박하고, 주님을 인격적으로 만나고, 하나님의 사랑을 느끼며 살아갑니다. 지체들을 사랑하고, 마음과 몸으로 예배하며, 전도에도 열심입니다.

하지만 인간이기에 죄도 저지르지요. 습관적으로 저지르는 죄 가끔 저지르는 죄, 그러면 천국 갈까요? 미리 예정되어 있기에 당연한가요? 아니요 확증할 수가 없습니다.

"그 날에 많은 사람이 나더러 이르되 주여! 주여! 우리가 주의 이름으로 선지자 노릇 하며 주의 이름으로 귀신을 쫓아내며 주의 이름으로 많은 권능을 행하지 아니하였나이까 하리니 (23) 그 때에 내가 그들에게 밝히 말하되 내가 너희를 도무지 알지 못하니 불법을 행하는 자들아 내게서 떠나가라 하리라"(마 7:22,23).

왜 그렇지요? "불법을 행하는 자들아 내게서 떠나가라"에서 보이듯이 죄를 회개하지 않아서 주님의 뜻을 따르지 않아서 입니다. 예수님 믿으면 천국 간다면서요. 미리 예정되어있다면서요? 예수님이 나의 모든 죄를 용서해주셨다면서요? 나를 의롭다 하셨다면서요? 맞습니다. 하지만, 우리에게 죄가 있으면 회개하고 해결하기 전에는 천국 못갑니다.

하나님이 죄와 함께 있을 수 있나요? 천국에 죄가 있을 수 있나요? 우리는 인간이기에 죄를 저지를 수밖에 없습니다. 그래서 예수님의 보혈과 성령의 역사로 죄를 씻어야합니다. 씻어내지 아니한 상태에서 죽으면 지옥 갑니다. 더 정확히 해서 내게 죄가 있으면 지옥 갑니다. 의인은 없나니 하나도 없다면서요? 그런데 어떻게 사람이 죄가 없을 수 있지요? 성령의 역사로 예수님의 피로 씻으면 우린 죄가 없습니다. 즉 회개하면 죄가 없습니다.

예수님 믿는다면서 욕하고, 거짓말하고, 남 비방하고, 술 취하고, 미워하고, 화내고, 하나님보다 더 사랑하는 것이 있고, 십일조 안하고, 음욕품고, 음란하고, 남의 물건 탐내고, 주일을 지키지 않고, 하나님 이름을 망령되이 부르고, 돈을 하나님보다 사랑하고, 불순종하여 게으르고, 성령님께서 감동하시는데 거역하고, 남을 내 몸과 같이 사랑하지 않으면, 교만하고, 거짓말을 하면 지옥 갑니다. 회개하고 말씀과 성령의 역사로 회개하고 정화하지 않으면 절대 천국 못갑니다.

아이고~ 그러면 누가 구원받겠어요? 맞습니다. 그래서 교회에서도 천국 가는 사람이 그렇게 적은 것입니다. 속지 마십시오! 목사님이라도 그렇게 살기 힘들겠네요. 그러면 목사님도 구원 못 받겠네요? 맞습니다. 예수님 시대 때 바리새인의 역할이 요즘의 목사님의 역할입니다. "목사님을 폄하하는 게 아닙니다. 이렇게 이야기하는 제가 참 마음이 아픕니다." 바리새인을 예수님께서 독사의 자식들이라고까지 저주하시면서 구원받지 못한다고 한 그것은 바로 교만 때문이었습니다. 다른 것이 아니라 교만 때문에 똑바로 살았음에도 예수님이 그렇게까지 부르신 것입니다. 그들은 지옥에 갔겠지요.

하물며 우리들이겠습니까? 십계명을 펴놓고 과연 내게 죄가 있나 없나 보십시오. 십계명 까지 가지 않더라도 모든 율법을 완성한 "네 하나님을 마음과 뜻과 목숨을 다하여 사랑하라 네 이웃을 네 몸과 같이 사랑하라"라는 그 말에 자신을 보십시오. 죄가 없습니까? "오주님! 저를 불쌍히 여기소서. 죄를 미워하게 하소서." 하며 회개하고 기도해야 합니다.

우리는 죄인입니다. 고양이가 야옹거리고, 개가 멍멍거리듯이 인간은 죄를 짓습니다. 원래 그렇습니다. 원래 그렇기에 어쩔 수 없나요? 그냥 죄지으면서 살다가 죽을 건가요? 그러면 지옥 갑니다. 그래서 예수님이 십자가를 지신 것입니다.

분명 십자가는 사랑입니다. 은혜요 자비입니다. 할렐루야 주님을 사랑합니다. 하지만 또한 분명히 십자가는 피 입니다. 죽음입니다. 처형입니다. 나의 죄 값을 치러야 했기에 예수님께서 인간이 되시고 나의 죄를 인류의 모든 죄를 지시고 죽음으로 죄 값을 치르신 것입니다. 왜요? 나를 하나님 아버지 품으로 데려가기 위해서, 하나님 품으로 나를 데려가려고 보니 내게는 죄가 있고, 죄가 있으면 하나님께로 못가기에 죄를 없애려고 예수님이 죽은 것입니다.

이게 하나님의 공의 엄위 그것입니다. 할렐루야! 주님을 찬양합니다. 아담이 죄를 저지름으로 전 인류에게 죄가 왔듯이 예수님이 죽으심으로 모든 죄가 사해진 것 아닌가요? 맞습니다. 하지만 또한 분명한 사실은 우리는 매일 죄를 저지른다는 것입니다. 솔직히 대답해 보십시오. 예수님이 나의 모든 죄를 다 가져가셨다고 해서, 지금 내가 죄가 하나도 없습니까? 아니잖아요.

오~ 나는 죄인입니다. 죄인중의 괴수입니다(바울의 말처럼). 그래서 예수님이 죽으신 것입니다. 십자가로 돌아가라고, 보배 피로 죄를 씻으라고, 죽었다가 살았다고 믿으면서 씻으면 씻깁니다. 그러면 죄가 사해집니다. 그러면 구원 받습니다.

행함이 없는 믿음은 구원받는 믿음이 아닌 것입니다. 구원받는 믿음은 예수님을 구세주요 왕이요, 주인으로 사실을 받아들이고 인정하고 믿을 뿐아니라, 난 죄인이기에 오직 소망과 구원과 생명이신 예수님만을 의지하고 신뢰하고 붙잡으며 믿는 것입니다. 그래서 예수님이 싫어하는 것은 나도 미워하고, 주님의 말씀 한마디 한마디에 순종하고 거역하지 않으며, 그분만을 바라보고 사랑하고 하루하루를 살아가는 것입니다. 그러다가 한눈팔고 주님 싫어하는 것을 하면 소스라치게 놀라며 죄송해 하고 용서를 구하고 그 것을 철저히 미워하고 하나님께로 돌이키는 것 바로 그것이 구원받는 믿음이라는 것입니다.

뭐~ 대충 살다 천국가지 뭐 하는 사람은 절대 구원받지 못합니다. 부끄러운 구원은 없습니다. 그렇게 자신을 죽이고 하나님으로 가득 채우며 매일 매일 나를 쳐서 복종 시키고 매일 매일 두려움으로 구원을 이뤄야 합니다. 그래서 구원이 좁은 길이요. 천국 가는 사람이 그렇게 적은 것입니다.

제발 우리 지옥은 가지 맙시다! 천국에서 만납시다. 바울의 시대에는 율법을 지켜야만 천국 간다는 말이 많아서. 그렇게 믿음! 믿음! 을 강조하고 쓴 것입니다. 그런데 요즘은 어떻습니까? 뭐~

한번 믿었는데 어때? 하면서 사랑의 은혜의 자비의 주님만 그렇게 찾고들 하잖아요. 그들이 율법 지키는 게 뭐 그리 쉬워서, 율법! 율법! 율법! 그랬겠어요? 그렇게 어려우면서도 그렇지 않으면 천국 못 간다고 믿었으니 그렇게 살았겠죠? 그들에게는 자신의 행위로 구원받는다는 잘못된 믿음이 있었기 때문에 구원받지 못했던 것입니다.

행위로 구원을 받느냐고요? 절대 아닙니다. 예수님 믿음으로 구원받습니다. 그런데 그 믿음은 행위가 따르는 믿음이에요. 절대 율법과 믿음이 반대되는 것이 아니라 함께 있어야 하는 것입니다. 성령의 인도로 진리를 깨달으면서 살아가야 합니다.

한 가지만 이야기 하고 글을 마치렵니다. 예수님 공중으로 재림하여 오시면 주님의 신부인 예수 믿는 자들은 "제가 앞에서 말한 그 믿음으로 믿는자들은 하늘로 올라갑니다. 이것이 '휴거'지요! '휴거' 이야기하니까 제가 막 이단 같고 이상하고 그렇습니까? 성경에 나와요. 휴거는 분명히 있습니다. 절대 신비적인 것이 아닙니다.

성경 한번 자세하게 보세요. 성경에는 휴거된 사람이 있습니다. 세 사람 있지요. 에녹, 엘리야, 예수님…. 하나님이 기뻐하시는 자라고 한 에녹…. 위대한 선지자 엘리야…. 그리고 예수님…. 여러 말할 것도 없습니다. 안 세어보긴 했지만 성경에는 적어도 만 명 이상의 사람이 나올 것입니다. 기라성 같은 모세, 아브라함, 다니엘, 이사야, 바울, 베드로, 요한 등등을 포함해서…

그런데 그들이 휴거했나요? 아니요 땅에서 죽었어요. 이걸 한

번 이렇게 생각해봐요. 휴거는 그만큼 쉽지 않아요. 모든 사람에게 일어나지 않아요. 많은 사람에게 일어나지 않아요. 아주 적은 사람들… 하나님이 택하시고 그 부르심에 따라 열심히 살아간 사람들에게 일어납니다.

물론 휴거되지 않았다고… 아브라함 모세가 구원받지 못했다는 말은 아니고, 예수님이 오신 때가 아니니까 정말 아주 특별한 사람만 역사상에서 하나님이 죽음을 보지 않고 데려간 것이지만, 예수님이 이 땅에 재림하실 때, 휴거가 쉽지 않다는 것을 느낄 수 있지 않아요?

그래요. 정말 그래요. 이 말은 천국가기 그만큼 힘들다는 것이에요. 힘들다고 안 갈 것입니까? 아니요. 전 힘들어도 좁은 길 걸으면서 갈 것입니다. 지옥은 절대 안 갈 것입니다. 할렐루야!

우리는 예수님이 있어요. 이미 모든 죄를 씻어주셨어요. 매일 매일 나를 쳐서 주님께 복종시키고 죄를 회개하면 되는 것입니다. 쉬운 일이 아니지만 가능한 일이에요. 믿는 자에게는 능치 못함이 없잖아요. 나는 못하지만 주님 안에서 충분히 할 수 있어요. 성령이 말할 수 없는 탄식으로 우리를 위해서 간구하시잖아요. 그리고 우리 하나님은 노하기를 더디 하시고 긍휼과 자비가 풍성하신 아버지이시지 않습니까?

그분의 공의 앞에서 걸어갈 수 있어요. 예수님의 그길로 가면요. 그러니까 우리 예수님 제대로 믿고 천국 갑시다. 절대 지옥 가지 맙시다. 할렐루야! 사랑합니다.

5장 성도는 지금 천국을 누리며 살아야 한다.

(눅 17:20-21)"바리새인들이 하나님의 나라가 어느 때에 임하나이까 묻거늘 예수께서 대답하여 이르시되 하나님의 나라는 볼 수 있게 임하는 것이 아니요. 또 여기 있다 저기 있다고도 못하리니 하나님의 나라는 너희 안에 있느니라."

한국교회에는 천국에 대하여 말들이 많습니다. 미지의 세계라 막연하기 때문입니다. 가보지 않았고 말씀으로 막연하게 알고 있기 때문입니다. 어떤 신학자는 죽어서 가는 곳이 천국이라고 말하기도 합니다. 어떤 사람은 자기네 단체에 속해야 천국에 들어간다고 미혹하기도 합니다. 모두 말씀을 성령으로 깨닫지 못한 연고라고 생각합니다. 막연하게 사람의 머리와 지식으로 성경을 상상하여 해석한 연고라고 생각합니다. 사람이 어찌 하나님의 말씀을 알 수가 있겠습니까?

분명하게 하나님은 경고하셨습니다. "먼저 알 것은 성경의 모든 예언은 사사로이 풀 것이 아니니, 예언은 언제든지 사람의 뜻으로 낸 것이 아니요, 오직 성령의 감동하심을 받은 사람들이 하나님께 받아 말한 것임이라"(벧후 1:20-21). 필자는 예언의 말씀인 성경은 반드시 성령의 감동하심을 받은 사람들이 하나님께 받아 기록할 때와 같이 성령의 지배와 장악이 된 상태에서 성령으로 깨달아야 한다고 생각합니다.

필자는 항상 진리의 말씀을 성령으로 깨달은 만큼씩 천국을 누리는 성도로 변화될 수가 있다고 강조합니다. 천국인 성령께서 진리를 깨닫게 하셨기 때문입니다. 모든 크리스천들은 각자 자신 안 성전에 주인으로 임재하신 성령으로 진리의 말씀을 깨달아야 합니다. 그렇게 되어야 말씀이 생명이 되고 성령의 지배와 인도를 받는 성도가 될 수가 있는 것입니다. 그래서 "우리가 이것을 말하거니와 사람의 지혜가 가르친 말로 아니하고 오직 성령께서 가르치신 것으로 하니 영적인 일은 영적인 것으로 분별하느니라"(고전 2:13). 말씀하시는 것입니다.

오늘 본문에서 주님은 이렇게 말씀하십니다. "하나님의 나라는 너희 안에 있느니라." 즉 바리새인들의 가운데에 서있는 예수님이 '하늘나라'라는 것입니다. 그러니까 예수님을 주인으로 모신 성도는 하늘나라가 되는 것입니다. 이유는 이렇습니다. 우리가 예수를 믿는 순간에 죽고, 다시 예수님으로 태어나는 것입니다. 하나님께서 분명하게 말씀하셨습니다. "그리스도의 사랑이 우리를 강권하시는 도다. 우리가 생각하건대 한 사람이 모든 사람을 대신하여 죽었은즉 모든 사람이 죽은 것이라. 그가 모든 사람을 대신하여 죽으심은 살아 있는 자들로 하여금 다시는 그들 자신을 위하여 살지 않고 오직 그들을 대신하여 죽었다가 다시 살아나신 이를 위하여 살게 하려 함이라(고후 5:14-15)" 분명하게 "자신을 위하여 살지 않고 오직 그들을 대신하여 죽었다가 다시 살아나신 이를 위하여 살게 하려 함이라고"하셨습니다. 예수님을 위하여 살게 하려고 부르신 것입니다. 예수님께서 하신 일을 하게 하려고 부르신 것입니다. 예수님은 영이십니다. 육체가 죽지 않고 예수님을 위하여 살아갈 수가 없습니다.

그래서 예수 믿을 때 죽었다가 다시 살아나 천국의 본체인 예수님으로 살도록 하시는 것입니다. 이제 자신의 인간적인 생각이나 지혜나 열심으로 살지 말아야 합니다. 성령의 인도를 받아야 합니다. "무릇 하나님의 영으로 인도함을 받는 사람은 곧 하나님의 아들이라(롬 8:14)" 그래서 하나님은 "만일 우리가 성령으로 살면 또한 성령으로 행할지니(갈 5:25)" 라고 말씀하십니다. 예수를 믿고 성령으로 거듭난 성도는 성령으로 깨달아야 하고, 성령으로 기도해야 합니다. 자신은 예수를 믿을 때 죽고 다시 예수로 태어나 예수님을 위하여 살기 때문입니다. 예수님이 천국이시니 자신은 당연하게 지금 천국을 만끽하고 살아야 합니다. 그래서 예수를 믿고 성령으로 거듭난 크리스천들은 특별하고 위대한 사람들입니다. 천국인 예수님의 인생을 살고 있기 때문입니다. 그렇기 때문에 빠른 시간 내에 자신이 없어지고 순수하게 성령으로 깨닫고, 성령으로 기도하면서 성령의 지배와 인도를 받아야 합니다. 그래야 하나님께서 주시는 것들을 온전하게 누리면서 살아갈 수가 있는 것입니다. 지금 천국을 누리면서 만끽하고 살아야 할 이유가 분명하게 있다는 것입니다. 분명하게 지금 천국을 만끽하며 살아야 마지막 때 임하는 영원한 천국에 들어갈 수가 있습니다.

모든 사람들의 삶은 순간이 모여 이루어집니다. 순간의 조각들이 모여서 시간을 이루고 시간이 하루의 삶을 만들어냅니다.

만일 우리의 현재의 삶이 하늘의 원칙에 합당한 삶이면 장래의 삶도 그럴 것입니다. 우리의 현재의 품성과 모습은 장차 우리가 이루게 될 모습의 확실한 그림자입니다. 일상생활에 나타나는 매일의 삶과 성품이 그렇지 않은데, 갑자기 확연하게 다른 미래의 성품과 모습이 나타나지 않습니다. 오늘의 나의 모습이 앞으로 올 천국의 생활의 모습입니다.

천국은 이 땅에서 지금 시작되는 것입니다. 산 믿음으로 그리스도를 영접한 사람은 매일 매 순간 주님과 산 교제를 갖습니다. 그러는 가운데 세상이 살 수 없는 보물, 하나님의 은혜 속에서 누리는 화평과 하늘의 분위기 속에 살게 됩니다. 하늘에서 성도가 되고자 한다면 먼저 지상에서 성도가 되어야 합니다. 지상의 생활은 하늘 생활의 시작이고, 지상의 교육은 하늘 원칙에 입문하는 것이며, 이생에서의 인생활동은 내세에서의 인생활동을 위한 훈련입니다.

우리가 보통 알고 있는 것이 예수님을 믿으면 천국으로 간다는 것입니다. 크리스천들의 목적은 구원과 천국이 아닙니다. 크리스천들의 목적은 예수님이십니다. 예수님을 주인으로 영접하고 예수님 중심으로 신앙 생활하다가 보면 결과가 구원과 천국이 되는 것입니다. 죽어서 가는 천국을 소망하고 열심히 신앙생활을 합니다. 목사님들의 설교나 모든 교인들은 "천국은 예수님 열심히 믿고 죽어서 간다."고 믿고 있습니다.

그런데 성경에 보면 천국이란 죽어서 가는 곳이 아닙니다. 성경은 죽어서 가는 곳으로 말씀하고 있지 않습니다. 지옥도 마찬가지입니다. 천국은 죽어서 가는 곳이 아니라 살아서 인식되는 것입니다. 이 책을 계속 정독하다가 보면 모든 것이 이해가 될 것입니다. 하나님은 시편 89편 29절에서 "또 그 후손을 영구케 하여 그 위(자리)를 하늘의 날과 같게 하리로다." 분명하게 하나님의 말씀은 살아서 천국을 만끽하는 것입니다. 사람에게는 선과 악을 아는 마음이 있고, 하나님과 사람이 그렇게 같습니다. 그리고 천사는 선만 알며, 사단은 악만 아는 영입니다. 성경에서 타락한 천사라든지 혹은 유리하는 별이라고 표현되는 것은 하나님의 전령으로 세상에 보내진 하나님의 빛을 전하는 선지자로서 발람과 같이 자기 배를 채우는 길로 간 사람을 뜻하는 말입니다. 영적인 사단은 악만 알고 있을 뿐입니다. 그래서 영으로서의 천사가 타락을 하는 일은 있을 수 없는 것입니다. 사람은 그렇게 선과 악을 다 알고 있는 상태로 만들어 졌는데 선악과를 따먹는 악을 택하는 범죄를 하여 그 생령의 상태에서 벗어난 것입니다.

에덴에서 나와서 다시 에덴으로 복귀하는 것은 마음이 온전히 선만을 향하는 상태가 될 때만 가능해 지는 것입니다. 늘 하나님과 함께 다녔다는 말은 완전히 악을 향한 마음을 지웠다는 말입니다. 창세기 당시에는 악, 곧 세상에 속한 것을 향할 종류가 그리 많지 않았습니다. 문명이 발달하면 할수록 그 선악과의 종류도 많아지는 것이고 그것을 향한 마음도 많아지는 것입니다. 그래서 우리는 성령의 가르침이라는 도움이 필요한 상태가 되어 있는 것입니다. 만일 오늘날의 사람이 온전히 그 마음에 악을 향한 마음을 지워 낸다면 오늘날도 죽음을 맛보지 않고 하늘로 올라갈 수 있습니다.

물론 육신이 공중으로 날아가는 하늘을 말하는 것이 아니라, 마음에 하나님의 나라가 서면 죽음을 맛보지 않고 하늘로 올라가는 것입니다. 그것을 일컬어 하나님의 안식에 들었다고 말하는 것입니다. 천국은 그렇게 땅에서 육신이 살아 있는 상태에서 인지되는 것이지 죽어 흙으로 돌아간 뒤에 가는 곳이 아닙니다. 지옥이란 악만 창궐해 있는 세상을 말합니다. "마귀가 또 예수를 이끌고 올라가서 순식간에 천하만국을 보이며 가로되 이 모든 권세와 그 영광을 내가 네게 주리라. 이것은 내게 넘겨준 것이므로 나의 원하는 자에게 주노라 그러므로 네가 만일 내게 절하면 다 네 것이 되리라"(눅4:5-7). 사단이 장악하고 있고 세상의 행사가 악하여 그 속에 있으면 그것이 곧 지옥에 있는 것입니다. "세상이 너희를 미워하지 못하되 나를 미워하나니 이는 내가 세상의 행사를 악하다 증거함이라."(요7:7). 세상이 예수님을 미워하는 것은 악을 밝히 드러내기 때문이라는 것입니다.

여기 지옥에 대하여 확실하게 하는 하나님의 말씀이 있습니다. "불러 가로되 아버지 아브라함이여 나를 긍휼히 여기사 나사로를 보내어 그 손가락 끝에 물을 찍어 내 혀를 서늘하게 하소서 내가 이 불꽃 가운데서 고민하나이다. 아브라함이 가로되 얘 너는 살았을 때에 네 좋은 것을 받았고 나사로는 고난을 받았으니 이것을 기억하라 이제 저는 여기서 위로를 받고 너는 고민을 받느니라."(눅16:24-25). 고민이란 세상에 속해서 사는 사람이 하는 것입니다. 고민이란 달리 방법을 모색할 것이 있다고 이렇게 할지 저렇게 할지 여러 생각을 할 때 하는 것입니다. 불꽃이란 그리스도의 향기를 발하는 백합꽃, 즉 제자들과 달리 멸하는 말, 거짓을 증거하는 자들을 말하는 것입니다. 세상에 속하여 사단에게 엎드려 세상에 속한 것을 받으면 그것이 복이라고 전하는 말이 곧 "불꽃"입니다. 자기를 부인하고 자기십자가를 지고 가는 길에서 천국도 가고, 또 지옥에 있는 자들의 악함을 경험도 하는 것입니다.

그래서 예수님은 따라오는 조건으로 저 두 가지를 가르치신 것입니다. 성경은 그리스도를 나타내기 위한 책이고 구원을 위한 책이며, 그리스도께서 말씀하신 구원의 방법은 "자기를 부인하고 자기십자가를 지는 것"입니다. 그리고 그것을 가능하게 하시는 것이 성령의 가르침입니다. 그래서 바울이 전하는 "성령의 법"에 대하여 알아야 합니다.

예수님은 이렇게 기도하라고 하십니다. "하늘에 계신…… 거룩히 여김을 받으시오며 나라이 임하옵시며 뜻이 하늘에서 이룬 것같이 땅에서도 이루어지이다"(마6:9~10). 그러면 영의 세계에 있는 보이지 않는 하나님의 나라는 어디에 임하게 되는 것입니까? 하나님의 나라는 하나님의 성전에 임하시게 되고, 하나님의 성전은 건물이 아니라, 사람의 마음이 됩니다. 세상 모든 사람의 마음이 성전이 되는 것이 아니라, 예수를 주인으로 영접한 사람의 마음을 말하는 것입니다. "우리는 하나님의 동역자들이요, 너희는 하나님의 밭이요, 하나님의 집이니라"(고전3:9). "너희가 하나님의 성전인 것과 하나님의 성령이 너희 안에 거하시는 것을 알지 못하느뇨"(고전3:16). 곧 하나님은 사람의 마음에 임하신다는 것인데, 어떤 사람에게 임하시는 것입니까? 하나님을 주인으로 모신 사람에게 임하십니다. 그런데 하나님은 영이십니다. 초자연적으로 역사하시는 살아계신 분입니다. 그런 하나님은 말씀이시며(요1:1), 예수님도 말씀이십니다. 성령으로 말씀을 깨달아 순종하며 지키는 사람에게 하나님도 예수님도 임하시는 것입니다. 영이라 형체가 없으시지만 믿는 성도를 통하여 살아서 초자연적으로 역사하시고 나타내시는 분입니다.

하나님과 예수님이 함께하는 곳이 천국이므로 천국은 먼저 성령으로 말씀을 깨닫고 지키는 사람(성도)의 마음에서 이루어지는 것입니다. 초림 때는 성령님이 예수님과 함께 하셨으니 예수님이 곧 천국이었던 것입니다. 지금은 성령이 역사하는 교회시대입니다. 지금 천국은 천국의 주인이신 예수님을 믿고 성령으로 거듭난 성도들이 천국입니다. 예수님의 통치를 받는 성도들이 천국이라는 말입니다. 그래서 천국은 지금 성도들을 통하여 이루어지고 있습니다. 성도들은 지금 천국을 만끽하면서 살아야 합니다.

그럼 마지막 때 영원한 천국은 어떤 사람들이 들어갈까요? 분명하게 신약 성경에 약속된 천국은 예수 믿고 죽어서 가는 것이 아니라, 성령의 지배와 장악을 당하여 성령의 인도를 받는 성도들이 지금 천국을 만끽하며 누리다가 영원한 천국에 들어가는 것입니다. 마지막 때 영원한 천국에 들어가는 것은 어느 교회에 단체에 속해야 들어가는 것이 절대로 아닙니다. 어떤 목사의 휘하에 있어야 들어가는 것이 아닙니다. 지금 성령으로 말씀을 깨닫고 성령으로 기도하며 성령의 인도를 받으면서 천국을 전인격으로 만끽하며 살아가는 성도가 들어가는 것입니다. 지금 천국을 전인격으로 누리면서 사는 것이 중요합니다.

어떤 자에게 진리를 많이 듣고 알아서 90점 맞아서 영원한 천국에 입성하는 것이 아닙니다. 성경말씀은 말이 아니고 생명입니다. 살아계신 하나님의 말씀입니다. 말씀대로 살아계신 역사를 체험해야 생명의 말씀이 되는 것입니다. 진리의 말씀을 많이 알아서 천국을 만끽하는 것이 아니고, 하늘나라(예수)를 말씀대로 전인격으로 느끼고 체험해야 합니다. 천국을 몸으로 마음으로 느껴야 한다는 말씀입니다. 성령의 지배와 장악을 받아 성령의 인도를 받으면서 지금 천국을 누리며 만끽하며 살아가면 마지막 때 임하는 영원한 천국에 들어가는 것입니다.

첫째, 천국의 법칙을 이 땅에서도. 하나님의 나라의 법은 영원히 불변하는 법입니다. 계명은 하나님의 정부의 기초입니다. 예수님께서는 천국 시민의 법칙과 행동의 강령을 산상수훈을 통해서 발표하셨는데, 이 산 위에서 발표하신 산상수훈은 하나님의 왕국의 헌법, 헌장을 선포하신 것이었습니다. 하늘 신민의 자격 조건과 하늘나라의 법을 말씀하신 이 설교에는 하나님의 법인 계명을 지키는 삶과 성품이 어떠한 것인지 자세하게 나타나 있습니다. 팔복과 그리스도인의 삶의 행동 지침에 대해서 말씀하시면서 예수님께서는 "내가 율법이나 선지자나 폐하러 온 줄로 생각지 말라 폐하러 온 것이 아니요 완전케 하려 함이로라"(마 5:17~19)라고 말씀하셨습니다.

계명에 일치하는 생애와 성품은 천국 시민이 되기 위한 조건입니다. 이 땅에서 하나님의 법을 지키는 사람이 천국의 법을 지키는 사람이 되는 것이며, 그런 사람이 천국에 들어가서 살 수 있는 것입니다. "죄를 짓는 자마다 불법을 행하나니 죄는 불법이라"(요일 3:4). 구속의 계획은 우리를 사탄의 권세에서 완전히 회복시키는 것을 말합니다. 그리스도께서는 그분의 왕국의 법칙을 따르기로 순종하는 영혼에게서 죄를 분리시키십니다. 그리스도께서는 마귀의 역사를 멸하시기 위하여 오셨으며, 모든 회개하는 영혼에게 성령을 주셔서 그로 죄를 범하지 않도록 만반의 대비책을 세우셨습니다. 그리고 주님께서는 그 구속받은 자녀들에게 하늘에 적합한 품성을 건설하라고 명령하십니다. 품성은 유일하게 하늘로 가져갈 수 있는 재산입니다. 천국의 법칙이 마음속에 이루어진 사람은 이 땅에서도 천국의 시민이 되어 하늘을 맛보며 만끽하며 살아가게 됩니다. 마지막 때 임하는 영원한 천국에 들어가는 것입니다.

둘째, 천국의 법칙을 이루게 하시는 은혜. 주님께서는 우리 인간들이 하늘에 적합한 성품을 이루게 하시는 데 필요한 모든 구속의 방법을 고안해 놓으셨습니다. 만일 우리가 우리 자신을 주님께 바치고 그분을 우리의 구주로 받아들이면, 우리의 생애가 아무리 악하였을지라도 그분의 공로로 인하여 우리는 의롭다 하심을 얻을 수 있습니다. 그렇게 될 때에 예수 그리스도의 품성이 우리의 품성을 대신하게 되고, 우리는 죄를 범하지 않은 것처럼 하나님의 앞에 받아들이는바 됩니다.

이뿐만 아니라 그리스도께서는 마음을 변화시키십니다. 그분은 믿음으로 말미암아 우리 마음 가운데 거하십니다. 우리와 예수 그리스도와의 연합은, 믿음으로 우리의 마음을 항상 그분에게 바치고 순복함으로 말미암아 유지됩니다. 그렇게 하는 동안에는 우리가 하는 모든 일은 우리 속에서 주님께서 그분의 기쁘신 뜻대로 행하시는 것이 될 것입니다. 그러므로 "이제 내가 육체 가운데 사는 것은 나를 사랑하사 나를 위하여 자기 몸을 버리신 하나님의 아들을 믿는 믿음 안에서 사는 것이라"(갈 2:20)는 간증이 우리의 것이 됩니다.

하나님께 바쳐져 있고 성령께 굴복된 상태가 늘 우리에게서 유지되어야 합니다. 의지가 하나님께 굴복되어 있을 때 마음의 평안과 화평이 옵니다. 그리스도인들은 비록 이 세상에 있을지라도 주님과 교통하는 기쁨을 누릴 수 있으며, 그분의 사랑의 빛과 우리와 함께 하심으로 받는 영구적인 위안을 누릴 수 있습니다. 그렇게 될 때에 생애의 매 발걸음은 그분의 사랑을 더욱 깊이 체험하게 되는 가운데 복된 평화의 본향으로 한 걸음씩 매일 더 가까이 나아가게 될 것입니다. 그러면 머지않아서 영원한 천국 문은 하나님의 자녀들을 들이기 위하여 활짝 열리게 될 것이고 영광의 왕의 입술에서 "내 아버지께 복 받을 자들이여 나아와 창세로부터 너희를 위하여 예비 된 나라를 상속하라"(마 25:34)

는 큰 음악 소리와 같은 축복이 귀에 들릴 것입니다.

머지않아 구속함을 받은 자들은 예수님께서 저희를 위하여 예비하신 나라로 맞아들임을 받게 될 것입니다. 하늘에서 교제하고 사귈 동무들은 이 땅의 비열한 자, 거짓말하는 자, 우상 숭배자, 더러운 자, 믿지 않는 자들이 아닙니다. 사탄을 이기고 하나님의 도움으로 완전한 품성을 형성한 자들로 더불어 교제하게 될 것입니다. 이 세상에서 그들을 괴롭게 하는 모든 죄의 습관, 모든 불완전한 것이 그리스도의 피로 말미암아 완전히 제거되고, 태양의 광선보다 훨씬 뛰어난 아름답고 광채 나는 하나님의 영광 속에서 살 때에, 그분의 품성의 완전하심과 아름다움이 모든 구원 받은 사람들을 통하여 빛날 것입니다. 하나님의 은혜로 천국의 화평과 행복은 이 땅에서 우리의 마음속에 이루어지는 것입니다.

셋째, 지금 천국을 만끽하라. 이생에서 해야 할 일을 하지 않으면서 미래의 천국과 그 보상만을 바라는 사람들이 있습니다. 영원한 천국에 들어가는 영광을 누리기 원하는 사람은 이 땅에서 천국을 만끽해야 합니다. 범죄하기 전에 인간은 "지혜와 지식의 모든 보화가 감취어"(골 2:3) 있는 분과 즐거이 교통했습니다. 그러나 사람이 범죄한 이후로는 신성한 것을 즐기지 않게 되고 하나님의 낯을 피하고 싶어 하게 되었습니다. 지금도 거듭나지 않은 사람의 마음은 그러합니다. 마음이 하나님과 융화하지 못한 사람은 하나님과 더불어 교통하는 가운데서 기쁨을 얻지 못합니다.

죄인은 하나님 앞에서 기뻐할 수 없고 거룩한 자들과 같이 사귀기를 꺼릴 것이며, 비록 그가 천국에 들어간다고 하더라도 그는 거기서 아무런 기쁨도 얻지 못할 것입니다. 이기심 없는 사랑이 지배하는 하늘에서, 각자의 마음이 무한하신 사랑을 가지신 하나님의 마음과 서로 통하는 천국에서, 죄인의 심금에는 아무런 공명도 느껴지지 않고 없을 것입니다. 죄 된 사상과 취미와 동기는 하늘에 사는 무죄한 자들을 고무시키는 사랑과 기쁨과 취미와 동기와 배치될 것입니다.

죄인은 하늘의 "멜로디"에 거친 음조가 될 것이며, 그에게 천국은 말할 수 없이 고통스러운 장소가 될 것입니다. 그는 하늘의 빛이 되시고 하늘 기쁨의 중심인 하나님의 낯을 피하기를 원할 것입니다. 그러므로 악인이 하늘에서 제외되는 것은 그들 자신이 하늘의 교제에 부적합하기 때문에 제외되는 것입니다. 죄를 사랑하고 버리기를 거절한 사람에게 하나님의 영광은 오히려 소멸시키는 불이 될 것입니다. 이 땅에서 하나님과 화목하는 법을 배우지 않고 하나님과 교제하는 법을 배우지 않은 사람은 천국이 불편한 장소가 될 것입니다. 하늘을 만끽해야 하는 시간은 지금입니다. 지금 천국을 누리면서 만끽해야 합니다.

천국은 먼 나라가 미지의 나라가 아닙니다. 자신 안에 임한 하나님의 나라입니다. 지금 천국을 누리면서 만끽하고 살아야 합니다. 천국은 어떤 사람들이 입신 들어가서 보고 나온 지어낸 이야기를 듣고 소망하며 믿는 장소가 아닙니다. 지금 자신이 실제적으로 온몸으로 체험하며 만끽해야 합니다.

넷째, 성령으로 변화되어야 한다. 우리는 예수님께서 곧 오신다는 것을 믿습니다. 거룩한 천사들의 무리에게 호위되어 구름을 타고 오실 주님을 기다리고 있습니다. 오셔서 충성되고 의로운 자들에게 불멸의 마무리 손질을 하실 분을 맞을 준비를 하고 있습니다. 그런데 예수님께서 재림하실 때, 그분은 그때 죄를 정결케 하시거나 품성의 결점들이나 성격의 약점들을 치료하시지 않습니다. 이 일이 우리에게 이루어져야 한다면 그것은 지금이며 재림 전에 이루어져야 할 것입니다. 육신의 생명이 살아있을 때 준비하고 누려야 합니다.

주님이 중보사역을 마치시고 지성소에서 나오실 때 거룩한 자는 그대로 거룩할 것입니다. 그들의 몸과 정신을 성화와 거룩함으로 보존한 사람들은 그 때 불멸의 마무리 손질을 받아 영화롭게 될 것입니다. 그러나 불의하고, 성화되지 못하고, 더러운 자들은 그대로 남을 것입니다. 그때 가서 결점을 제거하고 거룩한 성품을 주는 일은 없을 것입니다. 성품의 변화는 지금 이루어져야 합니다. 재림의 때에 주님께서 정련 작업을 다시 하셔서 죄와 부패를 제거하시지 않으십니다. 이 모든 일은 은혜의 시기 생명이 있을 동안에 이루어져야 합니다. 우리에게 이 일이 이루어져야 할 시간은 바로 지금입니다. 무덤은 인간의 성품을 변화시켜 주지 않습니다. 아니 변화시킬 수가 없습니다. 각 사람은 자신이 평소에 이루고 자기 일생을 통해 형성했던 그 성품을 그대로 가지고 있을 것입니다. 무덤은 성품의 결점을 제거해주거나 보완해주지 않습니다. 의롭다고 칭해주시는 칭의가 하늘에 들어갈 티켓이라면, 성화, 거룩하게 변화되는 것은 하늘에 가서 살 적합성입니다. 지금 성령으로 정화하며 독소를 배출하며 천국을 만끽하도록 변화되어야 합니다. 진리로 성화되고 하나님의 은혜와 능력으로 죄를 승리하는 성품의 완성은 하늘 왕국의 영광과 하늘 천사들과 동거하기에 합당한 적합성을 이루게 해줍니다. 우리는 천국에서 하늘 왕의 아름다움을 볼 준비를 지금 하여야 합니다. 우리는 곧 하늘 영광 가운데 순결한 하늘의 천사들과 연합하게 될 것입니다. 바로 여기서 천국에서 살 준비를 해야 하는 때는 생명이 살아있는 지금이며, 우리의 몸과 영이 불멸에 적합하게 되어야 하는 장소가 있다면 바로 여기입니다.

우리는 이 마지막 시대에 만연하는 부패 속에서 흠 없이 서야 합니다. 이기심과 죄악이 우리에게 영향을 주지 못하게 해야 하며, 하나님의 성령이 우리를 온전히 장악하여 우리의 모든 행위에 영향을 끼치도록 해야 합니다. 그리하여 우리의 몸과 영이 거룩하게 변화되도록 우리는 성령의 지배와 장악이 되어, 매 순간 주님께서 자신을 통하여 나타내시도록 의탁해야 할 것입니다.

결론적으로 구원(천국)을 세 상황으로 정리할 수 있습니다. 첫째로 이 땅에 이미 하늘나라 천국이 임했습니다. 따라서 예수를 믿어 성전 된 우리는 매일 하늘나라에서 사는 사람처럼 천국을 만끽하며 살아야 합니다. 둘째로 이렇게 천국을 만끽하고 누리며 살다가 죽으면 우리 몸은 썩고 영혼은 예수님이 계신 하늘에 있게 됩니다. 셋째로 예수님께서 다시 오실 때 비로소 우리의 몸은 부활하여 새 하늘과 새 땅에서 영원히 살게 됩니다. 하늘나라 천국에 대하여 바르게 인식하고 믿음을 성장시키기를 바랍니다.있게 됩니다. 셋째로 예수님께서 다시 오실 때 비로소 우리의 몸은 부활하여 새 하늘과 새 땅에서 영원히 살게 됩니다. 하늘나라 천국에 대하여 바르게 인식하고 믿음을 성장시키기를 바랍니다.

충만한교회에서는 매주 토요일 10:00-12:30 정한 선교헌금을 하고 1주전 예약하여 2시간 30분씩 특별 개별집중내적치유 시간이 있습니다. 대상자는 여기서도 저기서도 치유와 능력을 받지 못한 분/ 지금 천국을 만끽하고 싶은 분/ 불치병, 귀신역사를 빨리 치유 받을 분/ 목, 허리디스크, 허리어깨통증, 근육통, 온몸이 아프고 무거움에서 치유해방 받고 싶은 분/ 자녀나 본인의 우울증, 공황장애, 조울증, 불면증을 빨리 치유 받을 분/ 가슴이 답답하고 기도하기가 힘이 드는 분/ 생업과 목회로 영육의 탈진에 빠져서 고통당하시는 분/ 축복과 영의 통로를 뚫고 싶은 분/ 성령의 불세례를 체험하고 싶은 분/ 최단기간에 성령치유능력 받고 싶은 분이 참석하시면 기적적인 영육의 치유와 능력을 받습니다. 반드시 1주전에 전화하시고 예약해야 합니다.

6장 천국에서 의인들이 받아 쓸 면류관들

(계 4:1-11)"(4) 또 보좌에 둘려 이십사 보좌들이 있고 그 보좌들 위에 이십사 장로들이 흰 옷을 입고 머리에 금관을 쓰고 앉았더라 (5) 보좌로부터 번개와 음성과 우렛소리가 나고 보좌 앞에 켠 등불 일곱이 있으니 이는 하나님의 일곱 영이라 (6) 보좌 앞에 수정과 같은 유리 바다가 있고 보좌 가운데와 보좌 주위에 네 생물이 있는데 앞뒤에 눈들이 가득하더라 (7) 그 첫째 생물은 사자 같고 그 둘째 생물은 송아지 같고 그 셋째 생물은 얼굴이 사람 같고 그 넷째 생물은 날아가는 독수리 같은데 (8) 네 생물은 각각 여섯 날개를 가졌고 그 안과 주위에는 눈들이 가득하더라 그들이 밤낮 쉬지 않고 이르기를 거룩하다 거룩하다 거룩하다 주 하나님 곧 전능하신 이여 전에도 계셨고 이제도 계시고 장차 오실이시라 하고 (9) 그 생물들이 보좌에 앉으사 세세토록 살아 계시는 이에게 영광과 존귀와 감사를 돌릴 때에 (10) 이십사 장로들이 보좌에 앉으신 이 앞에 엎드려 세세토록 살아 계시는 이에게 경배하고 자기의 관을 보좌 앞에 드리며 이르되 (11) 우리 주 하나님이여 영광과 존귀와 권능을 받으시는 것이 합당하오니 주께서 만물을 지으신지라 만물이 주의 뜻대로 있었고 또 지으심을 받았나이다 하더라."

사도 요한이 유배지인 밧모섬에서 신비한 경험을 했습니다. 그가 보니 하늘 문이 열리며 나팔 소리 같은 음성이 들리는데 "이리로 올라오라 이 후에 마땅히 될 일을 내가 네게 보이리라"고 하셨습니다. 그리고 성령에 감동되어 천국을 보게 됩니다. 하늘 보좌가 보이고 찬란한 빛깔의 무지개를 봤습니다.

또 보좌 주의에 24보좌가 있고 그 보좌에 24장로들이 앉았는데 24장로는 구약의 신자와 신약의 신자를 대표하는 숫자입니다. 그들은 흰옷을 입고 머리에는 금 면류관을 쓰고 있습니다. 흰옷은 예수 그리스도의 보혈의 능력으로 죄 사함 받고 깨끗해진 모습이며, 금 면류관은 세상에서 믿음을 지킨 성도들이 받는 영원한 상급을 말하는 것입니다. 성령께서는 성도들과 함께 하시며 감동을 주십니다. 성령의 감동을 받게 되면 사도 요한처럼 신비한 경험도 할 수 있습니다.

면류관이 무엇입니까? 요즘은 올림픽 경기에서 우승하면 금메달, 은메달, 동메달을 주지만 옛날에는 월계관, 즉 면류관을 씌어 주었습니다. 그런 것처럼 우리가 이 땅에서 믿음의 경주를 하고 영원한 천국에 들어가면 주님이 주시는 상급인 면류관이 있습니다.

영원한 천국은 은혜로 들어갑니다. 예수 그리스도의 십자가 고난이 나를 대신해 받으신 형벌이라는 것을 믿는다면 하나님의 은혜로 천국에 들어갑니다. 내게 공로가 없어도 괜찮습니다. 혹 부끄러운 삶을 살았어도 그 믿음이 확실하다면 예수님의 공로로 천국에 갈 수 있습니다. 그런데 상급은 공짜가 아닙니다.

반드시 행한 대로 받는 것입니다. 올림픽 경기에 출전하는 선수들은 참가하는데 의의를 두지 않습니다. 최선을 다해서 금메달을 따려고 하는 것처럼 신앙생활을 하는 우리들은 하늘의 면류관을 바라보며 달려가야 합니다.

첫째, 천국에서 면류관을 받으려면 구원의 확신이 있어야 한다. 내가 정말 회개하고 믿고 거듭나고 그래서 주님 앞에 갈 수 있는 준비가 되는 것, "스데반처럼 주 예수여, 내 영혼을 받으시옵소서." 이게 진정한 구원의 확신입니다. "주 예수여, 내 영혼을 받으시옵소서." 하나님, 나를 천국에 들어가게 해 주십시오, 이게 아닙니다. 자신이 천국에 들어 갈 것을 분명하게 믿고 자신의 영혼을 주님께 올려드리는 것, 평안과 확신 속에서 올려드리는 것입니다.

왜냐하면 진짜로 회개를 했기 때문에, 진짜 믿음을 가지고 있기 때문에, 진짜 거듭났기 때문에, 회개의 증거는 평안이기 때문에, 믿음의 증거도 평안이기 때문에, 거듭남의 증거도 평안이기 때문입니다. 구원의 확신은 이성적이고 합리적으로 계산하여 갖는 게 아니고, 구원의 확신은 실제 성령으로 회개를 하면 그냥 내 영혼 속에 오는 것입니다. 성령의 증거와 내 영의 증거로 더불어서 내가 하나님의 자녀인 것을 그냥 알게 되는 것입니다. 그게 진짜 구원의 확신입니다.

구원의 확신은 로마서 10장 9절~10절을 가지고 삼단논법에 의해서 믿느냐, 고백하느냐. 이러고 따지고 해서 갖는 게 아니고, 구원의 확신은 내가 진짜 믿음을 가지고 예수님을 임금과 구주로 자신의 주인으로 모셔드리고, 그분 말씀대로 살게 되면 그 냥 자기가 천국 가는 것을 자기가 아는 것입니다. 자기가 천국 가는 것을 자기가 알고 자기가 하나님의 자녀라는 것을 영으로 아는 것입니다. 이성적이고 합리적인 것은 분석하여 머리로 아 는 것입니다. 머리에 억지로 인식을 시키는 것입니다.

그런데 "내가 하나님의 자녀인 것을 성령께서 내 영으로 더불 어 증거 한다." 내가 진짜 하나님의 자녀라는 것, 구원의 확신이 라는 것은 머리로 혼으로 산출해 내거나, 머리로 오는 게 아니라 영으로 오는 것입니다. 하나님의 성령이 내 영으로 더불어 증거 한다. 이 영의 증거는 회개하면 자동적으로 형성이 됩니다. 바른 믿음을 가지면 자동적으로 형성이 되고, 거듭나서 내가 새로운 피조물이 되면 자동적으로 형성이 되는 것입니다.

그런 구원의 확신이 있어야 될 줄로 믿습니다. 그래야 천국에 서 면류관을 받을 자격을 갖추는 것입니다. 진짜로 회개하고 진 짜 믿고 진짜 거듭나고 좁은 길을 걸어나면서 거듭났어도 구원 의 확신을 잃어버릴 수 있습니다. 좁은 길을 걷고 있지 않으면 날마다 자기 몸을 복종시키고 자기 십자가를 지고 자기를 부인 하고 좁은 길을 걷지 않으면 죄책감이 들어옵니다. 마음의 평화 가 깨집니다. 이것이 단순히 심리적인 것이 아니고 실제로 위험 해지고 있는 것입니다.

그렇다고 그래서 '당장 이 사람이 지옥 가는 사람이다' 이런 것은 아니지만 이 사람이 실제로 위험해지고 있는 것입니다. "욕 심이 잉태한 즉 죄를 낳고" 지옥 가는 것이 아닙니다. "욕심이 잉태한 즉 죄를 낳고" 회개하면 되는 것입니다. 자백하면 되는 것입니다.

돌이키면 되는 것입니다. "죄가 장성한 즉 사망을 낳는다." 병 걸렸다고 그래서 당장 죽는 게 아닌 것처럼, 신자들이 살다가 죄하나 졌다고 그래서 천국가고 지옥가고 이러는 게 아닙니다. 이 죄를 회개치 않고 이 죄가 자라게 되어 버리면, 이 죄가 장성하게 내버려두면 조그만 병이 시작됐다가 감기가 아무것도 아니지만 감기가 나중에 폐렴으로 발전하고 그게 심해지면 죽을 수도 있잖아요. 어떤 병이든지 마찬가지잖아요. 초기에는 위험하지 않지만 점점, 점점 발전되면 죽을 수 있잖아요. 영적으로도 똑같은 것입니다. 그러면 그 구원의 확신이 사라집니다.

그래서 구원의 확신이 없다고 그래서 다 지옥에 가는 것은 아닙니다. 영으로부터 오는 구원의 확신이 없다고 다 지옥에 가는 것도 아닙니다. 그 사람들이 진짜 회개하고 믿고 거듭난 사람인데 죄에 빠져있을 수도 있고, 자기 몸을 쳐서 복종시키는 것은 등한히 할 때가 있습니다. 그럴 때는 그게 사라집니다. 그러나 죄가 장성하지 않은 사람들이 있고, 죄가 장성하고 완전히 습관적인 사람들이 있습니다.

이런 사람들은 마음에 평화가 없습니다. 이런 사람들은 내가 천국 갈까? 지옥 갈까? 잘 몰라요. 갈등하고 고민하고 두려워하게 되요. 그런다고 다 지옥 가는 것은 아닙니다. 그러면 누가 천국가고 지옥 가냐? 그건 주님만이 아십니다. 어느 정도 말씀을 통해서 그 개념적인 기준을 아는 거지 실제로 정확한 세세한 기준은 불꽃같은 눈을 가지신 하나님만이 아십니다. 구원의 확신이 없다고 그래서 지옥에 가는 것은 아닙니다.

그러나 우리가 구원의 확신을 가진 삶을 사는 것이 중요한 줄로 믿습니다. 구원의 확신을 가진 삶…. 정말 회개하고 정말 믿고 거듭나고 그런 다음 자기 몸을 쳐서 복종 시키고 주의 말씀대로 살아감으로 말미암아 하나님의 성령과 내 영의 증거가 서로 합창을 해가지고 그게 우리 영속에서 합해져서 마음의 평화를 누리고 내가 천국 갈까, 지옥 갈까 고민되는 것 자체가 우리가 회개해야 되는 것입니다.

그런다고 꼭 지옥 가는 것이 아니라고 할지라도 이게 정상이 아니고 제대로 신앙생활을 하는 게 아닙니다. 그러니까 회개하고 정결하게 되고 주님 사랑하고 은혜 받고 그래서 내가 천국 갈까, 지옥 갈까 이런 고민 자체가 사실 없어야 됩니다. 자기 몸을 쳐서 복종시키면서 살아가더라도 그런 고민 자체가 없는 자기 영이 내가 죽으면 천국 간다는 것을 그냥 아는, 자기 영이 내가 죽으면 정말 천국가고 나는 부족한 것이 있지만 그래도 나는 분명히 구원 받은 사람이고 하나님의 백성이고 이걸 분명히 알고 살아갈 수 있는 그런 사람이 복이 있는 사람인 줄로 믿습니다. 그런 신앙생활하게 되시기를 바랍니다.

스데반의 신앙생활이 그랬습니다. 스데반은 그냥 신앙생활을 한 사람이 아니라 성령이 충만한 사람이었습니다. 성령이 충만하고, 성령 충만한 가운데 거룩한 삶을 살아가고 복음 전하고 주를 위해 살아가니까 그런 두려움에서 벗어났습니다. 그런 두려움에서 벗어나고 그래서 이 스데반이 어떻게 했습니까?

"주 예수여 내 영혼을 받으시옵소서." 여기 진정한 구원의 확신이 있었습니다. 주님이 내 영혼을 받아 줄까? 안 받아 줄까? 그런 의문이 전혀 없습니다. 지금 내가 돌에 맞아 죽고 지옥에 가는 건 아닐까? 그런 게 아니고 주님이 당연히 내 영혼을 받아 주실 줄 믿는, 그것을 삼단논법에 의해서 속아서 아는 것이 아니고 회개의 열매를 통해서 자연스럽게 그 영속에 믿음에 따른 행함을 통해서 거듭남의 증거를 통해서 그걸 기초한 성경의 내적 증거와 우리 영의 증거를 통해서 깨닫고 입술로 시인하는 것입니다.

왜냐하면 우리를 제일 잘 아는 사람은 우리의 영입니다. 또 우리를 제일 잘 아는 분은 성령입니다. 그러니까 증거를 해주면 우리 영이 증거를 해줍니다. 증거를 해주면 성령이 증거를 해줍니다. 성령의 증거와 우리 영의 증거로 우리가 하나님의 자녀인 것을 알게 되는 이것이 진정한 구원 받은 증거인 것입니다. 이것 기초 위에 구원의 확신을 가져야 됩니다.

영의 증거 위에, 성령의 증거 위에, 성령의 열매 위에 이것 위에 구원의 확신을 가져야 합니다. 이것이 구원의 확신에 세 가지 기초입니다. 존 웨슬리 설교에도 나오는데 우리 영의 증거, 성령의 증거 이것만 가지고도 주관적이기 때문에 이것을 정확하게 들으면 모르겠는데 어떤 사람은 자기 영의 소리를 제대로 못 듣고 혼의 소리를 영의 소리로 착각을 합니다.

어떤 사람은 성령의 소리를 제대로 못 듣고 성령의 소리가 아니고 자기의 생각인데 성령의 소리로 착각을 합니다. 그러니까 이것 두 가지만 가지고 이것이 분명한 거지만 확실한 증거가 안 된다. 성령의 열매가 있어야 된다. 성령의 열매가 무엇인가요? 회개입니다. 믿음에 따른 행함입니다. 거듭남의 증거입니다. 이 세 가지 위에서 구원의 확신을 가진 복된 사람들이 되시기를 기원합니다.

둘째, 천국에서 받게 될 면류관의 종류는

1) **썩지 않는 면류관입니다.** 세상에 면류관과 천국의 면류관의 차이 중 첫 번째는 썩느냐 썩지 않으냐의 차이입니다. 세상의 면류관을 썩는 면류관입니다. 옛날 올림픽에서 우승하면 월계관을 주었습니다. 월계관은 나무에서 꺾이는 순간부터 시들기 시작합니다. 그리고 결국은 마르게 됩니다. 그런데 천국에서 받는 면류관은 시들지 않습니다. 이 세상의 모든 것은 지나가 버립니다. 영원하지 않습니다. 요일 2:17에서 "이 세상도 그 정욕도 지나가되"라고 말씀합니다. 세상 명예도 권력도 부요함도 다 지나갑니다. 영원하지 않다는 말입니다. 마치 아름다운 자태를 뽐내던 꽃들이 한 계절이 가기 전에 시들어버리는 것처럼 세상 것들은 시들어 사라져 버리는 것입니다. 많은 연예인들이 스타처럼 나타나지만 시간이 지나면 시들은 꽃처럼 사라져버리는 것이 현실인 것입니다.

그러면 어떻게 썩지 않는 면류관을 받을 수 있습니까? 고전 9:25에 보면 "이기기를 다투는 자마다 모든 일에 절제하나니 저희는 썩을 면류관을 얻고자 하되 우리는 썩지 아니할 것을 얻고

자 하노라"고 말씀하고 있습니다. 절제해야 썩지 않는 면류관을 얻게 된다는 말입니다.

우리의 육신은 하고 싶은 것이 많습니다. 그런데 육신이 하고 싶은 것은 하나님과 원수 되는 것입니다. 그것을 절제해야 면류관을 받게 되는 것입니다. 보고 싶은 것 다 봐서는 안 됩니다. 하고 싶은 것 다해서도 안 됩니다. 하고 싶은 말도 다해서는 안 되는 것입니다. 육신을 따라 살지 않고 성령을 따라 살아야 합니다. 성령을 따라 사는 것은 성령이 감동하시면 순종하는 것입니다. 그래야 썩지 않는 면류관을 받게 됩니다.

2) 기쁨과 자랑의 면류관입니다. 기쁨과 자랑의 면류관은 내가 전도한 영혼, 내가 세운 영혼을 말합니다. 사도바울은 빌 4:1에서 빌립보 교우들에게 "그러므로 나의 사랑하고 사모하는 형제들, 나의 기쁨이요 면류관인 사랑하는 자들아"라고 말하고 있습니다. 빌립보 교회는 사도 바울이 세운 교회입니다. 빌립보 교우들은 바울의 전도를 받고 예수를 믿었습니다.

그리고 바울의 전도를 받은 사람들이 다른 사람들을 전도해서 빌립보 교회는 바울이 세울 때보다 더 부흥했습니다. 바울이 하나님 앞에 갔을 때, 하나님 앞에 자랑할 것이 있다면 자신을 통해서 구원 얻은 성도들입니다. 바울은 그들의 영혼을 하나님 앞에 올려드리며 기뻐할 것입니다.

이와 같은 말을 살전 2:19에서도 했는데 "우리의 소망이나 기쁨이나 자랑의 면류관이 무엇이냐 그의 강림하실 때 우리 주 예수 앞에 너희가 아니냐"라고 말합니다. 쉽게 말하면 제가 주님이 재림하시고 주님 앞에 서게 될 텐데 저의 기쁨과 자랑이 있다면 그것은 저를 통해서 예수 믿음 사람들, 그리고 성령님을 통해서 영혼이 세워지는 모든 분들입니다. 책을 읽는 분들도 주님 앞에 설날이 있을 것입니다. 그 때 본인의 자랑이요 기쁨의 면류관이 누구이겠습니까? 자신을 통해서 구원 얻은 사람, 그리고 자신들을 통해서 영혼이 세워진 사람들입니다.

그러므로 전도가 중요하고 양육이 중요합니다. 다른 사람보다 더 많이 전도한 사람 다른 사람보다 더 많은 영혼을 세운 사람은 기쁨과 자랑의 면류관이 더 많을 것입니다. 그런데 한 사람도 전도하지 못하고 주님 앞에 선다면 하나님 앞에 참으로 죄송한 일일 것입니다.

3) 의의 면류관입니다. 사도바울은 딤후 4:8에서 "이제 후로는 나를 위하여 의의 면류관이 예비 되었으므로 주 곧 의로우신 재판장이 그 날에 내게 주실 것이니"라고 말합니다. 그는 자신이 의의 면류관을 받게 될 것이라는 것을 알았던 것입니다. 그런데 자신만이 아니라 의의 면류관을 얻게 될 사람들이 더 있음을 가르쳐주는데 같은 절 하반 절에서 "내게만 아니라 주의 나타나심을 사모하는 모든 자에게니라"고 말씀합니다. 주님의 재림을 사모하는 사람이 의의 면류관을 쓰게 됩니다. 주의 재림을 사모하며 기다리는 사람은 의로운 삶을 살기 때문에 의의 면류관을 받게 되는 것입니다.

창5장에 나오는 에녹은 육십세에 므두셀라를 낳았습니다. 그는 므두셀라를 낳기 전에는 하나님과 동행하지 않았는데 므두셀라를 낳고 하나님과 동행하기 시작했습니다. 그 이유는 므두셀라를 낳을 때쯤 하나님의 특별한 계시가 있었습니다. 그 계시는 므두셀라의 이름을 통해 짐작할 수 있습니다.

이름의 뜻이 "그가 죽으면 심판이 온다"는 의미입니다. 그리고 그 이름 그대로 므두셀라가 죽던 그 해에 노아의 홍수로 하나님의 심판이 내렸습니다. 에녹에게는 다른 사람이 갖지 않은 심판에 대한 믿음이 있었습니다. 그 믿음이 그를 거룩한 사람으로 만들었고 하나님과 동행하도록 했던 것입니다.

주님은 반드시 다시 오십니다. 주님의 재림을 사모하며 거룩한 삶을 사셔서 의의 면류관을 받으시기를 바랍니다.

4) 영광의 면류관입니다. 벧전 5:4에 보면 "그리하면 목자장이 나타나실 때에 시들지 아니하는 영광의 면류관을 얻으리라"고 말씀하십니다. 이 말씀은 목회자들에게 주신 말씀입니다. 그런데 그 당시 목회자들은 세상 영광을 다 버리고 하늘의 영광을 위하여 헌신하는 자들이었습니다. 그러므로 필자는 이 말씀은 세상 영광을 위하여 사는 것이 아니라 하나님의 영광을 위하여 사는 모든 사람들에게 적용이 가능한 말씀이라고 봅니다.

목회자도 목회를 하는데 자신의 야망과 명성을 위하여 한다면 영광의 면류관을 받을 수 없을 것입니다. 목회를 하나님의 영광을 위하여 한다면 그 목사에게는 영광의 면류관이 주어질 것입니다. 성도도 마찬가지입니다. 사업을 하는 사람도, 직장생활 하는 사람도, 공부하는 학생도 자신이 하는 일을 자신의 야망과 명성을 위하여 한다면 영광의 면류관은 없습니다.

교회 일도 마찬가지입니다. 사람의 칭찬과 인정 때문에 한다면 영광의 면류관은 없습니다. 반대로 무엇을 하든지 자신의 영광이 아니라 하나님의 영광을 위하여 한다면 영광의 면류관이 주어질 것입니다. 사람이 인정하지 않아도 하나님의 영광을 위하여 묵묵히 일한다면 그 사람은 천국에서 영광의 면류관을 쓰게 될 것입니다.

마 6장에 보면 신앙의 덕목 세 가지가 나옵니다. 구제와 기도와 금식입니다. 구제와 기도와 금식을 하는 것은 참으로 훌륭한 일입니다. 천국에서 면류관을 받기 위하여 하는 구제와 기도와 금식이 아니고 성령의 감동으로 성령의 인도로 하는 것을 말하는 것입니다. 천국에서 상급이 있을 것입니다. 은밀하게 보시는 아버지께서 갚으실 것입니다. 그런데 만약 사람들에게 보이기 위하여 외식적으로 구제와 기도와 금식을 한다면 자기상을 이미 받은 것이기 때문에 하늘의 상급이 없다는 것을 가르쳐 주고 있습니다. 그러므로 사람의 칭찬이 결코 좋은 것만은 아닙니다.

5) 생명의 면류관입니다. 생명의 면류관은 두 종류의 사람이 받습니다.

첫째, 시험을 참고 승리한 사람입니다. 약 1:12에 "시험을 참는 자는 복이 있도다 이것에 옳다 인정하심을 받은 후에 주께서 자기를 사랑하는 자들에게 약속하신 생명의 면류관을 얻을 것임이니라"고 말씀합니다. 신앙생활 하다보면 많은 사단의 시험이 있습니다. 어떠한 이유로든 시험에 들면 자신만 손해입니다. 어떤 유혹 중에도 인내하는 사람이 생명의 면류관을 받습니다.

둘째, 죽도록 충성하는 사람입니다. 계 2:10에서 "네가 장차 받을 고난을 두려워 말라 볼지어다 마귀가 장차 너희 가운데서 몇 사람을 옥에 던져 시험을 받게 하리니 너희가 십 일 동안 환난을 받으리라 네가 죽도록 충성하라 그리하면 내가 생명의 면류관을 네게 주리라"고 말씀합니다. 죽도록 충성하라는 의미를 잘 알아야 합니다. 인간적인 노력으로 죽도록 충성하는 것이 아니고, 성령의 이끌림, 성령의 감동을 받아서 충성하는 것입니다.

신앙을 위하여 감옥에 가도 믿음을 지키고, 신앙을 위하여 죽는 일이 있어도 충성해야 합니다. 그래야 생명의 면류관을 받는 것입니다. 충성의 몇 가지 원칙이 있습니다. 성령의 인도하심 따라서 작은 일에 충성(마 25:21), 맡은 일에 충성(고전 4:2), 재물에 충성(눅 6;11), 남의 것에 충성(눅 6;12), 하나님의 집에 충성(히 3:2), 그리고 죽도록 충성(계 2:10)입니다.

셋째, 성경에서 말하는 면류관을 받으려면 이렇게 해야 한다.

1) 법대로 경기해야 합니다. 딤후 2:5에 보면 "경기하는 자가 법대로 경기하지 아니하면 면류관을 얻지 못할 것이며"라고 말합니다. 운동선수가 상대방보다 실력이 앞서도 법대로 하지 않으면 실격입니다. 그렇듯 신앙도 하나님의 법을 따라 행해야 합니다. 그럼 우리가 따라야 할 법은 무엇입니까? 구약 시대에는 율법이요 신약시대에는 복음이 주는 법입니다. 복음이 주는 법은 성령의 법입니다(롬8:2). 이제는 우리 안에 계시며 우리를 인도하시는 성령의 음성에 귀를 기울이고 성령을 따라 가야합니다.

2) 면류관을 빼앗기지 않도록 해야 합니다. 계 3:11에 보면 "내가 속히 임하리니 네가 가진 것을 굳게 잡아 아무나 네 면류관을 빼앗지 못하게 하라"고 말씀합니다. 한 동안 하나님 앞에서 잘 살았다면 천국에서 면류관이 준비됩니다. 그런데 면류관을 받을만한 일을 한 사람이 믿음을 버리고 하나님 앞에서 엉망으로 산다면 준비된 면류관을 빼앗길 수 있습니다.

로마 황제 네로(Nero)가 기독교를 박해하던 시절에 정예 부대로 손꼽히는 12연대 병사들 중에 그리스도인이 40명 있었습니다. 지휘관은 그들을 모아놓고 지금이라도 신앙을 버리는 자는 살려 준다고 했지만 단 한 명도 물러서지 않았습니다. 지휘관은 호수의 얼음을 깨고 병사들을 집어넣었습니다.

그리고 만약 신앙을 포기하는 자를 살려 주겠다고 했습니다. 몇 시간이 지나자 한 병사가 신앙을 포기하고 물에서 나왔으나 더운물에 들어가는 순간 심장마비에 걸려죽었습니다. 그리고 잠시 후 지휘관의 영의 눈이 열려서 보니 호수 위 하늘에서 40명의 천사가 40개의 면류관을 들고 춤을 추다가, 그중 한 천사가 하늘로 올라가는 것이었습니다. 이 광경을 지켜본 지휘관은 그 병사가 받으려다 놓친 면류관을 대신 받기 위해서 옷을 벗고 호수의 얼음이 깨어진 물로 들어가서 죽었습니다.

천국은 분명히 있으며, 주님은 반드시 재림하실 것입니다. 예수를 믿는 우리는 모두 천국에 들어가지만 상급은 행한 대로 받는 다는 사실을 명심하시기 바랍니다. 그러므로 면류관을 얻도록 힘써 달려가기를 바랍니다.

2부 죽음이후 세계에 반드시 직면한다.

7장 그날이 도둑같이 임하지 못하리니

　(살전 5:1-6)"형제들아 때와 시기에 관하여는 너희에게 쓸 것이 없음은 (2) 주의 날이 밤에 도둑 같이 이를 줄을 너희 자신이 자세히 알기 때문이라 (3) 그들이 평안하다, 안전하다 할 그 때에 임신한 여자에게 해산의 고통이 이름과 같이 멸망이 갑자기 그들에게 이르리니 결코 피하지 못하리라 (4) 형제들아 너희는 어둠에 있지 아니하매 그 날이 도둑 같이 너희에게 임하지 못하리니 (5) 너희는 다 빛의 아들이요 낮의 아들이라 우리가 밤이나 어둠에 속하지 아니하나니 (6) 그러므로 우리는 다른 이들과 같이 자지 말고 오직 깨어 정신을 차릴지라."

　어느 날 인접 교회에 다니는 권사님을 만나 대화를 나눈 적이 있습니다. 권사님이 영적인 아기수준이라고 생각되기에, 주님의 속히 오심에 관한 얘기와, 말씀 공부를 통한 영적인 성장과, 성령의 역사와 열매 맺는 믿음의 중요성을 말씀드렸습니다.

　대화를 나누다가 대뜸 '주님이 도둑같이 오신다'는 얘기를 하시면서, '아무도 모른다'고 반박하시는 것입니다.

　어찌나 강하게 우기는지 하도 기가 막혀서, 권사님의 옹고집이 아니라, 무지의 귀둥냥 수준임을 알기에, 성경의 말씀 중에서 두 군데를 들어서, 잘못 아시고 계심을 확인하여 드렸습니다.

잠시 머쓱해 하시며, 수긍하십니다. 이해는 간다는 것입니다. 오늘 비르소 바르게 깨달았다는 것입니다. 많은 목사님들과 성도님들이, 앵무새처럼 되뇌는 내용입니다. 말씀으로 확인하여 보겠습니다. 과연 성경은 무엇이라고 말씀을 하시는가?

첫째로, 본문인 데살로니가전서 5:1~8을 봉독하시고, 올바르게 분별하시길 소망합니다. 특히 살전 5:4~6을 살펴보겠습니다. **"형제들아 너희는 어둠에 있지 아니하매 그 날이 도둑 같이 너희에게 임하지 못하리니 (5)** 너희는 다 빛의 아들이요 낮의 아들이라 우리가 밤이나 어둠에 속하지 아니하나니 (6) 그러므로 우리는 다른 이들과 같이 자지 말고 오직 깨어 정신을 차릴지라." 말씀 그대로, 도둑같이 주님을 맞이하는 자들은, 영혼이 잠자는 자들이며, 어둠에 속한 자들이고, 밤의 자녀들이라고 하십니다.

그러하기에 살전 5:1~2에서, "…그 때와 그 시기(the times and the seasons)에 관하여는 내가 너희에게 쓸 필요가 없노라. 주님의 날이 밤의 도둑같이 이를 줄을 너희 자신이 완전히 아노라(know perfectly)"라고 5장을 시작하십니다.

역설법이라고 봅니다. 이 문장을 제대로 깨닫지 못한 경우들입니다. 성령님이 주시는 이해력의 해석이 될 수가 없습니다. 그러면서도 목사네, 성도네 하고 큰 소리를 낼 수가 있겠습니까? 그 때와 시기를 완전하게 알기에, 쓸 필요가 없다고 하신 말씀을 제대로 이해하지도 못한 것입니다.

'그 날자(that day)와 그 시각(that hour)은 결코 아무도 알지 못한다'(막 13:32)라고 하신 말씀과의 혼돈이 낳은 결과입니다. 영어로 비교하니, 명확하게 분별이 됩니다.

그러하기에, 마가복음 13:32~37까지에서도, '깨어 있으라 (watch:지켜보라)'의 말씀을 네 번이나 되풀이 강조하심입니다. 고전 5:8의 '깨어 정신을 차리자'의 말씀과 일맥상통합니다. 무화과나무의 비유의 다음인, 재림의 날과의 연관입니다.

둘째로, 요한 계시록 3:3입니다. "그러므로 네가 어떻게 받았고 들었는지 기억하고, 굳게 붙잡아, 회개하라. 그런즉 **만일 네가 깨어있지 아니할 것이면, 내가 도둑같이 네게 이를 것이리니,** 내가 어느 시각(what hour)에 네게 이를지 네가 알지 못할 것이리라."고 말씀하셨습니다.

성령으로 영혼이 깨어 있다면, 도둑같이 이르지 아니하며, 오히려 오시는 시각까지도 알게 하신다는 뉘앙스를 주십니다. 신부로서 주님과 같이 지상 재림하기에 그렇습니다.

이유는 간단합니다. 마가복음에서는 초림의 경우로서, 아버지께로의 존귀와 권위를 표시한 셈이시며, 계시록에서는 심판의 재림주로서의 당당하신 말씀이고, 깨어있는 성도들은 당연하게 일곱째 나팔과 더불어 살전 4:16에서와 계 14:13의 알곡추수의 공중휴거 후에, 주님과 같이 재림하는 신부들이기에, 미래형의 시제로 말씀하심이 적확합니다.

달리 해석할 용기가 있겠습니까? 주님 보좌 앞에서도 당당하게 주장하시겠습니까? 도둑같이 주님을 맞이하겠노라고? 지옥을 가고자 애원하는 행태가 될 수도 있음에 '조심하라'고 당부하시면서, 딤후 2:15로 '말씀을 올바로 구분하고, …말씀을 연구하라'고 명령하십니다.

첨가하여서 누가복음 12:56~57의 말씀을 제시합니다. "너희 위선자들아, 너희가 능히 하늘과 땅의 모습은 분별하거니와, 어찌하여 이 때(this time)는 분별하지 못하느냐?"고 힐문하십니다. 계절(serson)보다도 더 긴 기간을 때로 보신다면, 연간이나 환란 기간 정도로, 해석함이 좋다고 봅니다.

요일 2:27의 말씀처럼, 성령님께 영적인 이해력(골 1:9)을 주십사고 간구하는 형제님들이 되시기를 소망합니다. 다시는 '주님이 도적같이 오신다'는 허튼 소리를 하지 마시라고 권면을 드립니다. 은혜시대의 성도들은 계시록 2~3장에서의 이기는 자들이 되셔야 합니다.

끝으로 누가복음 21:34~36의 말씀을 나누고 싶습니다. "너희는 스스로 주의하라, 그렇지 아니하면 언제라도 너희의 마음이 과식과 술 취함과 이 세상 삶의 염려로 무겁게 되어, 그 날(that day)이 알지 못하게 너희에게 임할까 염려하노라. 그 날이 온 지면에 거하는 모든 사람에게 올무같이 임할 것이리라. 그러므로 너희가 앞으로 일어날 이 모든 일을 피하고, 사람의 아들 앞에 서기에 합당한 자로 여겨지도록, 항상 기도하며, 지켜보라, 하시더라."

그 날은 눅 21:27의 예수님 재림의 날입니다. 그 날이 알지 못하게 너희에게 임할까 염려된다는 말씀입니다. '알아야 한다'는 반어(反語:반대어)적 용어입니다. 올무같이 임할 저주와 심판의 날이기에, 이 모든 일을 피하길 바라심입니다. 우리의 마음이 과식과 술 취함과 이 세상의 염려로 무겁게 되어 알지 못하게 될 것을 염려하십니다.

배교할 수가 있기에 그렇습니다. 사탄의 강한 미혹에 이기기가 쉽질 않기에 그렇습니다. 그러하기에 항상 기도하며, 지켜보아서, '주님 앞에 서기에 합당한 자들로 여겨지라'는 권면이십니다. 성령님이 내주하시는 기도의 습관이 중요합니다. 그리고 '너희 스스로 주의하라'고 하심에 유념하십시다.

"그러므로 깨어 있으라. 너희는 너희 주께서 어느 날에 오실지를 알지 못하기 때문이다"(마24:42). 함께 일하던 사람이 갑자기 어디론가 종적을 감춰버린다면 당혹스럽지 않겠습니까? 당신은 그리스도인이 아닌데 그리스도인인 배우자와 결혼했다고 가정해 봅시다. 그런데 잠자리에서 갑자기 남편이나 아내가 어디론가 사라져버리고 당신만 그 자리에 덩그러니 남아있게 된다면 얼마나 당혹스럽겠습니까? "도대체 이 사람이 어디로 간 거야?" 하며 어리둥절해 할 것입니다.

이러한 경험들은 기이한 일들이며 생각하기만 해도 무시무시한 일들입니다. 그러나 예수님의 공중 재림 때에 그런 일들이 발생할 것 입니다. 언제 예수님의 공중 재림이 있을지는 아무도 모릅니다.

"그러나 그 날과 그 때는 아무도 모른다. 하늘의 천사들도 모르고 아들도 모르고 오직 아버지만 아신다. 그 때에 두 사람이 밭에 있을 터이나 하나는 데려가고 하나는 버려 둘 것이다. 두

여자가 맷돌을 갈고 있을 터이나 하나는 데려가고 하나는 버려
둘 것이다. 그러므로 깨어 있으라. 너희는 너희 주께서 어느 날
에 오실지를 알지 못하기 때문이다"(마24:36,40-42).

성경에 의하면 예수님의 재림은 우리가 예상치 못한 때에 갑
자기 들이닥칠 것이라고 합니다. "이것을 명심하여라. 도둑이 밤
에 언제 올지 집주인이 안다면 그는 깨어 있어서 도둑이 집을 뚫
고 들어오도록 내버려두지 않을 것이다. 그러므로 너희도 준비
하고 있어라. 너희가 생각하지 않은 때에 인자가 올 것이기 때문
이다"(마24:43-44).

심지어는 천사들도 그 날을 알지 못합니다. 아무도 그 시기를
아는 사람이 없습니다. 그날은 홀연히 모든 사람에게 임할 것입
니다. 그러나 깨어 있어 준비된 성도들에게는 문제가 없습니다.

그러나 책을 읽는 형제자매들이여, 형제자매들은 어둠 속에
있지 않으므로 그 날이 여러분에게 도둑처럼 덮치지는 않을 것
입니다. "(4)형제들아 너희는 어둠에 있지 아니하매 그 날이 도
둑 같이 너희에게 임하지 못하리니 (5) **너희는 다 빛의 아들이요
낮의 아들이라 우리가 밤이나 어둠에 속하지 아니하나니 (6) 그
러므로 우리는 다른 이들과 같이 자지 말고 오직 깨어** 정신을 차
릴지라." (살전5:4-6)

성경은 바로 그날 예수님께서 재림하시는 날에 관하여 많은
언급을 합니다. 성경의 거의 삼분의 일은 [그날]에 관한 예언의
말씀입니다. 물론 필자 역시 예수님의 공중 재림 이 언제일지 그
정확한 시기를 알지 못합니다. 그러나 여러 징조들을 볼 때에 주

님의 재림이 가까이 다가왔다는 것을 알 수 있습니다.

그뿐만 아니라 하나님의 진리의 말씀에 의거하여 나는 많은 것들을 예언 할 수도 있습니다. 하나님의 말씀인 성경은 종말에 이를 때에 발생할 사건들과 상황들에 관하여 자세히 알게 해주기 때문입니다.

이제 세상이 그 마지막으로 치닫는 이 순간에 그리스도인들은 속지 말고 깨어 있어야 합니다. "노아의 때와 같이, 인자가 올 때에도 그러할 것이다. 홍수 이전 시대에 노아가 방주에 들어가는 날까지 사람들은 먹고 마시고 장가가고 시집가며 지냈다. 홍수가 나서 그들을 모두 휩쓸어 가기까지 그들은 아무 것도 알지 못하였다. 인자가 올 때에도 그러할 것이다"(마24:37-39).

예수님께서 오시는 그때에 성경은 인간의 삶이 그저 평상시와 동일할 것이라고 말씀합니다. 사람들은 먹고, 마시고, 결혼하고, 즐기고 그렇게 살 것입니다. "사는 게 너무 힘들다. 진짜 끔찍한 인생살이다"라고 이구동성으로 말하지는 않을 것입니다.

하늘과 땅에 큰 표징이 나타나지도 않을 것이기에 그냥 평상시대로 그저 그렇게 살아갈 것입니다. 아침이면 일어나서 조반 먹고, 출근하고, 친구들 만나고…. 그리고 세상 사람들은 자신이 생각하는 나름대로의 생을 살아갈 것입니다. 방탕하게 즐기고, 술 마시고, 사업하고, 세상일에 대하여 근심걱정하고 염려하면서…. 누가복음 21:34에서 말씀합니다. "너희는 스스로 조심해서, 방탕과 술 취함과 세상살이의 걱정으로 너희의 마음이 짓눌리지 않게 하고, 또한 그 날이 덫과 같이 너희에게 닥치지 않게 하여라."

동시에 예수님께서 재림하시는 그 시기에 세상 사람들은 악을 자행하며 살아갈 것입니다. 폭식하고, 폭음하고, 난잡하게 즐길 것입니다. 예수님이 재림하시는 시기에 성도들도 그렇게 살아야 할까요? 술에 취해서 비틀거리며 "세상의 걱정과 염려" 때문에 마음이 둔해져 살아가야 합니까?

오늘날 많은 현대인들은 스트레스를 이기지 못하고 있습니다. 모든 중압감을 예수님께 온전히 맡기는 그리스도인들이 점차 줄어들고 있다는 말입니다. 그러므로 마태복음 24:42의 "그러므로 깨어 있어라. 너희는 너희 주께서 어느 날에 오실지를 알지 못하기 때문이다."와 누가복음 21:36의 "그러니 너희는 앞으로 일어날 이 모든 일을 능히 피하고, 또 인자 앞에 설 수 있도록 기도하면서 늘 깨어 있어라"는 참으로 오늘날 모든 성도들이 마음판에 새겨야 할 말씀 입니다.

오늘날 성도라 칭하는 사람들 가운데 엉뚱한 생각을 하는 사람도 있는 것 같습니다. "별다를 큰 징조도 없는 것 같아서 종말은 아직도 먼 일인 것 같습니다. 나는 오늘도 정상적인 일상생활을 살아갑니다. 어제나 오늘이나 그날이 다 그날인데요 뭐~ 나는 내 삶에 최선을 다하고 있습니다. 물론 나는 그리스도인이고 예수님을 사랑하지만 나는 무척 바쁜 사람입니다. 그래서 아직까지는 하나님의 일에 그렇게까지 크게 신경 쓰며 살고 싶지 않습니다."라고 말합니다.

그러나 모든 성도들이 반드시 알아야할 것이 있습니다. 예수님의 공중 재림 때 참 성도들은 순식간에 홀연히 하늘로 들려 올라갈 것이라는 사실입니다. 그런 '들어 올려짐(rapture:휴거)'에는 특정한 목적이 있습니다. 하나님의 계획은 지구에 대 환란이 닥치기 전 믿는 자들을 이 땅에서 데려가시는 것입니다. "인내하라는 내 말을 네가 지켰으니 온 세상에 닥쳐올 시험을 받을 때에 나도 너를 지켜 주겠다. 시험은 땅위에 사는 사람들을 시험하려고 닥치는 것이다"(계3:10).

물론 그리스도인들이 전부 다 휴거되리라는 예언은 아닙니다. 참으로 거룩한 삶을 산 사람들 이나 예수님의 재림을 고대하며 "성령으로 충만하여 깨어있었던" 사람들만이 들림을 받습니다. 그들은 예수님을 진정으로 사랑하는 자들로서 성령으로 예수님께 헌신하고 봉사하며 "나는 예수님 보기를 무척이나 원하고 진실로 예수님과 함께 있기를 갈망합니다."라는 마음과 생각을 늘 품고 살아가던 사람들입니다.

"누가 신실하고 슬기로운 종이겠느냐? 주인이 그에게 자기 집 하인들을 맡기고 제 때에 양식을 내주라고 시켰으면 그는 어떻게 해야 하겠느냐? 주인이 돌아와서 볼 때에 그렇게 하고 있는 그 종은 복이 있다"(마24:45-46).

위의 성경말씀에서 예수님은 종들의 준비하고 깨어있는 자세에 관하여 말씀 하십니다. 예수님께서 잘한 종에게 하시는 말씀을 새겨 봅시다. "내가 진정으로 너희에게 말한다. 주인은 자기의 모든 재산을 그에게 맡길 것이다"(마24:47).

예수님께서는 악한 종에 대해서도 언급하셨습니다. "그러나 그가 나쁜 종이어서 마음속으로 주인이 늦게 온다고 하여 동료들을 때리고 술친구들과 어울려 먹고 마신다면"(마24:48,49). 악한 종이, 악한 종이 되는 이유는 그의 근본 태도가 나쁘기 때문입니다.

오늘날의 성도들도 악한 태도를 취할 수 있습니다. "예수님께서 재림하신다는 이야기는 너무나 많이들은 이야기입니다. 그건 닳고 닳은 이야기가 아닙니까? 그래서 어찌 된다는 것입니까? 세상이 점차 험악해지고 살기 어렵게 된다는 것이 어떻게 예수님의 재림과 관련이 있다는 것입니까?

유럽의 많은 나라들이 연합하여 세계정부를 수립한다는 소식이 들리고 각처에서 전쟁과 난리의 소문이 들리기는 하지만, 그래도 예수님은 아직 오시지 않을 것입니다. 아니, 아직 오시면 안 됩니다. 예수님의 재림은 나와는 별로 상관없는 이야기입니다. 나는 평상시에 살던 그대로 살겠습니다. 나는 내 삶을 충실하게 살고 있고 별다른 큰 죄도 저지르지 않았으므로 예수님이 재림하건 말건 상관하지 않겠습니다."

그러나 그러한 태도는 참으로 위험천만한 태도입니다. 이제 종말의 시기가 성큼 다가왔습니다. 더 이상 그릇된 태도를 가질 여유가 없습니다. 지금은 만용을 부릴 때가 아닙니다. 친구나 친척들과 다투고 토라질 시간조차 없는 그런 급박한 상황입니다.

교회의 성도들과 다툰 후에 마음의 상처로 시험에 들어 교회를 떠나는 것 같은 일을 벌일 상황도 아닙니다. 악한 태도 중에서도 악한 태도는 예수님의 재림을 의심하는 것입니다. "예수님의 재림에 관한 이야기를 들었어요. 그렇지만 설마 진짜 그런 일이 일어날까요? 벌써 몇 년째 예수님의 재림이라는 황당한 이야기를 들어오고 있는데, 글쎄요?"와 같은 태도 말입니다.

그러나 하나님의 말씀인 베드로후서 3:3-4은 "먼저 이것을 알지니 말세에 조롱하는 자들이 와서 자기의 정욕을 따라 행하며 조롱하여 (4) 이르되 '주께서 강림하신다는 약속이 어디 있느냐' 조상들이 잔 후로부터 만물이 처음 창조될 때와 같이 그냥 있다 하니"라고 예언 합니다.

세상의 마지막이 가까이 오면 예수님의 재림을 무시하는 사람들이 많이 등장할 것입니다. 그러나 조롱하는 자들이나 의심하는 자들은 첫 번째 부활에 참여하지 못합니다. 그러므로 우리들은 선택해야만 합니다. 조롱하는 자들에게 동조할 것인가? 아니면 예수님의 재림을 고대하고 사모하는 무리에 속할 것인가? 귀하는 예배드릴 때에 예수님을 향한 사랑으로 불타오르고 영적인 것에 목말라하고 있나요? 귀하는 예수님 만나 보기를 정말로 갈망합니까?

세상에는 지구를 탈출하고 싶어 하는 사람들이 많습니다. 왜냐하면 바가지 긁는 아내와 떨어지고 싶고 비열하게 구는 남편이 보기 싫기 때문입니다. 그런 도피의 충동이 예수님을 만나보고 싶은 이유입니까? 아니면 단지 귀하를 너무나 사랑하시는 예수님을 만나보고 싶은 것이 유일한 이유입니까?

예수님께 말을 건네고 예수님의 말씀을 듣기고 하면서 예수님과 친밀한 대화를 나누고 싶지 않으십니까? 예수님과 깊은 사귐을 가지고 싶지 않습니까? 예수님은 우리를 위해 죽으신 분입니다. 그렇다면 우리를 그토록 사랑하시는 예수님과의 재회가 기대되지 않습니까? 예수님의 재림을 생각하면 마음이 기쁨으로 흥분되지 않습니까?

예수님께서 "깨어 있어라"는 말씀을 하실 때에는 밤에 잠을 자지 않고 늘 깨어있으라는 말씀도 아니고 예수님의 재림을 기대하면서 항상 하늘을 우러러보고 있으라는 말씀도 아닙니다.

"깨어 있다"는 말의 사전적인 의미는 "각성한다. 항상 준비하고 있다"는 뜻입니다. 다른 말로 하자면 항상 경계태세를 갖추고 있으라는 말입니다. 그러나 성경에서 말하는 "깨어있어라"는 말은 항상 '예수님'을 주시하라는 뜻으로 해석되어야 합니다. 항상 성령으로 충만한 상태에서 예수님을 주목하고 찾는 상태라고 생각하면 좋습니다.

지금 나를 향한 예수님의 뜻은 무엇이며 지금 예수님은 어디에서 무슨 일을 하고 계신지 주목하라는 뜻입니다. 우리는 앞서 누가복음 21:36의 "그러니 너희는 앞으로 일어날 이 모든 일을 능히 피하고 또 인자 앞에 설 수 있도록 기도하면서 늘 깨어 있으라."는 예수님의 말씀을 들었습니다.

귀를 쫑긋 세우고 항상 기도하며 눈을 들어 시대의 징조를 살피면서 주님의 재림을 갈망하고 자신의 행실을 돌아보아 예수님을 만날 준비를 하는 그런 삶의 자세를 유지하는 사람은 '깨어 있는 자'일 것입니다.

성경에서 말하는 '깨어있는 자'는 항상 예수님을 주인으로 모시고 쫓아다니는 자입니다. 그는 '나는 항상 예수님을 주인으로 모시고 서 있다'라는 신앙적 자의식을 가지고 살아갑니다. 이제 마가복음 13:33의 "조심하고, 깨어있으라. 그 때가 언제인지를 너희가 모르기 때문이다"라는 말씀을 살펴봅시다.

"깨어 있으라"를 다르게 표현하면 '조심하라' '성령충만하라.'는 말입니다. 이는 주님의 뒤를 정확하게 따르도록 조심하라는 것입니다. 정신을 차리고 세상에 휩쓸리지 말고 예수님만 따르라는 것입니다.

예수님의 공중 재림은 언제 있을지 아무도 모릅니다. 지금 당장일 수도 있고 24시간 이내일 수도 있고 24일 이내일 수도 있습니다.

그렇다면 깨어있으면서 무엇을 해야 할까요? 우선, 우리의 생활양식이 예수님을 주인으로 모시고 따르는 것으로 변화되어야 합니다. 그저 단순히 예수님의 재림을 기대하고 있으라는 말이 아닙니다.

"늘 깨어 있으라."는 말씀은 '항상 예수님을 따라 행하라'는 말씀입니다. '항상 예수님을 주인으로 모시고 살아라.' '항상 걸어 다니는 성전으로 살아라.' '항상 마음으로 예수님을 부르면서 살아라.' 예수님의 재림에 대해 깨어있는 자는 혼자만 깨어있는 것이 아니라 공동체 안의 있는 다른 성도들도 함께 깨어있도록 기도하고 있을 것입니다.

마지막 때가 되면 예수님을 아주 열정적으로 따르는 이들이 많이 나타날 것입니다. 예수님을 각별히 사랑하는 자들이 속출

할 것입니다.

그들은 종말을 예비하며 예수님의 재림을 기대하고 많은 성도들의 구원을 갈망하며 기도로 모이는 무리들입니다. 아멘 주 예수여 어서 오시옵소서.

우리가 알아야 할 것은 종말 이전에 일어날 이런 표징들 외에 또 한 가지 염두에 둘 것은 종말에 대한 다른 표현입니다. "그러나 그 날과 시간은 아무도 모른다. 하늘의 천사들도 아들도 모르고 아버지만 아신다. 너희는 조심하고 깨어 지켜라. 그때가 언제 올지 너희가 모르기 때문이다." "이 천국 복음이 모든 민족에게 증언되기 위하여 온 세상에 전파되리니 그제야 끝이 오리라(마 24:14)" "(4) 형제들아 너희는 어둠에 있지 아니하매 그 날이 도둑 같이 너희에게 임하지 못하리니 (5) 너희는 다 빛의 아들이요 낮의 아들이라 우리가 밤이나 어둠에 속하지 아니하나니 (6) 그러므로 우리는 다른 이들과 같이 자지 말고 오직 깨어 정신을 차릴지라."(살전 5:4~6).

종말에 대한 예수님의 말씀은 그때가 언제인지 모른다는 것에 있으며 항상 깨어있으라는 당부로 끝납니다. 예수님의 말씀에서 강조되는 것은 종말을 예견할 수 있다는 것이 아니라 늘 준비하고 있으라는 점입니다. 마태복음만이 전하는 열 처녀의 비유 역시 이러한 맥락과 함께합니다(마태 25:1-13). 신랑을 기다리는 처녀들의 비유는 종말의 날과 시간을 아는 것보다 준비하고 있는 자세가 더 중요함을 일깨워줍니다. "깨어 있어라. 너희가 그날과 그 시간을 모르기 때문이다."

8장 유대에 있는 자 산으로 도망하라

(막 13:14)"멸망의 가증한 것이 서지 못할 곳에 선 것을 보거든 (읽는 자는 깨달을진저) 그 때에 유대에 있는 자들은 산으로 도망할지어다."

"그때에 유대에 있는 자들은 산으로 도망할찌어다."(막 13:14). 이단들은 이 말씀을 오해하여 산은 시온산이요, 시온산은 자기네 이단 단체이니 이곳에 와야만 구원을 받을 수 있다고 순전하고 어린 성도들을 속이고 있습니다. 그들은 시온산이 도대체 뭔지도 모르고 제멋대로 다른 복음을 만들었습니다.

시온산은 하나님이 주인된 예루살렘 성을 말하지 어떤 특정한 이단 단체가 아닙니다. 정확하게 성령의 임재가 있고 보혈의 복음이 증거 되는 곳입니다. 영과 진리로 예배가 드려지는 곳입니다. 율법이 아닌 복음이 전해지는 곳입니다. "나 여호와가 말하노라 내가 시온에 돌아왔은즉 예루살렘 가운데 거하리니 예루살렘은 진리의 성읍이라 일컫겠고 만군의 여호와의 산은 성산이라 일컫게 되리라"(슥8:3).

"아모스의 아들 이사야가 받은바 유다와 예루살렘에 관한 말씀이라 말일에 여호와의 전의 산이 모든 산꼭대기에 굳게 설 것이요 모든 작은 산 위에 뛰어나리니 만방이 그리로 모여 들 것이라. 많은 백성이 가며 이르기를 오라 우리가 여호와의 산에 오르며 야곱의 하나님의 전에 이르자 그가 그 도로 우리에게 가르치실 것이라 우리가 그 길로 행하리라 하리니 이는 율법이 시온에서부터 나올 것이요 여호와의 말씀이 예루살렘에서부터 나올 것임이니라"(사2:1-3).

여호와의 산, 야곱의 하나님의 전, 시온, 예루살렘은 특정한 이단 단체가 아니라, 예수 그리스도에 대한 비유입니다. 예수님이 주인 된 곳입니다. 성령의 역사가 있는 곳입니다. 구원은 특정한 이단 단체에만 있는 것이 아니라, 오직 예수 이름과 성령의 역사에만 구원이 있습니다. "다른이로서는 구원을 얻을 수 없나니 천하 인간에 구원을 얻을만한 다른 이름을 우리에게 주신 일이 없음이니라 하였더라"(행4:12).

그럼 도대체 마가복음 13장 14절에서 말하는 산은 어떤 의미일까요? "그때에 유대에 있는 자들은 산으로 도망할찌어다." 이것은 주후 70년경에 무너질 예루살렘성에 대한 주님의 예언이었습니다. 당시 성 밖은 로마군이 성 주위를 완전 포위했고 성안은 대항군에 의해 배고픔과 폭력과 성폭행 및 살인으로 무법천지를 이루었습니다. 그러니 예루살렘성 안으로 들어가는 것이나 그 안에 머물러 있는 것은 곧 죽음을 자처하게 되기에 그곳에서 빨리 나와 높은 산으로 도망가라고 주님이 미리 말씀하신 것입니다.

"그 때에 유대에 있는 자들은 산으로 도망할찌어다. 지붕 위에 있는 자는 집안에 있는 물건을 가질러 내려가지 말며 밭에 있는 자는 겉옷을 가질러 뒤로 돌이키지 말찌어다 그 날에는 아이 밴 자들과 젖먹이는 자들에게 화가 있으리로다 너희의 도망하는 일이 겨울에나 안식일에 되지 않도록 기도하라 이는 그 때에 큰 환난이 있겠음이라 창세로부터 지금까지 이런 환난이 없었고 후에도 없으리라 그 날들을 감하지 아니할 것이면 모든 육체가 구원을 얻지 못할 것이나 그러나 택하신 자들을 위하여 그 날들을 감하시리라"(마24:16-22)

여기에서 산은 하나님께서 주인으로 계시는 곳을 말하는 것입니다. 같은 예언의 말씀을 누가복음을 통해 보시겠습니다. "너희가 예루살렘이 군대들에게 에워싸이는 것을 보거든 그 멸망이 가까운 줄을 알라 그 때에 유대에 있는 자들은 산으로 도망할찌며 성내에 있는 자들은 나갈찌며 촌에 있는 자들은 그리로 들어가지 말찌어다. 이 날들은 기록된 모든 것을 이루는 형벌의 날이니라 그 날에는 아이 밴 자들과 젖먹이는 자들에게 화가 있으리니 이는 땅에 큰 환난과 이 백성에게 진노가 있겠음이로다. 저희가 칼날에 죽임을 당하며 모든 이방에 사로잡혀 가겠고 예루살렘은 이방인의 때가 차기까지 이방인들에게 밟히리라"(눅 21:20-24). 산은 하나님이 계신 곳을 말하는 것입니다. 지금으로 말하면 성령님이 주인된 곳입니다.

위에서 '모든 이방에 사로잡혀 가겠고'라는 말씀을 하셨는데 실제 유대인들은 나라를 완전히 잃고 이스라엘이 독립하기까지 디아스포라 유대인으로 전 세계로 떠돌게 됩니다. "가까이 오사 성을 보시고 우시며 가라사대 너도 오늘날 평화에 관한 일을 알았더면 좋을 뻔하였거니와 지금 네 눈에 숨기웠도다 날이 이를찌라 네 원수들이 토성을 쌓고 너를 둘러 사면으로 가두고 또 너와 및 그 가운데 있는 네 자식들을 땅에 메어치며 돌 하나도 돌 위에 남기지 아니하리니 이는 권고 받는 날을 네가 알지 못함을 인함이니라 하시니라"(눅19:41-44).

역시 주님의 예언대로 예루살렘은 지금도 이방인들에게 밟혀 있습니다. 하나님께서 함께 하시지 않았기 때문입니다. 예루살렘 성전 터는 이슬람 사원 즉 바위돔사원(황금돔사원)이 자리잡고 있습니다. 또한 마24장 15절에 나오는 "멸망의 가증한 것이 거룩한 곳에 선 것을 보거든"을 이단들은 지금 현 기독교회로 모함하고 있으나 그렇지 않습니다. 마24:15절은 눅21:20절을 말하는 같은 의미입니다. "너희가 예루살렘이 군대들에게 에워싸이는 것을 보거든 그 멸망이 가까운 줄을 알라."(눅21:20).

다시 말하자면 "멸망의 가증한 것이 거룩한 곳에 선 것을 보거든"은 "거룩한 예배당의 강대상에 가증한 자가 서서 율법을 강론하는 것을 보거든"으로 해석해야 합니다. 이는 하나님의 교회 예배당에서 천사의 율법이 전해지거든 예수를 믿고 성령으로 거듭난 성도는 보혈과 성령님이 사람의 입을 통하여 복음이 전해지는 예수님이 주인 된 성전으로 도망을 하라는 것입니다.

성령의 역사가 있는 영과 진리로 예배가 드려지는 성전으로 도망을 가라는 말씀입니다. 고로 우리에게는 그 어떤 산도, 장소도, 단체도 구원이나 행복이나 생명이 될 수 없고 오직 예수 그리스도만이 유일한 구원임을 믿습니다. "예수께서 가라사대 내가 곧 길이요 진리요 생명이니 나로 말미암지 않고는 아버지께로 올 자가 없느니라."(요14:6).

이단이란 예수 외에 하나님께 나가는 다른 중보자를 세우는 것을 말합니다. 그래서 신천지교나 안상홍교나 여호와증인이나 이슬람교나 모두 이단입니다. 그러므로 늘 깨어 기도하며 성령으로 영분별이 있으시길 바랍니다.

"내 형제들아 글로에의 집편으로서 너희에게 대한 말이 내게 들리니 곧 너희 가운데 분쟁이 있다는 것이라 이는 다름아니라. 너희가 각각 이르되 나는 바울에게, 나는 아볼로에게, 나는 게바에게, 나는 그리스도에게 속한 자라 하는 것이니 그리스도께서 어찌 나뉘었느뇨, 바울이 너희를 위하여 십자가에 못 박혔으며 바울의 이름으로 너희가 세례를 받았느뇨."(고전1:11-13).

진리의 말씀으로 성령으로 분별력을 길어야 합니다. 그래야 이단에 걸려들거나 빠져들어 환란과 고통을 당하지 않을뿐더러 영혼을 망하게 하여 지옥에 떨어지지 않습니다. "원컨대 너희는 나의 좀 어리석은 것을 용납하라 청컨대 나를 용납하라 내가 하나님의 열심으로 너희를 위하여 열심 내노니 내가 너희를 정결한 처녀로 한 남편인 그리스도께 드리려고 중매함이로다. 뱀이 그 간계로 이와를 미혹케 한 것 같이 너희 마음이 그리스도를 향하는 진실함과 깨끗함에서 떠나 부패할까 두려워하노라 만일 누가 가서 우리의 전파하지 아니한 다른 예수를 전파하거나 혹 너희의 받지 아니한 다른 영을 받게 하거나 혹 너희의 받지 아니한 다른 복음을 받게 할 때에는 너희가 잘 용납하는구나."(고후11:1-4).

그래서 성전이 멸망의 징조로 더럽혀졌을 때에 산으로 피하라는 말씀은 정말 장소의 개념인 산이 아니라, 성령의 역사가 있는 복음이 전해지는 하나님께로 피하라는 말씀이라 이해할 수 있습니다. 하나님께서 임재하여 계시는 영과 진리로 예배가 드려지는 교회(예배당)으로 피하라는 말씀입니다. 정말로 전쟁이든, 재앙이든 종말이 임할 때에 어느 산이라고 안전하겠습니까? 주님께서 겨우 장소를 옮겨 멸망을 피하라고 하셨겠습니까? 주님은 분명 하나님께로 피하라는 말씀을 하신 것입니다. 성령의 인도를 받으라는 말씀입니다. 그리고 이 말씀을 하시는 장소가 바로 예루살렘이 바라다 보이는 감람산이었습니다.

멸망의 때에, 산으로 피하는 자의 태도를 이어서 말씀해주셨는데, 먼저 지붕 위에 있는 자는 내려가지도 말고 집에 있는 무엇을 가지러 들어가지도 말라고 하셨습니다. 지붕에 있는 자가 산으로 피하려면 먼저 지붕에서 내려와야 하는데 내려오지도 말고 산으로 피해야합니다. 결국 하나님께 피하라는 말씀이지 장소 개념이 아니었습니다. 집에 있는 물건을 가지러 들어가지도 말라고 하셨습니다. 물건을 챙겨서 대비하고 감할 수 있는 종류의 환난이 아니라는 말씀입니다. 종말에 우리를 보호할 수 있는 물건은 무엇이 있을까요? 집안으로 숨는 문제가 아니라 집안에서 물건을 꺼내오려 하지 말라고 하셨습니다. 우리가 소유한 우리의 재물이 전혀 도움이 되지 않을 것입니다.

밭에서 일하던 자가 벗어놓았던 옷을 가지러 돌이킬 필요조차 없습니다. 겉옷은 유대인들에게 밤 시간의 저온을 견디게 해주는 필수품입니다. 아마도 밤을 지새울 정도의 여유도 없는 종말을 말씀하시는 것으로 보입니다. 마가복음 13장 17절에 "그 날에는 아이 밴 자들과 젖 먹이는 자들에게 화가 있으리로다" 하셨습니다. 아이 밴 자들은 누구를 말할 까요? 필자가 성령으로 깨달은 바는 내면이 성령으로 정화되지 않아서 육체에 속한 그리스도인을 말한다고 생각합니다. 즉 예수님으로 하나가 되지 못하여 세상신이 여전하게 영향을 끼치는 자들을 말한다고 생각합니다. 귀신이 떠나가지 않아 귀신의 영향을 받는 성도들입니다. 이들은 보이지 않는 하나님의 역사를 보지 못하고, 환란이나 기근이나 지진 등 눈에 보이는 환경을 보고 놀라기 때문에 화가 있다고 말씀하시는 것입니다.

젖 먹이는 자들이란 누구를 말할 까요? 먼저 말씀을 전하는 목회자입니다. 성령으로 깨달은 성령께서 알려주는 말씀을 전하지 못하고 머리로 지식으로 율법으로 전하는 목사들을 말합니다. 그리고 젖을 받아먹으며 신앙 생활하는 크리스천을 말하는 것입니다. 그러므로 성경을 성령으로 깊이 깨닫게 해야 하는 이유가 여기에 있는 것입니다. 하나님은 히브리서 5장 12-14절에 "때가 오래 되었으므로 너희가 마땅히 선생이 되었을 터인데 너희가 다시 하나님의 말씀의 초보에 대하여 누구에게 가르침을 받아야 할 처지이니 단단한 음식은 못 먹고 젖이나 먹어야 할 자가 되었도다. 이는 젖을 먹는 자마다 어린 아이니 의의 말씀을 경험하지 못한 자요 단단한 음식은 장성한 자의 것이니 그들은 지각을 사용함으로 연단을 받아 선악을 분별하는 자들이니라." 하신 말씀을 성령으로 깨달아야 할 것입니다.

그러므로 다시 말하지만 우리는 종말의 때를 살면서 종말이 언제인지에 대해서는 신경 쓸 필요 없이 이 세상에서 힘들고 어렵더라도 하나님의 은혜 안에서 끝까지 견디며 우리의 생명이 주어지는 그 순간까지 한 영혼이라도 더 구원을 받아 하나님의 뜻이 이루어지도록 힘을 다하여 복음을 전하는 데 힘쓰면 그것으로 족한 것입니다.

그러나 이 환란의 날, 이 종말의 때에도 성도에게는 피할 길이 있습니다. "하나님께로부터 난 자는 다 범죄하지 아니하는 줄을 우리가 아노라 하나님께로부터 나신 자가 그를 지키시매 악한 자가 그를 만지지도 못하느니라"(요일 5:18). 하나님께서 자기의 택하신 성도들을 위하여 그 환란 날을 감해주신다는 것입니다. 즉 성도들도 세상 마지막 때의 대환란을 겪게 될 것이지만 성도들은 하나님의 긍휼을 입어 구원에 이르게 될 것이라는 말씀입니다. 여기에는 하나님께서 환란의 그 날들을 감하시는 방법이나, 성도를 불신자들과 구별하시는 방법 등에 대해서 말씀하신 것은 아닙니다. 그러나 하나님이 자기의 택한 자들을 다른 자들과 구별하여 구원하신다는 것은 명백합니다.

이어서 예수님은 종말의 때에 있을 혼란을 설명해주셨습니다. 사람들이 "그리스도가 여기 있다, 저기 있다." 할 것이지만 믿지 말라는 것입니다. 거짓 그리스도들과 거짓 선지자들이 할 수만 있으면 택하신 자들을 미혹하기 위해서 이적과 기사를 행할 것이기 때문입니다. 그들의 목표는 믿는 자들을 넘어뜨리는 것입니다. 왜 이단들은 믿지 않는 자들을 자기의 추종자로 만들려 하기 보다 주님을 믿는 자들을 대상으로 포교하려고 하겠습니까?

그들의 열심이라면 무신론자도 얼마든지 포섭할 수 있을 것 같은데, 자기들을 경계하고 자기들의 약점까지 알고 있는 성도들을 공략합니다. 이것이 바로 적그리스도, 사탄의 목적하는 바가 성도를 넘어뜨리려는데 있음을 명확히 보여주는 것입니다.

때문에 주님께서는 이러한 사실을 미리 말씀해 주심으로써 성도들이 미리부터 조심하게 하시려 함이라고 하셨습니다. 특히 우리는 이적과 기적을 행하는 악한 영의 꼬임에 넘어가지 않아야합니다. 무엇이든 신비하고 관심을 끌만한 것이라면 쉽게 넘어가버리는 사람들이 많습니다. 우리는 이처럼 신앙의 본질보다는 이생의 자랑과 안목의 정욕에 넘어갈 수 있는 나약함을 인정하고 주께서 가르쳐 주신 말씀들을 통하여 준비되고 훈련된 삶을 살아가야하겠습니다.

예수님은 재림 때가 되면 구체적으로 나타날 일과 그에 따른 행동이나 처신을 어떻게 해야 하는지에 대해 알려 주셨는데 오늘도 주시는 말씀을 통해 세 가지를 깨닫고 은혜를 받겠습니다.

첫째, 성령으로 전하는 말씀을 잘 듣고 잘 보아야 합니다. 마 24:15절에 "그러므로 너희가 선지자 다니엘이 말한바 멸망의 가중한 것이 거룩한 곳에 선 것을 보거든 (읽는 자는 깨달을진저)" 우리가 성령으로 꼼꼼하게 잘 보아야 할 것은 당연히 성경입니다. 그 다음으로는 징조나 현상을 볼 수 있어야 하는데 오늘 말씀에서는 그것을 "멸망의 가증한 것이 거룩한 곳에 서는 것"이라고 단정적으로 말씀하셨습니다. 그런데 이것은 선지자 다니엘이 말한 단9:27절을 인용한 것인데 다니엘은 마지막 한 이레(7년)를 설명하면서 이레의 절반에 제사와 예물을 금지하고 미운 물건이 날개를 의지하여 설 것이라는 말씀을 하셨습니다. "그가 장차 많은 사람들과 더불어 한 이레(7년) 동안의 언약을 굳게 맺고, 그가 그 이레의 절반에 제사와 예물을 금지할 것이며, 또 포악하여 가증한 것이 날개를 의지하여 설 것이며, 또 이미 정한 종말까지 진노가 황폐하게 하는 자에게 쏟아지리라 하였느니라 하니라"(단 9:27).

그리고 이 말씀이 마지막 때 다가올 대환난의 근거가 돼서 7년 대환난이라고 표현하고 전 3년 반과 후 3년 반으로 나누어서 설명하는 단서가 된 것입니다. 그러므로 잘 보아야 할 것은 성경과 징조, 이 두 가지이고 여기서도 중요한 것은 성경을 통해 징조를 볼 것이냐? 징조를 통해 성경을 볼 것이냐에 따라 전혀 다른 대응과 방향이 나온다는 것입니다.

성령으로 성경을 통해 징조를 보면 하나님의 뜻을 발견할 수 있지만, 징조를 통해 성경을 보다 보면 자기주장이 나오고 성경과 다른 방향으로 나갈 수 있습니다. 그러므로 성경과 징조라는 이 두 가지는 중요한데 순서는 항상 성령으로 성경을 통해 징조를 보는 것으로 가야 성경적으로 깨닫고 성경적으로 준비할 수 있지만 징조가 앞에 나오면 성경이 징조를 뒷받침하는 책으로 전락해서 엉뚱하게 나갈 수 있습니다. 그래서 항상 성경이 우선이고, 그 성령으로 성경을 통해서 징조를 보고 현상을 볼 수 있어야 제대로 된 하나님의 사람입니다.

둘째, 성령으로 진리의 말씀을 깨달아야 합니다. 성령으로 깨닫는다는 것은 성숙했다는 것이고 무엇보다 오늘 말씀에서는 읽는 것을 성령으로 깨달을 수 있어야 한다는데 그렇다면 읽는 것이 중요하지요? 무엇을 읽고 어떻게 읽을 것이냐? 징조에 대한 말씀을 읽고 그 징조가 나타나면 깨달으라는 뜻입니다.

그러면 재림에 대해 가장 확실한 징조를 설명한 책이 요한계시록이고 그 말씀을 깨달음으로 읽으면 시대적 상황과 징조를 발견하게 되니 준비할 수 있습니다. 그래서 징조는? 세상 돌아가는 여러 가지 상황도 당연히 징조가 되지만, 그것보다는 '성경징조'와 성경을 주신 곳이 성령의 전인 교회이니 '교회징조'를 먼저 보고, 그 다음으로 '세상징조'를 깨달아야 합니다.

그런데 대개 보면 성경징조나 교회징조는 빼놓고 세상징조만 말하다 보니 처처에 지진과 기근이 있다고 하니 실제로 지진이 나고 가뭄이 들어 마실 물이 없는 기근으로만 국한시켜 생각하다 보니 준비에 문제가 생기는 것입니다.

예수님이 말씀하신 지진과 기근은 먼저는 교회 지진이고 교회 안에서 발생할 양식이 없어 주림이 아니요 물이 없어 갈함이 아니라 여호와의 말씀(약속의 말씀)을 듣지 못한 기갈이라고 아모스가 예언한 말씀기근입니다. 그리고 나서 영맥과 육맥은 거의 비슷하게 같이 가니까 아! 교회지진, 말씀지진이 오니까 세상에서도 증거로서 이런 현상이 나타나니 성령께서 깨닫게 하시는 성경대로 준비해야 하겠구나! 이게 건전한 것입니다.

셋째, 예수님이 주인 된 산으로 도망하라. 그 산을 알고 있어야 도망갈 것 아닙니까? 알고 있으신가요? 그 도망가야 하는 산이 계시록 14장에 나옵니다. 그곳에는 하나님도 예수님도 하나님의 보좌도 함께 한다고 합니다. 바로 〈시온산〉입니다. 이 시온산에는 예수님이 교회들을 위해 보내는 성령하나님께서 계십니다. 그래서 시온산은 예배당도 될 수가 있고, 가정도 될 수가 있고, 성령으로 거듭난 성도들이 모인 직장도 될 수가 있고, 성령으로 거듭나 걸어 다니는 성전 된 성도도 될 수가 있습니다.

물론 영적인 시온 산에는 성령하나님께서 사용하시는 사람이 있습니다. 제10장에 예수님이 천사를 통해 빚인 "계시의 말씀"을 주니, 그 말씀을 받아먹고 현재 세상 가운데 이 말씀을 전하게 하시는 분은 성령하나님이십니다. 성령하나님께서 하나님의 사람의 입술을 이용하여 계시를 전하게 하십니다.

자신들이 계시는 곳이 성경에 약속된 성령이 역사하는 진리가 증거 되는 교회(예배당)가 아니라면, 도망을 가야하는데 지금 도망갈 산이 어디 인지 알지 못한다면, 오늘 설명된 말씀을 자세히 읽어보시고 깨달아 하나님의 말씀대로 예수님 공중 재림 시에 1차적으로 들림 받는 성도들이 되시기를 바랍니다.

결론적으로 거룩한 곳에 멸망의 가증한 것이 있는 것을 보거든 깨달으라고 하셨는데, 거룩한 곳은 진리인 예수께서 계신 곳 곧 교회가 되어야 하고, 또한 우리들의 몸과 심령이 되어야 합니다. 오늘날 거룩한 교회가 되어야 하는데, 부패 타락하고 갈수록 세속화 하는 교회의 원인은 무엇 때문일까요? 근본 문제는 성령과 진리 가운데 있지 않기 때문입니다.

진리이신 예수를 믿으면서도 진리가 무엇인지를 알지 못한다면 곧 예수를 알지 못하는 것이고 율법 아래 갇혀 있기 때문입니다. 예수께서는 진리에 대해서 증거하러 이 땅에 오셨는데(요 18:37), 성육신의 몸으로 이 땅에 오셔서 십자가에 죽어 주시고 죽은 자 가운데서 다시 사셔서 이루어 주신 보혈의 공로인 십자가의 도가 진리의 말씀입니다.

진리의 말씀을 바로 알고 믿음으로 순종하게 될 때에 진리이신 예수 안에 거하게 되고, 예수께서 내 안에 함께 하게 되는 것입니다. 그런데 거룩해야할 성전(교회)에 멸망의 가증한 것이 있는 것을 보거든 "그 때에 유대에(율법 아래) 있는 자들은 산(시온 산)으로 도망할찌어다"(마 24:16). 멸망의 가증한 것은 율법의 말씀을 가지고 진리의 말씀인체 하며 하나님 성전에 앉아 참하나님인체 하는 것이 가증스러운 것입니다. 이를 깨달아 알게 되거든 율법에서 벗어나 진리의 시온 산으로 옮기라는 말씀입니다. 진리의 시온 산이란 성령으로 보혈의 복음이 전파되는 예배당을 말합니다. 성도들은 강단에서 전하는 말씀을 성령으로 분별할 수 있는 능력을 길러야 할 것입니다.

"저는 대적하는 자라 범사에 일컫는 하나님이나 숭배함을 받는 자위에 뛰어나 자존하여 하나님 성전에 앉아 자기를 보여 하나님이라 하느니라."(살후2:4). 불법의 사람 곧 멸망의 아들은 율법의 주관자인 첫 사람 아담으로서, 그는 진리를 대적하는 자로서 하나님 성전에 앉아 하나님인체 하는 자이고, 오늘날 범사에 일컫는 하나님 곧 여호와 하나님인 것이 지금까지 비밀로 감추어져 온 것은 놀라운 하나님의 섭리에 의한 것입니다.

오늘날의 교회에는 율법의 여호와가 지배하며 진리의 참 하나님인체 하고 있으니, 가면 갈수록 교회는 세상에 빠져 세속화하고 바벨 화하게 됩니다. 성령의 역사가 잠을 자는 것입니다.

이와 같은 비밀이 밝혀짐은 예수께서 친히 이루어 주신 보혈의 공로인 십자가의 도안에서 율법의 땅에 주관자(아담)와 진리의 천국의 주관자(예수)가 다른 것을 밝혀 주시고 하나님의 말씀의 좌우를 분별케 하시고, 오직 진리의 길 곧 영생의 길을 가게 하십니다.

보혈의 공로인 십자가의 도는 천국 복음입니다. 천국 복음인 십자가의 도가 모든 민족에게 증거 되기 전에는 예수께서 공중 강림하시지 않습니다(마24:14). 새 언약인 십자가의 도안에서 멸망의 가증한 것을 바로 알고 믿어야 합니다. 아는 자는 시온산 곧 진리의 말씀인 십자가의 도로 예비하신 처소로 도망(피)해야 할 것입니다.

지금은 율법 아래 갇혀 있는 인본주의로 타락한 교회에 천국 복음인 십자가의 도를 전해야 할 때입니다. 온 세상에 전파될 때에 그때에 세상은 끝이고 주님께서는 오시겠다고 하십니다. 주님께서 오시기 전에 진리의 성령 보혜사를 마음에 영접하여 신랑을 맞을 신부의 마음으로 준비하는 자들이 됩시다.

9장 예수님의 공중과 지상 재림이 있다.

(살전 4:13-18) "형제들아, 잠든 자들에 관해서는 너희가 모르게 되는 것을 원치 아니하노니 이는 너희가 소망이 없는 다른 사람들과 같이 슬퍼하지 않게 하려는 것이라. 예수께서 죽었다가 다시 살아나신 것을 우리가 믿는다면 그와 같이 하나님께서는 예수 안에서 잠든 자들도 그와 함께 데리고 오시리라. 우리가 주의 말씀으로 너희에게 이것을 말하노니 주께서 오실 때까지 살아남아 있는 우리가 잠들어 있는 자들보다 결코 앞서지 못하리라. 주께서 호령과 천사장의 음성과 하나님의 나팔 소리와 함께 하늘로부터 친히 내려오시리니 그러면 그리스도 안에서 죽은 자들이 먼저 일어나고, 그리고 나서 살아남아 있는 우리도 공중에서 주와 만나기 위하여 그들과 함께 구름 속으로 끌려 올라가리니, 그리하여 우리가 영원히 주와 함께 있으리라. 그러므로 이러한 말로 서로 위로하라"

예수 그리스도의 보혈의 공로로 구원받은 그리스도인들은 무엇보다도 주님의 다시 오심을 진실로 믿고 있습니다. 그래서 많은 사람들이 그 재림의 양상에 대해서 매우 관심이 높은 반면 그에 대한 명쾌한 답을 알고 있는 사람들이 많지 않음을 볼 수 있습니다.

어떤 사람들은 아예 재림이 없다고 하는 사람이 있는가하면, 어떤 사람은 재림이 이미 이루어졌다고도 믿는 사람들도 많습니다. 또 다른 사람들은 주님께서 다시 오실 모습에 대해서 여러 가지 가설들을 믿기도 합니다. 그러나 성경의 답은 명쾌합니다. 흔히들 많은 사람들이 말하는 것처럼 주님의 재림이 대단한 비밀도 아니고, 그렇다고 대단히 믿기 어려운 일도 아닙니다. 예수 그리스도의 초림을 믿는다면 다시 오실 주님을 믿고 기다린다는 것은 시냇물이 유유히 흐르듯 자연스러운 것입니다.

성경은 분명히 예수 그리스도의 재림을 매우 강조하고 있으며, 그분이 오시면 일어날 일들을 자세히 여기저기에 기록해 두셨기 때문에 믿기만 하면 혼란을 겪을 일이 아닙니다. 그러므로 성경을 믿지 않는 사람들이 주장하는 것처럼 재림이 없는 것이 아니요, 또한 이미 재림이 이루어 진 것도 아닙니다.

만일 어떤 사람들이 주장하는 것처럼 현재 재림이 이미 이루어져 예수 그리스도께서 통치하시고 계신다면 이 세상에 넘쳐나는 악은 무엇이며, 현재 날뛰는 마귀의 공격과 그 앞잡이들의 득세는 무엇으로 설명할 것입니까? 성경에 따르면 예수 그리스도께서 오시면 마귀를 붙잡아 천년동안 가두어 두신다고 했는데 아직 마귀는 잡혀 있지 않고 이 마지막 때에 최후의 발악을 하고 있는 중입니다. 그런데도 지금이 예수 그리스도께서 이미 오셔서 의로 심판하시고, 공의로 다스리시는 세상이란 말입니까?

결론적으로 말하자면, 주님은 아직 오시지 않았으나 곧 우리의 이름을 부르실 날이 멀지 않았음을 현재 이 세상 돌아가는 상황을 통해 감지할 수 있습니다.

　예수 그리스도의 공중 재림(휴거와 관련)과 지상 재림(재림과 관련)의 차이는 "도둑 같이"오시는 것과 "모든 눈이 그분을 볼 것"이라는 차이입니다. 예수님께서 이 세상에 오신 초림과 재림을 나누어 단순하게 두 번의 오심만을 알고 있는 사람들은 "휴거" 즉 예수님께서 공중으로 오셔서 그리스인들을 끌어 올리시는 사건이 세상 사람들에게는 비밀스러운 일이 될 것입니다. 하지만 정상적인 그리스도인들에게는 천사장의 음성과 하나님의 나팔 소리 때문에 그 엄청난 사건이 결코 비밀이 될 수 없습니다. 성령께서 밝히 깨달아 알게 하실 것이기 때문입니다.

　"형제들아, 잠든 자들에 관해서는 너희가 모르게 되는 것을 원치 아니하노니 이는 너희가 소망이 없는 다른 사람들과 같이 슬퍼하지 않게 하려는 것이라. 예수께서 죽었다가 다시 살아나신 것을 우리가 믿는다면 그와 같이 하나님께서는 예수 안에서 잠든 자들도 그와 함께 데리고 오시리라. 우리가 주의 말씀으로 너희에게 이것을 말하노니 주께서 오실 때까지 살아남아 있는 우리가 잠들어 있는 자들보다 결코 앞서지 못하리라. 주께서 호령과 천사장의 음성과 하나님의 나팔 소리와 함께 하늘로부터 친히 내려오시리니 그러면 그리스도 안에서 죽은 자들이 먼저 일어나고, 그리고 나서 살아남아 있는 우리도 공중에서 주와 만나기 위하여 그들과 함께 구름 속으로 끌려 올라가리니, 그리하여 우리가 영원히 주와 함께 있으리라. 그러므로 이러한 말로 서로 위로하라"(살전 4:13-18).

위에서 말씀하신대로 주님께서는 자신의 성도들에게 오실 때 세상 사람들에게는 은밀하게 오실 것입니다. 그리하여 세상 사람들에게는 비밀스럽게 오실 예수님이시지만, 깨어서 예수님을 기다리던 성도들은 공중에서 주님을 만나게 되지만, 그렇지 못한 사람들은 이 땅에 남겨질 것입니다. 구원 받은 성도들, 즉 하나님과 함께하는 성도들은 하나님과 동행하다가 하늘로 살아서 들림 받은 에녹과 같이 그렇게 순식간에 하늘로 들려 올라갈 것입니다. 많은 사람들에게 황당한 이 사건은 유구무언이 될 것이고 두려움이 될 것입니다.

이러한 상황, 즉 그리스도인이 공중으로 들림 받는 휴거 상황을 예수님께서 직접 다음과 같이 말씀하십니다. "내가 너희에게 말하거니와, 그 밤에는 두 사람이 한 침상에 있다가 한 사람은 데려가게 되고 한 사람은 남게 되리라. 두 여인이 함께 맷돌을 갈고 있다가, 한 사람은 데려가게 되고 한 사람은 남게 되리라. 또 두 사람이 들에 있는데, 한 사람은 데려가게 되고 한 사람은 남게 되리라."고 하시니라"(눅 17:34-36).

이 말씀을 통해서 예수 그리스도의 재림은 반드시 있을 것이라는 사실과 이 세상에 믿고 구원받은 사람과 믿지 않는 사람이 주님 오실 그 순간까지도 함께 있을 것이지만 결과는 오직 구원 받은 하나님의 사람만 들림을 받을 것이라는 것입니다.

구약의 스가랴 선지자는 주님의 발이 사람들이 직접 볼 수 있도록 올리브 산에 서실 것이라 예언하고 있습니다. "그 날에 그의 발이 예루살렘 앞 곧 동쪽 감람산에 서실 것이요 감람산은 그

한 가운데가 동서로 갈라져 매우 큰 골짜기가 되어서 산 절반은 북으로, 절반은 남으로 옮기고"(슥 14:4).

또한 신약의 맨 마지막 책인 요한계시록을 기록한 사도 요한도 모든 눈이 그분을 볼 것이라고 예언했습니다. "보라, 그가 구름들과 함께 오시리니, 모든 눈이 그를 볼 것이며, 그를 찌른 자들도 볼 것이요, 또한 땅의 모든 족속이 그로 인하여 애곡하리라. 그대로 되리로다. 아멘"(계 1:7). 이로 보건대 주님의 휴거를 동반하게 될 주님의 공중 재림과 성도들과 공중에서 만나 다시 지상으로 내려오는 지상 재림을 분명하게 나누어 볼 수 있습니다.

그렇다면 휴거와 지상 재림 사이에 이 지상에 남아 있는 사람들은 어떤 상황에 놓여 있을지가 매우 궁금한 일이 아닐 수 없습니다. 그것은 신실하게 예수 그리스도를 믿고 살다가 휴거된 사람들과 그렇지 않고 하나님을 대적하고 멋대로 살았던 사람들 그리고 교회는 출석을 했지만 당시 구원받지 않아서 휴거되지 못하고 남게 된 사람들 사이에는 어떤 차이가 있는지가 중요하기 때문입니다. 물론 구원받지 못한 사람들은 적그리스도의 치하에서 엄청난 고난을 겪으며 살아야 합니다.

그런데 적그리스도 치하에서 사는 사람들을 대표적으로 두 부류로 나눌 수 있습니다. 한 부류는 끝까지 하나님을 부인하고 적그리스도에게 복종하며 살아가는 부류와 교회는 다녔으나 휴거되지 못해서 남은 사람들, 즉 뒤늦게 예수 그리스도를 믿음과 행위로 구원을 유지해 가는 부류들이 그들입니다. 그러나 이 두 부류들은 적그리스도의 감시 아래서 처참한 생활을 해야만 합니다.

그 때는 이 교회시대, 즉 은혜의 시대와 달리 구원의 영원한 보장도 없는 만큼 환란성도들은 믿음과 행위로 구원만은 잃지 않으려고 최선을 다하여 끝까지 견디지 않으면 안 됩니다. 그에 대한 증거 구절 들은 성경 곳곳에 다양하게 기록되어 있습니다. 이것이 휴거된 자와 남은자의 차이이며, 도둑같이 오시는 휴거와 모든 눈이 볼 수 있도록 재림하시는 모습의 차이인 것입니다.

"그러므로 이러한 말로 서로 위로하라."는 살전 4:18절의 말씀은 현재 성령의 지배와 장악을 받아 성령의 인도를 받는 거듭난 그리스도인들은 안심해도 된다는 뜻입니다. 만일 그렇지 않다면 "서로 위로하고 두렵고 떨림으로 재림을 기다리라."고 했을 것입니다.

그러나 성경은 우리를 진노에서 구해 내셨다고 말씀 하십니다. "또 하나님께서 죽은 자들로부터 살리신 그분의 아들, 즉 다가올 진노로부터 우리를 구해 내신 예수께서 하늘로부터 오심을 기다린다는 것이니라."(살전 1:10).

첫째, 예수님의 공중 재림. 승천하셔서 하나님의 우편에 앉아 계시는 예수님께서 땅에 오시는 재림은 한번밖에 없는 단회적 사건이나 재림의 과정이 두 국면 또는 두 단계로 나누어집니다. 땅에 임하시기 전에 공중에 오셔서 머무시는 단계가 있고, 다시 땅으로 오시는 두 단계가 있습니다.

재림의 첫째 국면, 즉 그리스도께서 공중에 오실 때 교회 시대는 끝이 나고 대환난기가 시작 됩니다. 예수님께서 공중에 오실 때 일어날 일들은 어떤 것이 있나 살펴봅니다.

1) **죽은 성도의 부활.** 그리스도께서 잠자는 자들 가운데서 일어나시어 부활의 첫 열매가 "그러나 이제 그리스도께서 죽은 자 가운데서 다시 살아나사 잠자는 자들의 첫 열매가 되셨도다."(고전 15:20), 되신 것은 주 안에서 죽은 성도들이 그의 재림 때 부활할 것의 보증이 되는 것입니다. "보라 내가 너희에게 비밀을 말하노니 우리가 다 잠 잘 것이 아니요 마지막 나팔에 순식간에 홀연히 다 변화되리니 (52) 나팔 소리가 나매 죽은 자들이 썩지 아니할 것으로 다시 살아나고 우리도 변화되리라."(고전 15:51-52).

성도가 그리스도와 연합하여 죽고 주 안에서 새 생명을 얻었으면 그를 본받아 마지막 날에 부활의 영광에 참예하게 됩니다. "만일 우리가 그의 죽으심과 같은 모양으로 연합한 자가 되었으면 또한 그의 부활과 같은 모양으로 연합한 자도 되리라."(롬 6:5). 그리스도께서 마지막 나팔 소리와 함께 공중에 임하실 때, 죽은 성도들이 영광스러운 부활의 몸으로 살아날 것입니다.

2) **살아있는 성도의 영화.** 그리스도께서 공중에 임하실 때 죽은 성도의 부활사건과 함께 살아있던 성도들이 변화하여 영화로운 몸을 입게 될 것입니다. "또 미리 정하신 그들을 또한 부르시고 부르신 그들을 또한 의롭다 하시고 의롭다 하신 그들을 또한 영화롭게 하셨느니라"(롬 8:30). 혈과 육은 하나님의 나라를 유업으로 받을 수 없기 때문에 땅에 속한 몸이 신령한 몸으로 변화받아야 합니다. "형제들아 내가 이것을 말하노니 혈과 육은 하나님 나라를 이어 받을 수 없고 또한 썩는 것은 썩지 아니하는 것

을 유업으로 받지 못하느니라"(고전 15:50).

따라서 재림 때까지 죽지 않고 살아 있는 성도들은 그리스도께서 공중에 오실 때 시간과 공간의 제한을 받지 않는 영광스러운 몸으로 갈아입게 됩니다.

"그는 만물을 자기에게 복종하게 하실 수 있는 자의 역사로 우리의 낮은 몸을 자기 영광의 몸의 형체와 같이 변하게 하시리라"(빌 3:21). "사랑하는 자들아 우리가 지금은 하나님의 자녀라 장래에 어떻게 될지는 아직 나타나지 아니하였으나 그가 나타나시면 우리가 그와 같을 줄을 아는 것은 그의 참모습 그대로 볼 것이기 때문이니"(요일 3:2). 이렇게 하여 살아 있는 성도들이 그리스도의 영광스러운 몸과 같이 변화하게 될 터인데 이를 성도의 영화(榮化, 영화롭게 변화함)라 부릅니다. 이로써 살아서 예수를 믿는 자가 영원히 죽지 않는 축복에 이르게 될 것입니다. "예수께서 이르시되 나는 부활이요 생명이니 나를 믿는 자는 죽어도 살겠고"(요 11:25).

3) 공중으로 끌어 올리어 감(휴거). 그리스도께서 공중에 오실 때 부활한 성도들과 영화된 성도들이 구름 속으로 끌어 올려져 거기서 주를 영접하게 되는데 이것을 휴거(携擧)라 합니다. "그 후에 우리 살아남은 자들도 그들과 함께 구름 속으로 끌어 올려 공중에서 주를 영접하게 하시리니 그리하여 우리가 항상 주와 함께 있으리라"(살전 4:17). 그리스도를 머리로 하는 신령한 교회가 들림 받게 되는 것입니다.

이때 땅에 남기어지는 사람도 있고 올리어 가는 사람도 있어

나뉘게 될 것입니다. "그 때에 두 사람이 밭에 있으매 한 사람은 데려가고 한 사람은 버려둠을 당할 것이요 (41) 두 여자가 맷돌질을 하고 있으매 한 사람은 데려가고 한 사람은 버려둠을 당할 것이니라."(마 24:40-41).

예수님께서 공중에 오실 때 성결한 성도는 휴거될 것이나 준비되지 못한 명목상의 신자는 땅에 남기어져 환난을 겪게 될 것입니다.

4) **성도의 상급**. 그리스도께서 공중에 오실 때 휴거된 성도들이 일한 대로 상급을 받게 될 것인데 "보라 내가 속히 오리니 내가 줄 상이 내게 있어 각 사람에게 그가 행한 대로 갚아 주리라"(계 22:12), 이는 성도의 심판과 동일시됩니다. "네가 어찌하여 네 형제를 비판하느냐 어찌하여 네 형제를 업신여기느냐 우리가 다 하나님의 심판대 앞에 서리라"(롬 14:10). "이는 우리가 다 반드시 그리스도의 심판대 앞에 나타나게 되어 각각 선악 간에 그 몸으로 행한 것을 따라 받으려 함이라"(고후 5:10).

성도들에게 상 또는 삯이 주어질 것이라고 하는 사상은 성경적이며, 하나님은 상주시는 하나님이십니다. "믿음이 없이는 하나님을 기쁘시게 하지 못하나니 하나님께 나아가는 자는 반드시 그가 계신 것과 또한 그가 자기를 찾는 자들에게 상 주시는 이심을 믿어야 할지니라"(히 11:6). 성도의 시상은 기독자의 올바른 삶과 봉사의 자극제가 됩니다.

5) **어린양의 혼인잔치**. 휴거된 성도 들은 어린양 되신 그리스도의 신부로서 그로 더불어 혼인잔치에 들어가게 됩니다. "우리

가 즐거워하고 크게 기뻐하며 그에게 영광을 돌리세 어린 양의 혼인 기약이 이르렀고 그의 아내가 자신을 준비하였으므로 (8) 그에게 빛나고 깨끗한 세마포 옷을 입도록 허락하셨으니 이 세마포 옷은 성도들의 옳은 행실이로다 하더라."(계 19:7-8). 혼인잔치는 공중에서 있게 되는데 지금의 공중은 마귀가 권세잡고 있는 곳이지만, "그 때에 너희는 그 가운데서 행하여 이 세상 풍조를 따르고 공중의 권세 잡은 자를 따랐으니 곧 지금 불순종의 아들들 가운데서 역사하는 영이라"(엡 2:2), "우리의 씨름은 혈과 육을 상대하는 것이 아니요 통치자들과 권세들과 이 어둠의 세상 주관자들과 하늘에 있는 악의 영들을 상대함이라"(엡 6:12), 혼인잔치를 위해 공중이 청결하게 되고 잘 준비될 것입니다.

6) **지상의 대환난.** 공중에서 권세잡고 있던 마귀가 땅에 내어쫓김으로 땅에는 마귀가 주동이 된 큰 환난이 있게 됩니다. 이를 대환난이라 부르는데 전에도 없었고 후에도 없을 큰 환난으로 전 지구상에 임할 환난입니다. "이는 그 때에 큰 환난이 있겠음이라 창세로부터 지금까지 이런 환난이 없었고 후에도 없으리라"(마 24:21). "그 때에 네 민족을 호위하는 큰 군주 미가엘이 일어날 것이요 또 환난이 있으리니 이는 개국 이래로 그 때까지 없던 환난일 것이며 그 때에 네 백성 중 책에 기록된 모든 자가 구원을 받을 것이라"(단 12:1).

대환난은 휴거되지 못하고 땅에 남겨진 자들과 불신자 그리고 불신앙의 유대인들이 참예할 것인데 그 기간은 공중에서 혼인잔치가 벌어지는 것과 동일한 7년입니다.

둘째, 예수님의 지상 재림. 예수님의 공중 재림과 지상 재림의 목적이 무엇인지 구별한다면 7년 환란 전에 공중 재림 하시고 7년 환란 끝에 지상 재림 하신다는 것을 이해할 수 있을 것입니다. 공중 재림은 7년 환란 전에 그리스도인들을 데려가셔야 합니다. 지상 재림은 에덴동산처럼 회복시키고 다스려야 하며 공중에 있던 구원받은 성도들이 천년왕국에서 왕 노릇하기 위하여 같이 와야 하기 때문에 7년 환란 끝에 오실 것이라 생각됩니다.

재림의 둘째 단계 또는 둘째 국면은 공중에 올라갔던 성도들과 함께 그리스도께서 땅에 오시는 장면인데 이것을 지상 재림 또는 현현(顯現, 나타나 보임)이라고 합니다. 이 국면을 그리스도의 성도와 함께 강림하심이라고 합니다. "그 산 골짜기는 아셀까지 이를지라 너희가 그 산 골짜기로 도망하되 유다 왕 웃시야 때에 지진을 피하여 도망하던 것 같이 하리라 나의 하나님 여호와께서 임하실 것이요 모든 거룩한 자들이 주와 함께 하리라"(슥 14:5).

7년 대환란이 끝나면 예수님이 지상에 재림하십니다. 이 재림의 두 번째 국면은 모든 사람이 볼 수 있도록 영광중에 구름 타시고 나팔소리와 함께 오시기에 죄인들도 예수님을 찌른 사람들도 애통하며 그의 재림을 보게 될 것입니다. "볼지어다 그가 구름을 타고 오시리라 각 사람의 눈이 그를 보겠고 그를 찌른 자들도 볼 것이요 땅에 있는 모든 족속이 그로 말미암아 애곡하리니 그러하리라 아멘"(계 1:7) 이 때 되어질 일들은 다음과 같습니다.

1) **마귀의 결박**. 온 세상을 미혹하던 마귀가 잡히고 천년동안 무저갱(끝없는 구렁텅이라는 뜻으로 마귀의 임시 구류처이다)에 갇히게 될 것인데 이는 땅 위에 천년왕국을 건설하시고 다스리시기 위함입니다. "또 내가 보매 천사가 무저갱의 열쇠와 큰 쇠사슬을 그의 손에 가지고 하늘로부터 내려와서 (2) 용을 잡으니 곧 옛 뱀이요 마귀요 사탄이라 잡아서 천 년 동안 결박하여 (3) 무저갱에 던져 넣어 잠그고 그 위에 인봉하여 천 년이 차도록 다시는 만국을 미혹하지 못하게 하였는데 그 후에는 반드시 잠깐 놓이리라"(계 20:1-3).

거짓 선지자와 적그리스도는 이미 유황불에 산 채로 던져졌고 남은 것은 마귀인데 그가 결박당한 것은 천년간 세상을 미혹하지 못하게 하려는 것입니다.

2) **환난 성도의 부활**. 예수님 공중 재림 시에 1차적으로 들림 받지 못했으나 7년 환란 기간 동안 믿음을 신실하게 지킨 성도들이 들림 받게 될 것입니다. 대 환난을 통과하며 신앙을 지키려던 많은 이들이 순교할 터인데 이들이 환난이 끝나고 예수님께서 땅에 오실 때 살아나 예수님의 왕국에 들어가게 될 것입니다. "내가 말하기를 내 주여 당신이 아시나이다 하니 그가 나에게 이르되 이는 큰 환난에서 나오는 자들인데 어린 양의 피에 그 옷을 씻어 희게 하였느니라."(계 7:14), "또 내가 보좌들을 보니 거기에 앉은 자들이 있어 심판하는 권세를 받았더라 또 내가 보니 예수를 증언함과 하나님의 말씀 때문에 목 베임을 당한 자들의 영

혼들과 또 짐승과 그의 우상에게 경배하지 아니하고 그들의 이마와 손에 그의 표를 받지 아니한 자들이 살아서 그리스도와 더불어 천 년 동안 왕 노릇 하니"(계 20:4).

　예수님께서 공중에 오실 때 휴거를 위해 부활한 성도와 대환난 후에 천년왕국에 들어가기 위하여 부활한 환난 성도의 부활을 첫째 부활이라 부릅니다. "(그 나머지 죽은 자들은 그 천 년이 차기까지 살지 못하더라) 이는 첫째 부활이라"(계 20:5).

　3) **아마겟돈 전쟁**. 아마겟돈 전쟁은 7년 대환란이 끝날 즈음에 일어납니다. 예수님께서 지상재림하시면서 유황불로 심판하시면서 끝이 납니다. "세 영이 히브리어로 아마겟돈이라 하는 곳으로 왕들을 모으더라."(계 16:16), "또 내가 보니 한 천사가 태양 안에 서서 공중에 나는 모든 새를 향하여 큰 음성으로 외쳐 이르되 와서 하나님의 큰 잔치에 모여 (18) 왕들의 살과 장군들의 살과 장사들의 살과 말들과 그것을 탄자들의 살과 자유인들이나 종들이나 작은 자나 큰 자나 모든 자의 살을 먹으라 하더라 (19) 또 내가 보매 그 짐승과 땅의 임금들과 그들의 군대들이 모여 그 말 탄 자와 그의 군대와 더불어 전쟁을 일으키다가 (20) **짐승이 잡히고 그 앞에서 표적을 행하던 거짓 선지자도 함께 잡혔으니 이는 짐승의 표를 받고 그의 우상에게 경배하던 자들을 표적으로 미혹하던 자라 이 둘이 산 채로 유황불 붙는 못에 던져지고 (21) 그 나머지는 말 탄 자의 입으로부터 나오는 검에 죽으매 모든 새가 그들의 살로 배불리더라**"(계 19:17-21).

　악령이 천하의 왕들을 전쟁을 위해 므깃도 평야로 모을 것입니다. 예수님의 초림을 방해하려던 마귀가 헤롯을 통해 베들레헴에서 태어난 아기들을 죽임으로 예수님을 죽이려 했던 것같이 예수님의 재림을 방해하려고 마귀는 전쟁을 일으킵니다.

4) 천년왕국의 건설. 땅위에 7년 대환난이 끝난 후 만왕의 왕으로 또 만주의 주로 이 땅에 오신 예수님께서 "또 내가 들으니 허다한 무리의 음성과도 같고 많은 물 소리와도 같고 큰 우렛소리와도 같은 소리로 이르되 할렐루야 주 우리 하나님 곧 전능하신 이가 통치하시도다"(계 19:6), 정의와 평화의 나라를 땅 위에 건설하시고 성도들로 더불어 천년 동안 다스리실 터인데 이를 천년왕국이라 부릅니다. "이 첫째 부활에 참여하는 자들은 복이 있고 거룩하도다 둘째 사망이 그들을 다스리는 권세가 없고 도리어 그들이 하나님과 그리스도의 제사장이 되어 천 년 동안 그리스도와 더불어 왕 노릇 하리라"(계 20:6).

천년왕국의 수도는 영적인 예루살렘입니다. "여호와가 이같이 말하노라 내가 시온에 돌아와 예루살렘 가운데에 거하리니 예루살렘은 진리의 성읍이라 일컫겠고 만군의 여호와의 산은 성산이라 일컫게 되리라"(슥 8:3).

이 때 효력을 잃었던 "네가 밭을 갈아도 땅이 다시는 그 효력을 네게 주지 아니할 것이요 너는 땅에서 피하며 유리하는 자가 되리라"(창 4:12), 땅이 지력(地力)을 회복할 것이고 "마침내 위에서부터 영을 우리에게 부어 주시리니 광야가 아름다운 밭이 되며 아름다운 밭을 숲으로 여기게 되리라"(사 32:15), 식물과 "잣나무는 가시나무를 대신하여 나며 화석류는 찔레를 대신하여 날 것이라 이것이 여호와의 기념이 되며 영영한 표징이 되어 끊어지지 아니하리라"(사 55:13), 동물이 창조 때와 같이 회복되고 "그 때에 이리가 어린 양과 함께 살며 표범이 어린 염소와 함께 누우며 송아지와 어린 사자와 살진 짐승이 함께 있어 어린 아이에게 끌리며 (7) 암소와 곰이 함께 먹으며 그것들의 새끼가 함께 엎드리며 사자가 소처럼 풀을 먹을 것이며 (8) 젖 먹는 아이가 독사의 구멍에서 장난하며 젖 뗀 어린 아이가 독사의 굴에 손을 넣을 것이라 (9) 내 거룩한 산 모든 곳에서 해 됨도 없고 상함도 없을 것이니 이는 물이 바다를 덮음 같이 여호와를 아는 지식이 세상에 충만할 것임이니라"(사 11:6-9).

인간 수명이 정상으로 회복되고 "거기는 날 수가 많지 못하여 죽는 어린이와 수한이 차지 못한 노인이 다시는 없을 것이라 곧 백 세에 죽는 자를 젊은이라 하겠고 백 세가 못되어 죽는 자는 저주 받은 자이리라 (21) 그들이 가옥을 건축하고 그 안에 살겠고 포도나무를 심고 열매를 먹을 것이며 (22) 그들이 건축한 데에 타인이 살지 아니할 것이며 그들이 심은 것을 타인이 먹지 아니하리니 이는 내 백성의 수한이 나무의 수한과 같겠고 내가 택한 자가 그 손으로 일한 것을 길이 누릴 것이며"(사 65:20-22) 사람의 육체가 회복 됩니다. "그 때에 맹인의 눈이 밝을 것이며 못 듣는 사람의 귀가 열릴 것이며 (6) 그 때에 저는 자는 사슴 같이 뛸 것이며 말 못하는 자의 혀는 노래하리니 이는 광야에서 물이 솟겠고 사막에서 시내가 흐를 것임이라"(사 35:5-6).

5) 산 자와 죽은 자의 심판. 우리가 사도신경을 외우며 고백하

는 신앙처럼 하늘에 계시던 예수님께서 산 자와 죽은 자를 심판하러 땅에 오십니다. "하나님 앞과 살아 있는 자와 죽은 자를 심판하실 그리스도 예수 앞에서 그가 나타나실 것과 그의 나라를 두고 엄히 명하노니"(딤후 4:1).

천년 왕국이 이루어지고 천년이 지난 다음에 심판을 받기 위해 죽은 죄인도 다시 살아나서 자기들의 행위를 따라 심판을 받게 됩니다. "바다가 그 가운데에서 죽은 자들을 내주고 또 사망과 음부도 그 가운데에서 죽은 자들을 내주매 각 사람이 자기의 행위대로 심판을 받고"(계 20:13). 이 심판에서 마귀와 죄인들이 영원히 불이 타는 지옥에 던지어질 것입니다. "또 그들을 미혹하는 마귀가 불과 유황 못에 던져지니 거기는 그 짐승과 거짓 선지자도 있어 세세토록 밤낮 괴로움을 받으리라"(계 20:10), "사망과 음부도 불못에 던져지니 이것은 둘째 사망 곧 불못이라 (15) 누구든지 생명책에 기록되지 못한 자는 불못에 던져지더라."(계 20:14-15), 이것을 둘째 사망, 즉 불못이라 부릅니다.

이 심판을 최후의 심판이라고 부릅니다. 또 크고 흰 보좌에 앉으신 심판주로부터 최후의 선고를 받아 지옥에 던지워지는 심판이기 때문에 백보좌(百寶座)심판이라고 부릅니다. "또 내가 크고 흰 보좌와 그 위에 앉으신 이를 보니 땅과 하늘이 그 앞에서 피하여 간 데 없더라."(계 20:11).

10장 성도의 부활과 휴거를 바르게 알자

(살전 5:1-7)"형제들아 때와 시기에 관하여는 너희에게 쓸 것이 없음은 (2) 주의 날이 밤에 도둑 같이 이를 줄을 너희 자신이 자세히 알기 때문이라 (3) 그들이 평안하다, 안전하다 할 그 때에 임신한 여자에게 해산의 고통이 이름과 같이 멸망이 갑자기 그들에게 이르리니 결코 피하지 못하리라 (4) 형제들아 너희는 어둠에 있지 아니하매 그 날이 도둑 같이 너희에게 임하지 못하리니 (5) 너희는 다 빛의 아들이요 낮의 아들이라 우리가 밤이나 어둠에 속하지 아니하나니 (6) 그러므로 우리는 다른 이들과 같이 자지 말고 오직 깨어 정신을 차릴지라 (7) 자는 자들은 밤에 자고 취하는 자들은 밤에 취하되"

성도가 들림(휴거) 받는 사건은 예수님의 공중 재림 직후에 일어납니다. 7년 대환란이 일어나기 전에 들림(휴거)받는 다는 것이 성경의 예언입니다. "우리가 주의 말씀으로 너희에게 이것을 말하노니 주께서 강림하실 때까지 우리 살아남아 있는 자도 자는 자보다 결코 앞서지 못하리라 (16) 주께서 호령과 천사장의 소리와 하나님의 나팔 소리로 친히 하늘로부터 강림하시리니 그리스도 안에서 죽은 자들이 먼저 일어나고 (17) 그 후에 우리 살아남은 자들도 그들과 함께 구름 속으로 끌어 올려 공중에서 주를 영접하게 하시리니 그리하여 우리가 항상 주와 함께 있으리라"(살전 4:15-17).

오늘 본문은 부활장으로 알려진 고린도전서 15장 50절부터 58(51-53)절까지의 말씀과 함께 휴거의 사건을 설명한 중요한 말씀으로 알려져 있습니다. 사도 바울이 부활장인 고린도전서 15장에서 휴거의 사건을 설명한 것은 휴거의 사건 이 곧 예수님의 부활을 믿는 성도들이 장차 얻게 될 성도의 부활 사건이기 때문입니다. 부활의 첫 열매가 되신 예수님의 부활을 믿는 성도들은 장차 "마지막 나팔에 순식간에 홀연히 변화되어"(고전 15:51) 부활의 몸을 가지고 휴거의 사건에 참여하게 될 것입니다. 그렇다면 휴거의 사건은 구체적으로 어떤 것이고, 그 대상은 누구이며, 이 휴거의 사건을 소망하는 자들이 가져야 할 믿음은 어떤 것인지 본문을 통해 살펴봅니다.

첫째, 들림(휴거)의 정의(살전4:17). 들림 '휴거'(携擧, Rapture)라는 단어는 데살로니가전서 4장 17절에 등장하는 들림(휴거) 사건에 대한 묘사, "그 후에 우리 살아남은 자도 저희와 함께 구름 속으로 '끌어올려(caught up)' 공중에서 주를 영접하게 될 것이다"는 말씀에서 '끌어올린다(caught up)'는 단어를 한자로 표현한 것입니다. 끌 휴(携), 들 거(擧)자를 써서 휴거라 하는 것입니다. 성경에 직접적으로 등장하는 단어는 아니지만, 이 사건을 묘사하는 가장 적절한 용어라 여겨져서 이렇게 사용하고 있는 것입니다. 신약성경에는 이 휴거의 사건을 묘사하는 몇 몇 중요한 말씀들이 등장합니다.

① 감람산 강화가 기록된 마태복음 24장에서는 이 휴거의 사건을 택함 받은 자들을 데려가시는(remove) 사건으로 묘사합니다(마 24:40,41).

"그 때에 두 사람이 밭에 있으매 하나는 데려감을 당하고 하나는 버려둠을 당할 것이요, 두 여자가 매를 갈고 있으매 하나는 데려감을 당하고 하나는 버려둠을 당할 것이니라."(마 24:40,41)하십니다.

② 요한복음 14장에서는 휴거의 사건을 주님이 예비하신 처소로 영접하는 것(reception)으로 묘사합니다(요14:1-3). "너희는 마음에 근심하지 말라 하나님을 믿으니 또 나를 믿으라 내 아버지 집에 거할 곳이 많도다 그렇지 않으면 너희에게 일렀으리라 내가 너희를 위하여 처소를 예비하러 가노니 가서 너희를 위하여 처소를 예비하면 내가 다시 와서 너희를 내게로 영접하여 나 있는 곳에 너희도 있게 하리라."(요 14:1-3)하십니다.

③ 고린도전서 15장에서는 휴거의 사건을 주님께서 성도들을 변화시키는(reform), 혹은 부활케(resurrect)하시는 사건으로 묘사합니다(고전 15:51,52). "보라 내가 너희에게 비밀을 말하노니 우리가 다 잠잘 것이 아니요, 마지막 나팔에 순식간에 홀연히 다 변화하리니 나팔 소리가 나매 죽은 자들이 썩지 아니할 것으로 다시 살고 우리도 변화하리라."(고전 15:51,52)하십니다.

④ 본문에서는 휴거의 사건을 그리스도께서 그의 택하신 성도들과 함께(reunite)하시는 사건으로 묘사합니다(살전4:16,17). "주께서 호령과 천사장의 소리와 하나님의 나팔로 친히 하늘로

좇아 강림하시리니 그리스도 안에서 죽은 자들이 먼저 일어나고 그 후에 우리 살아남은 자도 저희와 함께 구름 속으로 끌어올려 공중에서 주를 영접하게 하시리니 그리하여 우리가 항상 주와 함께 있으리라."(살전 4:16,17)하십니다.

휴거의 사건(rapture)은 예수님께서 택함 받은 성도들을 데려가(remove), 당신이 예비하신 처소로 영접하시는(receive) 사건입니다. 휴거의 사건으로 성도들은 부활의 영광스런 모습으로 변화되어(reform, resurrect) 영원히 주님과 함께(reunite)하게 될 것입니다.

둘째, 휴거의 대상- 오늘 본문 살전4:16,17절에서는 이 휴거의 사건에 참예할 자들을 설명하시는 말씀이 등장합니다. "그리스도 안에서" 죽은 자들이 먼저 일어나고 그 후에 우리 살아남은 자도 저희와 함께 구름 속으로 끌어올려 공중에서 주를 영접한다는 겁니다. 휴거 사건에 참예하는 자들은 그리스도의 신부인 교회(성전된 성도)로 제한될 것입니다(마25:1-13). "그리스도 안에서" 죽은 자들과 살아남은 자들이 휴거된다는 말씀이 그런 뜻인 것입니다.

휴거의 사건은 신랑 되신 예수님이 그의 신부인 교회(성전된 성도)를 혼인 예식을 위해 예비하신 처소로 데려가시는 사건입니다. 그래서 휴거의 사건이 "그리스도 안에서 죽은 자들과 살아남은 자들" 곧 교회(성전된 성도)로 한정되는 것입니다. 이는 모든 성도가 들림 받지 못한다는 것입니다. 성령으로 깨어있는 성도들이 1차로 들림 받는 다는 것입니다.

셋째, 공중에서 주를 영접하리라(살전4:17). 오늘 본문 살전 4:17절에서는 휴거의 사건을 "우리가 구름 속으로 끌어올려 공중에서 주를 영접하는" 사건으로 묘사하고 있습니다. 그래서 휴거의 사건을 예수님의 공중 재림 사건이라고도 표현하는 것입니다. 공중 재림(휴거)의 사건은 분명하게 7년 대환난의 마지막 순간 감람산으로 오셔서(슥 14:4) 적그리스도의 군대와 세상 나라를 심판하실 예수님의 지상 재림 사건과 명확히 구분되는 사건입니다.

예수님의 초림 사건이라고 하면, 예수님의 탄생과 공생애, 그리고 십자가의 죽음과 부활 승천까지 모두를 포함한 사건입니다. 단회적인 사건이 아니라, 33년 동안 간격을 가지고 벌어진 사건입니다. 예수님의 탄생을 초림 사건의 전부라고 설명해서는 안 된다는 겁니다.

성경에서 설명하고 있는 재림의 사건도 단회적인 사건이 아니라, 일정한 기간을 가지고 진행되는 일련의 사건들 모두를 포함한 것입니다. 본문에서 설명하는 공중 재림(휴거) 사건과 그 후에 펼쳐질 7년 대 환난 그리고 7년 대환난의 끝에 찾아올 지상 재림의 사건과 천년왕국의 시작까지가 모두 재림의 사건인 것입니다.

예수님의 초림 사건이 베들레헴 탄생 사건으로부터 시작되었듯이, 재림의 사건도 이 땅에 본격적인 환난과 심판을 내리시기 전에 그리스도의 신부인 교회를 데려가시는 공중 재림이 바로 들림(휴거)의 사건으로부터 시작될 것입니다.

넷째, 휴거의 시점- 예수님께서 공중 재림하심과 동시에 들림을 받습니다. 성령으로 깨어있는 자들은 도둑같이 임하지 아니합니다. "형제들아 너희는 어둠에 있지 아니하매 그 날이 도둑같이 너희에게 임하지 못하리니"(살전 5:4). 예수를 믿고 교회를 다녀도 잠자고 어둠에 있는 자들은 도둑같이 임합니다. "주의 날이 밤에 도둑 같이 이를 줄을 너희 자신이 자세히 알기 때문이라"(살전 5:2). 하십니다.

그러기에 누군가가 알 수 없다 하신 날짜와 시간을 안다고 주장하면 이는 100% 이단입니다. 그러므로 너희는 장차 올 이 모든 일을 피하고 인자 앞에 서도록 항상 성령으로 기도하고 깨어 있으라 하시니라 하셨습니다. 들림 받는 성도들은 대환난 전에 휴거 나팔소리에 활짝 웃는 신부들이 되어 올라갑니다. 휴거는 대환난 전에 확실하게 일어납니다. 그러므로 대 환난 전에 휴거가 일어날 증거가 되는 하나님의 말씀에 대해 알고 준비를 해야 합니다.

말세의 종말을 앞두고 마지막 휴거 성도에게 정신 차리게 하는 하나님 말씀을 살펴보면 깨어있으라 입니다. 그리고 성령으로 기도하라 입니다. 마지막 때 종말의 대환난이 오기 전에 깨어 있어 기도함으로 예비하게 하게 하시는 하나님의 크신 사랑인 것입니다. 성경의 근본을 지켜 마지막 긴박한 이때 마지막 휴거 성도로 부르심을 받아 대환난 전 휴거가 일어날 증거가 되는 하나님의 말씀을 찾아 성령님의 조명으로 성경 말씀을 확증하고, 예수님의 메시지 성령과 말씀으로 조명 받아 항상 기도하고 깨어있는 성도가 되어야 합니다. 누누이 말하였지만 머리에 든 지식으로는 휴거로 갈 수 없습니다.

사랑의 따뜻한 가슴 충만한 자가 휴거성도입니다. 사랑과 긍휼이 있어야 합니다. 상대방의 아픔을 보는 눈이 있어야 합니다.

지금은 휴거와 심판이 목전에 와있습니다. 아주 위태로운 상황입니다. 대격변의 대홍수 쓰나미가 오기 전 하나님께서 예비케 하시고 준비시키십니다. 휴거 성도들도 지금까지 예수님의 메시지 말씀으로 기름 등불 준비 시키셨습니다.

성경 66권 전체 중에 27% 예언에 관한 말씀이고, 이 예언에 관한 말씀 가운데 약 3분의 1은 초림에 관한 예언이고, 3분의 2는 종말과 재림에 관한 예언이라고 합니다. 그렇다면 대략 성경의 약 5분의 1 가량이 종말과 재림에 관한 예언들인데, 이 예언에 관한 말씀들을 연구하고 가르치지 않는다는 것은 '직무유기'입니다.

그런데, 1992년 다미 선교회 사건 이후 한국교회 안에선 종말론에 관한 논의 자체가 사라져버리고 말았습니다. 그 결과 말씀을 가르치는 목회자들도 종말에 관한 성경의 예언들을 알지 못하게 되었고, 성경의 예언들에 대한 지식이 없으니, 성경의 예언들이 실현되고 있는 시대의 징조들을 보면서도 깨닫지 못하게 된 것입니다.

다섯째, 홀연히(suddenly) 이를 것이라 하십니다(살전5:3).
"저희가 평안하다, 안전하다 할 그 때에 잉태된 여자에게 해산

고통이 이름과 같이 멸망이 홀연히 저희에게 이르리니 결단코 피하지 못하리라"하십니다.

여기서 평안을 의미하는 헬라어 $\varepsilon\iota\rho\eta\nu\eta$(에이레네) 는 '마음의 평온'을 뜻하고, 안전을 의미하는 단어 $\alpha\sigma\varphi\alpha\lambda\varepsilon\iota\alpha$(아스팔레이아)는 '외부의 위협으로부터의 안전'을 의미합니다. 대부분의 사람들이 외부로부터의 어떤 위협도 느끼지 못하고, 마음으로부터의 어떤 위기감도 느끼지 못한 상태에서, 마치 잉태된 여자에게 해산의 고통이 이름과 같이 갑자기 종말의 날이 찾아온다는 겁니다. 그러므로 진리와 성령으로 깨어있으라는 것입니다.

예수님의 재림 사건은 성도의 휴거의 사건으로부터 시작될 겁니다. 그런데 이 휴거의 사건은 대부분의 사람들이 평안하다 안전하다 느낄 때, 마치 여인에게 해산의 고통이 시작되는 것처럼 '갑자기' 찾아온다는 겁니다. 한 밤중에 쓰나미가 밀려오듯 갑자기 찾아오기에 미리 깨어서 준비하지 않은 자들은 휴거의 사건 이후 펼쳐질 재앙과 심판을 피할 수 없는 겁니다.

여섯째, 너희에겐 도적같이 임하지 못하리니(살전5:4,5) 하십니다. 세상 사람들에겐, 또 영적으로 잠자고 있는 교인들에겐 도적같이 임할 것이지만, 어두움에 있지 아니한 성령 충만하여 깨어있는 성도들에겐 그 날이 도적같이 임하지 못할 것이라 하십니다.

휴거의 사건이 일어날 구체적인 날짜와 시간은 알 수 없습니다. 하지만, 빛의 자녀들(살전5:5)에겐 그 날이 도적같이 임하지 못할 것입니다. 왜입니까? 빛의 자녀들은 성경에서 예언하고 있는 하나님의 말씀들이 실현되는 모습들을 보면서, 그 날이 임박했음을 성령으로 깨달을 수 있기 때문입니다.

성경은 우리에게 여러 말씀들을 통해 종말의 때에 있을 일들을 경고하고 있습니다. 감람산 강화에서 예수님은 종말의 때가 되면, 처처에 전쟁과 지진과 기근과 온역의 소식이 있을 것이요, 일월성신에 징조가 있을 것이라 하셨습니다. 많은 거짓 그리스도와 거짓 선지자들이 일어날 것이고, 성도들에 대한 증오와 핍박이 있을 것이라 경고하셨습니다. 데살로니가후서 2장 3절에서는 많은 교회가 배도의 길을 가게 될 것이라고 말씀하고 있고, 다니엘 12장 4절에서는 "많은 사람이 빨리 왕래하며 지식이 더할 것"이라 하십니다. 종말의 때는 교통과 정보가 발달된 시대가 될 것이라는 말씀입니다.

하지만, 이런 예언들보다도 종말의 때가 임박했음을 판단할 수 있는 가장 확실한 증거는 이스라엘입니다. 이스라엘의 회복과 재건을 지켜보는 세대가 바로 '종말의 세대'(마 24:32)인 것입니다. 성경은 마지막 때가 되면, 이스라엘 민족이 고토(약속의 땅)로 돌아와 나라를 재건할 것이라 했고, 나라를 재건한 뒤에는 이스라엘이 열방을 혼취케 하는 잔이 될 것이요, 무겁게 하는 돌이 될 것이라 했습니다.

지금 중동에서 벌어지고 있는 상황이 이와 같습니다. 이제 조만간 성경에서 예언하고 있는 '아마겟돈 전쟁'(계16:12-16)이 일어나게 되면, 이스라엘을 대적하던 이슬람 세력들이 무너지고, 이스라엘은 그토록 바라던 제 3의 성전을 재건하게 될 겁니다. 그리고 이 성전 재건을 통해 성경에서 예언하고 있는 7년 대환난이 시작될 모든 준비가 끝나게 될 것입니다. 이런 성경의 말씀들을 깨닫고 이 예언이 실현되는 시대의 징조들을 바라보고 살아가는 자들에겐, 결코 그 날이 도적과 같이 임할 수 없습니다. 종말에 관한 성경의 예언들이 하나씩 성취되는 모습을 통해, 주님 오실 날이 멀지 않았음을 알 수 있기 때문입니다.

일곱째, 결론- 깨어 근신하라(살전5:6,9). 모든 사람들이 평안하다 안전하다 할 때에 홀연히(suddenly) 종말의 사건(휴거의 사건)이 찾아올 것을 경고하시면서, 사도 바울은 주의 오심을 소망하는 성도들에게 마지막 권면과 위로의 말씀을 주고 계십니다.

먼저, 깨어 근신하라(살전5:6)하십니다. 깨어있어야 합니다. 말씀과 기도로 깨어 시대의 징조를 분별하고, 잠자는 자들을 일깨우는 파수꾼의 사명을 감당해야 합니다.

근신하라하십니다. 술취하지 말라(sober) 혹은 절제하라(self-controlled)라는 뜻입니다. 부끄러움 없는 모습으로 주님을 맞이할 수 있기 위해 근신해야 합니다. 술 취하고 방탕한 모습으로 주님을 맞이해선 안 됩니다. 모든 일에 절제하고 맡겨진 일에 충성하는 모습으로 주님을 맞이해야 합니다.

두 번째, 하나님이 우리를 세우심은 노하심(wrath)에 이르게 하심이 아니요 예수 그리스도로 말미암아 구원을 얻게 하신 것이라 하십니다(살전5:9).

'노하심'에 해당하는 헬라어 οργην(오르겐)은 예수님의 지상 재림(παρουσια) 직전에 있을 환난과 심판 즉, 7년 대환난을 의미합니다. 택함 받은 성도들을 위해 예비하신 것은 '노하심' 즉 7년 대환난에 이르게 하시는 것이 아니라, 환난과 심판 이전에 노아와 같이 롯과 같이 안전한 도피처로 인도하시는 '구원'에 이르게 하기 위한 것이라는 말씀입니다.

바로 이 구원의 소망, 구체적으로는 7년 대환난이 시작되기 전 공중으로 들림 받는 '휴거의 소망'이 있기 때문에 종말의 때를 사는 성도들이 갖는 소망을 '복스러운 소망'(딛 2:13)이라 하신 것입니다.

성도들을 위한 하나님의 계획은 구원이지 진노와 심판이 아닙니다. 은혜의 시대를 사는 성도들에게 주신 소망은 복스러운 소망인 혼인 예식이지 노하심에 이르는 7년 대환난이 아닙니다. 그러기에 우리가 종말의 때를 살면서도 '마라나타'로 인사를 나누며 그 날을 기다리는 것입니다.

휴거의 사건은 신랑 되신 예수님이 그리스도의 신부된 교회를 예비하신 처소로 데려가시기 위해 찾아오시는 사건입니다. 휴거의 사건을 통해 은혜의 시대가 끝나고 이 땅엔 환난과 심판의 때가 찾아올 것입니다. 휴거(공중 재림)의 사건으로 시작된 예수님의 재림 사건은 이어지는 7년 대 환난과 지상 재림으로 완성될 것입니다. 우리 모두가 하나님의 나팔 소리와 함께 예수님이 친히 강림하여 택하신 자들을 부르실 성도의 부활사건 바로 휴거의 사건에 참예할 수 있기를 바랍니다.

11장 7년 대 환란에 대해 바르게 알자

(계 3:10)"네가 나의 인내의 말씀을 지켰은즉 내가 또한 너를 지켜 시험의 때를 면하게 하리니 이는 장차 온 세상에 임하여 땅에 거하는 자들을 시험할 때라"

7년 대 환란은 언제 일어나느냐 누가 당하게 되느냐가 핵심입니다. 7년 대 환란은 예수님의 공중 재림이 있은 다음부터 시작되어 예수님이 지상 재림 시에 종료되게 됩니다. 예수님께서 공중 재림 시에 성도들의 1차 휴거가 있습니다. 그렇기 때문에 예수님 공중 재림 시에 휴거되는 성도들은 7년 대 환란을 당하지 않습니다. 그러나 예수님 공중 재림 시에 휴거되지 못하는 성도들은 7년 대 환란을 통과하게 됩니다.

7년 대 환란과 아마겟돈 전쟁을 강인한 믿음으로 통과하면 7년 대 환란이 끝날 즈음에 지상 재림하시는 예수님과 함께 들림을 받게 됩니다. 그렇지만 믿음을 지키지 못한 성도는 예수님과 상관없는 낙오자가 되는 것입니다. 그렇기 때문에 현재 생명이 있을 때 신실하게 믿음 생활을 하여 예수님 공중 재림 시에 휴거가 되는 성도가 되는 것이 축복 중에 제일 큰 축복입니다.

'환난'은 이 세상 역사 기간 동안에 계속된다고 할지라도 '대환난'은 마지막 종말 때 곧 예수님 공중 재림 직후에 있는 것이 아닌가? 그러나 꼭 그렇지는 않습니다. 물론 마지막 때에 큰 환난이 있겠지만, 그것은 마지막 종말 때에만 한정된 것은 아닙니다. 성경은 야곱 때에 애굽과 가나안 온 땅에 '큰 환난'이 있었다고 말합니다. "야곱이 애굽에 곡식 있다는 말을 듣고 먼저 우리 조상들을 보내고"(행 7:12).

예수님은 예루살렘 멸망 때에 있을 환난에 대해 "이는 그 때에 큰 환난이 있겠음이라. 창세로부터 지금까지 이런 환난이 없었고 후에도 없으리라."고 하셨습니다(마 24:21; 눅 21:23). 뿐만 아니라 두아디라 교회의 거짓 선지자 이세벨에 대해서는 "만일 그의 행위를 회개치 아니하면 큰 환난 가운데" 던지겠다고 하셨습니다(계 2:22). 따라서 '대환난'이란 꼭 마지막 종말 때에만 있는 것이 아니라 이 세상 역사 기간 전체에 걸쳐 있는 것임을 알 수 있습니다.

이런 맥락에서 계시록 7장 14절의 '큰 환난'도 이해할 수 있습니다. "이는 큰 환난에서 나오는 자들인데 어린 양의 피에 그 옷을 씻어 희게 하였느니라." 여기서 '큰 환난'은 꼭 마지막 때의 '대환난'을 뜻하는 것은 아닙니다. 이 세상에서의 삶은 모든 성도들에게 큰 환난과 어려움의 시기입니다. "또 너희는 많은 환난 가운데서 성령의 기쁨으로 말씀을 받아 우리와 주를 본받은 자가 되었으니"(살전 1:6), "무릇 그리스도 예수 안에서 경건하게 살고자 하는 자는 박해를 받으리라"(딤후 3:12), 특히 사도 요한 당시의 황제숭배 강요로 인한 핍박과 환난을 염두에 두고서 여기에 '(그) 큰 환난'이란 표현이 사용되었다고 생각됩니다.

첫째, 휴거와 7년 대환란을 이해하기 위해선 먼저 반드시 다

니엘의 70이레를 이해해야 합니다.

하나님 앞에 온갖 가증한 우상숭배와 죄악으로 타락한 이스라엘 백성은 하나님께 심판을 받아 멸망하고 바벨론의 포로로 끌려갑니다. 그곳에서 다니엘은 하나님의 은혜를 입어 이스라엘의 회복과 마지막 때에 대한 계시를 받게 됩니다. 그리고 포로로 잡혀간 다니엘이 하나님 앞에 이스라엘의 죄를 자복하고 회개할 때에 하나님께서 다니엘에게 이스라엘의 회복과 구원을 위해 70이레(490년)라는 기간을 언약하십니다.

"네 백성과 네 거룩한 성을 위하여 칠십이레로 기한을 정하였나니 허물이 그치며 죄가 끝나며 죄악이 용서되며 영원한 의가 드러나며 환상과 예언이 응하며 또 지극히 거룩한 이가 기름부음을 받으리라"(다니엘 9:24)

간단히 말해서 70이레는 3부분으로 나누어집니다.

7이레(49년) = 성전건축의 칙령이 날 때부터 완공 때까지의 기간

62이레(434년) = 성전완공 후부터 예수그리스도가 왕으로 일어서기까지의 기간

한이레(7년) = 장차 미래에(마지막 때) 한 인간(적그리스도)가 이스라엘과 맺은 언약 기간

총 70이레 (=490년)이다.

"그러므로 너는 깨달아 알찌니라. 예루살렘을 중건하라는 영이 날 때부터 기름부음을 받은 자 곧 왕이 일어나기까지 일곱이레와 육십이 이레가 지날 것이요 그 곤란한 동안에 성이 중건되

어 광장과 거리가 세워질 것이며, 육십이 이레 후에 기름부음을 받은 자가 끊어져 없어질 것이며 장차 한 왕의 백성이 와서 그 성읍과 성소를 무너뜨리려니와 그의 마지막은 홍수에 휩쓸림 같을 것이며 끝까지 전쟁이 있으리니 황폐할 것이 작정되었느니라"(다니엘 9: 25~26)

"그(적그리스도)가 장차 많은 사람들과 더불어 한 이레(7년) 동안의 언약을 굳게 맺고 그가 그 이레의 절반에 제사와 예물을 금지할 것이며 또 포악하여 가증한 것이 날개를 의지하여 설 것이며 또 이미 정한 종말까지 진노가 황폐하게 하는 자에게 쏟아지리라 하였느니라."(다니엘 9: 27).

이제 이스라엘 회복기간 70이레 중 69이레는 지나갔고, 마지막 한이레(7년) 만이 남아 있습니다.

둘째, 마지막 한이레(7년 대 환란)는 이스라엘의 환란과 회복의 때이지 교회의 때가 아닙니다. 하나님께서는 이방인의 충만한 수가 차기까지 이스라엘을 완악한대로 놔두셨습니다. 지금은 교회(이방인)의 시대이고 이제 그 충만한 수가 다 차면 교회의 시대는 휴거로 끝이 나게 됩니다.

그리고 마지막 한이레(7년 대환란)의 기간이 다가오는데 이기간은 이스라엘의 회복을 위한 시간입니다.

"이 비밀을 너희가 모르기를 내가 원치 아니하노니 이 비밀은 이방인의 충만한 수가 들어오기까지 이스라엘의 더러는 완악하게 된 것이라"(로마서 11:25).

하나님께서 말씀하시는 70이레의 기간은 이스라엘을 위하여 주어진 언약의 기간입니다. 성경은 분명히 "네 백성과 네 거룩한 성을 위하여 칠십 이레로 기한을 정한다."고 말하고 있습니다. 네 백성과 네 거룩한 성은 교회가 아니라 이스라엘 백성과 예루살렘 성을 의미합니다.

그러므로 마지막 남은 한이레(7년도)는 교회의 때가 아니라 야곱(이스라엘)의 환란의 때임과 동시에 이스라엘의 회복의 때입니다. 7년 대 환란기에 이스라엘에는 히틀러 때보다 더 크고 두려운 때가 임할 것입니다. 그러나 그 끝에는 예수님이 왕으로 재림하시고 이스라엘을 구원하실 것입니다.

"아아 슬프도다 그날이 커서 그것과 비길 날이 없나니 그날은 곧 야곱의 고난의 때로다. 그러나 그가 그 고난에서 구원을 받으리로다."(예레미야 30:7).

셋째, 신부된 교회는 7년 대환란을 통과하지 않습니다. 단 예수님 공중 재림 시에 들림(휴거) 받지 못한 남은 성도들은 7년 대환란을 통과해야 합니다. 이 기간 동안 믿음을 신실하게 지켜야 예수님 지상 재림 때에 구원받게 될 것입니다. "네가 나의 인내의 말씀을 지켰은즉 내가 또한 너를 지키어 시험의 때를 면하게 하리니 이는 장차 온 세상에 임하여 땅에 거하는 자들을 시험할 때라."(요한계시록 3:10).

요한계시록 3장까지의 7교회는 그 당시 교회일 뿐만 아니라 장차 말세에 있을 여러 가지 교회의 모형을 우리에게 보여주신 것 입니다. 우리는 빌라델비아 교회같이 인내의 말씀을 지키고 깨어 준비하고 있어야 합니다. 그리해야 온 세상에 임하는 시험의 때(대환란)을 피하고 들림(휴거)받을 수 있습니다. 그리고 요한계시록 본문에서 대환란이 시작되고부터 교회라는 말이 등장하지 않고 있는 것도 눈 여겨 봐야 할 점입니다.

"너희는 장차올 이 모든 일들을 능히 피하고 인자 앞에 서도록 항상 기도하며 깨어있으라"(누가복음 21:36). 예수님은 친히 너희가 마지막 때의 모든 환란을 능히 피하라고 말씀하십니다. 예수그리스도의 신부들은 예수님의 말씀대로 행할 것입니다. "두 여자가 함께 매를 갈고 있으매 하나는 데려감을 당하고 하나는 버려둠을 당할 것이니라"(누가복음 17: 35).

반드시 성도라 불리는 자들 중 하나는 들림을 받고 하나는 버림을 당할 것입니다. 성경에 마지막 때는 노아의 때와 같고, 롯의 때와 같다고 하셨습니다. 그들중 소수만이 구원을 받았습니다. 역시 마지막 때도 마찬가지 일 것입니다. 예수님의 신부는 적을 것입니다. "하늘에 있는 군대들이 희고 깨끗한 세마포를 입고 백마를 타고 그를 따르더라."(요한계시록 19:14).

여기서 말하는 본문은 예수님이 지상 재림 하실 때를 말하고 있습니다. 그런데 이미 휴거되어 하늘에 있는 신부들이 혼인잔치를 하고 예수그리스도의 군대가 되어 흰 세마포와 흰말을 타고 지상으로 내려온다고 말씀합니다.

넷째, 예수그리스도 신부의 조건은 말씀과 성령 그리고 의로

운 행실입니다. "우리가 즐거워하고 크게 기뻐하여 그에게 영광을 돌리세 어린양의 혼인 기약이 이르렀고 그 아내가 예비하였으니, 그에게 허락하사 빛나고 깨끗한 세마포를 입게 하셨은즉 이 세마포는 성도들의 옳은 행실이로다."(요한계시록 19: 7~8).

"그중에 다섯은 미련하고 다섯은 슬기 있는 지라, 미련한 자들은 등을 가지되 기름을 가지지 아니하고, 슬기 있는 자들은 그릇에 기름을 담아 등과 함께 가져갔더니"(마태복음25: 2~4). 여기서 등은 말씀을 상징하고 기름은 성령을 상징합니다. 시편119편 105절 말씀에 "주의 말씀은 내발에 등이요 내 길에 빛 이니이다."라고 말씀하고 있습니다. 그러므로 등은 곧 말씀 이라고 볼 수 있습니다.

여기서 어리석은 처녀들은 말씀은 있지만 성령님의 기름은 채우지 못했습니다. 그래서 기름부음을 구하는 동안에 혼인잔치의 문은 닫히고 세상에 남겨진 어리석은 처녀가 되는 것입니다. 그러므로 우리는 말씀과 성령 둘 다 구해야 합니다. 말씀지식만 가지고는 예수님의 혼인잔치에 참여 할 수 없습니다. 반드시 성령의 기름부음을 받아야 합니다.

다섯째, 휴거 후 세상에는 수많은 신자가 남겨질 것이고 적그리스도 통치하에 7년 대환란이 시작됩니다. 지구상에서 교회는 모두 파괴되고 사라지게 됩니다. 그리고 거의 대부분의 사람들이 짐승의 표(666)를 받게 됩니다. 그러나 소수의 하나님께서 택하신 자들은 적그리스도를 거부하고 목 베 임을 받고 주님과 함께 거하게 될 것입니다. "그것은 한때와 두 때와 반 때에(후3년 반) 관한 것이니 그(적그리스도)가 거룩한 백성의 권세를 흩어 놓는 일을 이루게 될 때에 그 모든 일이 끝나리라"(다니엘 12:7).

"또 내가보니 불이 섞인 유리바다 같은 것이 있고 짐승과 그의 우상과 그의 이름의 수(666표)를 이기고 벗어난 자들이 유리 바닷가에 서서 하나님의 거문고를 자기고 하나님의 종 모세의노래, 어린양의 노래를 불러 가로되"(요한계시록 15:2).

"또 내가보니 예수의 증거와 하나님의 말씀을 인하여 목 베임을 받은 자의 영혼들과 또 짐승과 그의 우상에게 경배하지도 아니하고 이마와 손에 그의 표를 받지도 아니한 자들이 살아서 그리스도로 더불어 천년동안 왕노릇하니 이는 첫째 부활이라"(요한계시록 20:4).

"이는 큰 환란에서 나오는 자들인데 어린양의 피에 그 옷을 씻어 희게 하였느니라."(요한계시록 7:14).

"또 권세를 받아 성도들과 싸워 이기게 되고 각 족속과 백성과 방언과 나라를 다스리는 권세를 받으니, 죽임을 당한 어린양의 생명책에 창세 이후로 녹명 되지 못하고 이 땅에 사는 자들은 다 짐승에게 경배하리라"(요한계시록13:7~8).

여섯째, 휴거(들림)는 비밀입니다. "보라 내가 너희에게 비밀을 말하노니 우리가 다 잠잘 것이 아니요. 마지막 나팔에 순식간에 홀연히 다 변화하리니"(고린도전서 15:51).

성경에 휴거는 언제 일어나고 예수님은 언제오시고 등등이 자세히 써있다면 얼마나 좋을까요. 하지만 하나님께서는 그것을 일부러 감추어 두셨습니다. 휴거는 비밀 이어야만 하기 때문입니다. 이스라엘 혼례법에도 신랑은 새벽 한밤중에 도적같이 신부를 찾아옵니다. 그때에 신부가 맞으러 나오지 못하면 그 혼례는 파기됩니다. 그렇듯이 하나님께서도 예수님의 결혼식인 휴거에 대해서 비밀로 감추어 놓으셨습니다. 하지만 성경 곳곳에 여러 가지 힌트를 남겨 놓으셨습니다.

"주의 날이 도적같이 이를 줄을 너희 자신이 자세히 앎이라, 저희가 평안하다 안전하다 할 그때에 잉태된 여자에게 해산고통이 이름과 같이 멸망이 홀연히 저희에게 이르리니 결단코 피하지 못하리라"(데살로니가전서 5: 2~3).

"형제들아 때와 시기에 관하여는 너희에게 쓸 것이 없음은(2) 주의 날이 밤에 도둑 같이 이를 줄을 너희 자신이 자세히 알기 때문이라"(데살로니가전서 5: 1-2).

"보라 내가 도적같이 오리니 누구든지 자기 옷을 지켜 벌거벗고 다니지 아니하며 자기의 부끄러움을 보이지 아니하는 자가 복이 있도다"(요한계시록 16: 15).

일곱째, 교회가 휴거(들림) 받기 전까지는 성령님께서 적그리스도의 출현을 막고 있습니다. "불법의 신비(적그리스도)가 이미 일하고 있으나 다만 지금 막고 있는 이(성령)가 길에서 옮겨지기까지 막으리라, 그 뒤에 저 사악한 자(적그리스도)가 드러나리니 주께서 자신의 입의 영으로 그를 소멸시키시고 친히 오실

때의 광채로 그를 멸하시리라"(데살로니가후서 2:7~8)

이 땅의 신부들이 휴거 되고 성령님이 이 세상에서 떠나시면 그때야 비로소 적그리스도가 출현 합니다. 지금은 성령님이 온 세계에 운행하십니다.

여덟째, 우리는 교회와 예수님의 혼인식인 공중강림(휴거)과 유대인의 왕으로 오시는 7년 대 환란(한이레) 끝의 지상 재림을 구별해야 합니다.

"예수께서 감람산 위에 앉으셨을 때에 제자들이 은밀히 그분께 나아와 이르되, 우리에게 말씀해 주소서, 어느 때에 이런 일들이 있으리이까, 또 주께서 오시는 때의 표적과 세상 끝의 표적이 무엇이리이까 하니"(마태복음 24:3).

위 구절을 자세히 보면 주께서 오시는 때의 표적과 세상 끝의 표적을 나누어 말하고 있습니다. 예수님의 답변도 역시 주께서 오시는 때(공중강림 휴거)와 세상 끝의 표적(유대인에게 임하는 7년 대환란의 때)을 나누어서 말씀하고 있습니다.

마태복음 24장 1~14절까지는 재난의 시작을 말씀하시면서 공중강림 하실 때까지의 징조를 말씀하고 있습니다. 그런데 15절부터는 갑자기 멸망의 가증한 것이 거룩한 곳에 선 것을 보거든 이라고 말씀하시면서 7년 대 환란(한이레)기간 중 후3년 반 때의 적그리스도가 이스라엘을 핍박하는 장면을 말씀하십니다.

그러므로 마태복음 24장은 공중강림 때(휴거)와 지상 재림의 때를 동시에 언급하고 계신 것 입니다. 하나님께서 이스라엘의 구원(70이레)과 교회(이방인)의 구원(휴거)을 나누어 다루고 계시듯이 우리도 성경 속의 종말에 관한 많은 구절들에서 공중강림의 때와 지상강림의 때를 구별하여 보아야 할 것입니다.

아홉째, 휴거가 대 환란의 중간이나 끝에 일어날 수 없는 이유

휴거는 반드시 알지 못하는 때에 도적같이 올 것입니다. 그 시기는 대충 가늠할 수 있어도 그 정확한 때를 확정할 수는 없습니다. 7년 대 환란은 적그리스도가 이스라엘과 7년 조약(한이레)을 맺은 때부터 시작됩니다. 만일 휴거가 대 환란 중간에 일어난다면 이스라엘이 7년 조약을 맺은 후부터 전3년 반 안에 휴거가 일어나야 하고 끝에 일어난다면 예루살렘 성전에 가증한 것이 선 이후로 3년 반 후 휴거가 오는 것입니다. 이렇게 되면 많은 사람들이 그전까지 방탕하게 살다가 7년 언약 후 부터 회개하면 되지 또는 대 환란 끝 무렵에 회개하면 되지 하는 생각을 가질 수 있습니다. 이런 자들은 하나님께서 원하시지 않습니다. 또한 도적같이 임한다는 성경말씀 과도 상반되는 것입니다.

요한계시록 본문에서 3장 이후 성령과 교회에 대한 언급이 존재하지 않습니다. 왜냐하면 대 환란기에 존재하지 않기 때문입니다. 만일 교회가 대 환란기를 통과한다면 반드시 성령과 교회에 대한 언급이 있어야 합니다.

앞에서 말하였듯이 7년 대환란은 야곱의 환란(예레미야 30:7)으로써 다니엘서에 말한 마지막 한이레(7년) 입니다. 이는 이스라엘을 회복하시는 하나님의 구원 사역시기 이지 교회의 시대가 아닙니다. 또한 예수님과 신부의 혼인잔치 기간입니다. 물론 휴거 후 남겨진 성도들 중 소수는 하나님의 은혜를 입어 목베임을 받고 천년왕국에 들어갈 것 입니다.

요한계시록 19장 14절에 대환란 끝에 왕으로 오시는 예수님과 그 신부들이 흰 세마포를 입고 흰말을 타고 같이 세상에 내려오는 장면이 있습니다. 유대인들의 혼인 전통에서도 신랑이 신부를 한 밤중에 도적같이 찾아온 뒤 7일간 예비한 곳에 머물고 하나가 됩니다. 그 후 신랑과 신부는 그 방에서 나와 만인들에게 자신들을 알게 됩니다.

하나님께서는 예수님과 신부된 교회의 결혼식을 유대인들의 결혼풍습을 통해서 우리에게 보여주고 계십니다. 성경에 보면 하나님께서 1일을 1년으로 보시는 구절이 나옵니다(에스겔4:6). 7년 대 환란 기간 7년 동안 하늘에서는 예수님의 혼인식이 있을 것입니다. 그리고 예수님과 같이 내려와서 온 열방에 보이게 될 것입니다. 우리는 이 영광에 참여해야 합니다.

성경은 마지막 때가 노아와 롯의 때와 같을 것이라고 하셨습니다. 노아와 롯은 하나님의 진노를 피할 수 있었습니다. 진노 가운데 있다가 피한 것이 아니라 처음부터 진노를 피한 것 입니다. 또한 성경 많은 부분에서 시험의 때와 환란을 면할 수 있도록 피하라고 경고하고 있습니다. 그러므로 대환란을 통과한다는 것은 맞지 않다고 깨달아집니다.

"주께서 하나님을 따르는 자들은 시험들에서 건질 줄 아시고 또 불의한 자들은 심판의 날까지 예비해 두 사 벌할 줄 아시되"

(베드로후서 2:9).

그러므로 우리는 에녹처럼 하나님과 동행하며 주님 앞에 합당한 삶으로 자신을 준비 해야겠습니다.

결론적으로 성전 된 성도에게 별도의 7년 대 환란은 당면하지 않는다고 알고 믿어야 합니다. 걸어 다니는 성전 된 성도는 환란 중에도 성령하나님께서 보호하십니다. "하나님께로부터 난 자는 다 범죄 하지 아니하는 줄을 우리가 아노라, 하나님께로부터 나신 자가 그를 지키시매 악한 자가 그를 만지지도 못하느니라" (요일 5:18),

단 예수님 공중 재림 시에 휴거되지 못하고 잔류된 성도들은 7년 대 환란을 통과합니다. 그렇기 때문에 하나님은 깨어있으라고 여러번 강조하시는 것입니다. 잔류된 성도들은 7년 대 환란 기간 동안 믿음을 굳건하게 지키면 예수님 지상 재림 시에 구원받게 될 것입니다.

그렇기 때문에 지금 현재 신앙이 중요합니다. 단 예수를 믿고 교회를 다녀도 성령으로 세례를 받지 못하고, 성령의 지배와 장악이 되지 못하고, 성령의 인도를 받지 않고, 예배당 중심으로 사람의 눈치를 보면서, 자기 나름의 신앙생활을 하는 사람들은 대 환란을 피하지 못할 것입니다. 그러므로 지금 믿음생활을 어떻게 하느냐가 굉장히 중요합니다. 지금 성령의 지배와 장악이 되어 성령의 인도를 받으며 천국을 누리며 걸어 다니는 성전으로 살면서 깨어있는 신앙생활이 중요한 것입니다.

12장 아마겟돈 전쟁에 대해 바르게 알자

(계 16:12~16)"또 여섯째가 그 대접을 큰 강 유브라데에 쏟으매 강물이 말라서 동방에서 오는 왕들의 길이 예비되더라 또 내가 보매 개구리 같은 세 더러운 영이 용의 입과 짐승의 입과 거짓 선지자의 입에서 나오니 저희는 귀신의 영이라 이적을 행하여 온 천하 임금들에게 가서 하나님 곧 전능하신이의 큰 날에 전쟁을 위하여 그들을 모으더라 보라 내가 도적 같이 오리니 누구든지 깨어 자기 옷을 지켜 벌거벗고 다니지 아니하며 자기의 부끄러움을 보이지 아니하는 자가 복이 있도다 세 영이 히브리음으로 아마겟돈이라 하는 곳으로 왕들을 모으더라."

아마겟돈 전쟁은 7년 대환란이 끝날 즈음에 일어나는 전쟁입니다. 하나님의 선과 사탄의 악과의 전쟁입니다. 지상에 재림한 예수님의 개입으로 승리하게 됩니다. '아마겟돈'이라는 단어가 나오지 않지만 아마겟돈 전쟁을 말하는 것으로 해석된 성경 본문 가운데 하나는 사10:28-32입니다. 세대주의 자들은 20절의 '그날에'를 하나님께서 영광중에 다시 오실 때 모든 이방 세계의 권세가 무너질 최후의 상황이 시작된 것으로 봅니다. 그러나 이사야 10장은 앗수르에 임할 재앙에 대한 예언이며 여기에는 아마겟돈 전쟁에 대한 어떠한 묘사도 없습니다.

유브라데 강은 고대 이스라엘의 이상적 국경으로 동서양의 분계선이며 터어키와 시리아를 통하여 흘러갑니다. 그런데 그 대접(재앙)을 큰 유브라데 강에 쏟으니 강물이 말라 버렸습니다(계 12:12-16). 이것은 최후의 전쟁을 표현하는 것인데 열국 왕들과 적그리스도의 나라와 그 연방들이 하나님의 백성을 침략한다는 뜻입니다. 강물이 마르니 동방의 왕들이 모여 와서 전쟁을 일으킵니다(혹 공산국가들 일는지). 개구리 같은 더러운 세 영 용(사탄)의 입과 짐승(가톨릭 교황권)의 입과 거짓 선지자(타락한 개신교)의 입에서 나왔는데 곧 마귀의 영이라고 했습니다.

이것은 삼위일체를 흉내 내는 더러운 것인데 개구리는 선전 소란함, 추한 소리만 발합니다. 세 곳(사탄, 가톨릭 교황권. 타락한 개신교)에서 나온다는 것은 종교, 정치, 과학들을 더럽게 한다는 것입니다. "그들은 귀신의 영이라 이적을 행하여 온 천하 왕들에게 가서 하나님 곧 전능하신 이의 큰 날에 있을 전쟁을 위하여 그들을 모으더라"(계12:14).

아마겟돈으로 모였다고 했는데 구약의 여호사밧 골짜기(욜 3:12) 즉 팔레스타인 중앙 므깃도(지금의 요단평야)를 말합니다. 이곳에서 옛 부터 많은 전쟁들이 있었는데 최후로 하나님의 군대와 사단의 군대가 일대결전을 보일 것입니다. 여섯째 대접의 재앙과 관련하여 역사 최후의 대 전쟁 장소로 아마겟돈이 언급됩니다.

이 아마겟돈은 므깃도 산이라는 뜻으로 이 므깃도는 드보라와 바락이 가나안 왕을 죽인 사건 이후에(삿5:19)구약 성경에만 200회 이상 전쟁이 일어난 곳으로 기록되어 있으며, 본문에서는 하나님께서 악의 세력들을 한꺼번에 멸망시킬 마지막 전쟁의 장소로 상징되고 있습니다. 아마겟돈 전쟁은 대략 그리스도의 공중 재림 후 7년 대환란 중반 이후에 발생합니다(계19:17-21).

첫째, 아마겟돈 전쟁. 성경에 보면 용(사단 상징)과 짐승(가톨릭 교황권)과 거짓 선지자(타락한 개신교)의 입으로 나온 악령들은 큰 이적을 행하며 지상의 모든 왕들을 규합하여 하나님을 상대로 싸우려고 하는 준비를 마쳤습니다. 전능하신 하나님의 큰 날이란 것은 즉 최후의 심판 날을 가리키는 것입니다. 그리고 전 세계의 모든 왕들이 하나님을 대적하기 위하여 집합한다는 것은 기독신자에게 주어진 놀라운 소식입니다.

그러므로 계16:15절에 있어서 돌연히 주의 음성이 들리게 된 것입니다. "보라 내가 도둑 같이 오리니 누구든지 깨어 자기 옷을 지켜 벌거벗고 다니지 아니하며 자기의 부끄러움을 보이지 아니하는 자는 복이 있도다."(계 16:15). 이 주님의 음성은 기독신자들에게 말할 수 없는 위로와 안위를 주었습니다. 주님은 뜻하지 아니하는 동안에 도적과 같이 임하실 것입니다. 그러므로 모든 기독신자들은 늘 깨어 있어서 주께로부터 받은 의의 옷을 벗지 말고 지켜야 구원을 얻게 됩니다. 만일 그 의의 옷을 버리는 자는 벌거벗은 수치를 당할 것입니다. 아마겟돈 전쟁의 대비는 1차적으로 들림을 받는 성도들이나 들림 받지 못할 수 있는 성도들이나 모두 대비해야 옳다고 봅니다.

계16:16-17절에 하나님의 군대와 사탄의 군대와 일대 전투가 전개되려고 하는 장면을 기록하였습니다. "세 영이 히브리어로 아마겟돈이라 하는 곳으로 왕들을 모으더라. 일곱째 천사가 그 대접을 공중에 쏟으매 큰 음성이 성전에서 보좌로부터 나서 이르되 되었다 하시니"(계 16:16-17). 그래서 세 악령은 전 세계의 모든 군왕들을 아마겟돈으로 집합하였습니다. 아마겟돈이란 것은 이 지상에 존재하여 있는 실제의 지명이 아니요. 이는 다만 표상적인 명칭으로서 나사렛 남방의 기손 강 유역에 있는 에스도라론 평원에 있는 요새지를 표상한 것입니다. 그때부터 아마겟돈에서 전쟁을 많이 했던 것입니다.

북한의 김일성 주석이 68년 전 전쟁을 일으킨 장본인의 손주 김정은 국방원원장이 남북 정상회담을 했습니다. 세계는 3차 대전이 날까 봐 전전긍긍하고 서로 자국의 이익을 생각하면서 머리를 굴리고 있습니다. 만약 전쟁이 일어난다면 이제는 핵전쟁인데 그야말로 오늘 본문의 아마겟돈 전쟁이 아닐까 싶습니다.

아마겟돈 즉 므깃도는 베입니다. 침공하기로 작정한 군대들의 장소를 의미합니다. 주전 3000년 전에 건설된 도시로서 요시야 왕은 이스라엘 역사를 통틀어서 가장 위대한 종교개혁가로 31년에 걸친 요시야 왕의 통치는 유다의 정치적 독립과 신앙적 부흥의 마지막 물결이었습니다.

요시야 왕의 종교개혁은 우상과 제단의 대대적인 타파하였습니다, 성전을 복구하였고, 율법의 가르침에 대한 순종한 사람이었습니다. 애굽 왕 느고와의 므깃도 전투에서 39세로 전사하여 유다의 국가적 종교적 희망이 사라졌습니다. 하나님께서 이미 유다를 멸하시기로 작정하셨기에 요시야 왕을 데려 가신 것으로 본다면 기회를 여러 번 놓친 사람들의 운명을 충분히 예측할 수 있습니다. 선지자 예레미야를 위시하여 온 유다가 요시야 왕의 죽음을 애통하였습니다. 이 전사한 아마겟돈에서 우리는 승리를 위한 전략을 교훈 받아야 합니다. "이 첫째 부활에 참여하는 자들은 복이 있고 거룩하도다 둘째 사망이 그들을 다스리는 권세가 없고 도리어 그들이 하나님과 그리스도의 제사장이 되어 천년 동안 그리스도와 더불어 왕 노릇 하리라"(계 20:6).

첫째로 여섯 번째 재앙인 유브라데가 뚫린 전쟁이다. 최후 방어선이 무너진 것입니다. 유브라데 강은 세계최고의 문명이 일어난 강으로 강의 전체 길이가 2848km로 서아시아에서 가장 긴 강을 하나님께서 아브라함에게 약속하신 땅(창15:18)으로 가나안의 동쪽 경계입니다. 하나님은 아브라함에게 약속하신 언약의 땅 유브라데에 대접(재앙)을 쏟으십니다.

그 결과 강물이 말라 길이 생겼는데 이 길이 동방에서 오는 왕들이 쳐들어오는 길입니다. 강물이 마르는 것은 마귀에게는 심판이지만 택한 성도에게는 구원이라는 의미입니다. 하나님께서는 이스라엘이 하나님의 선택자로서 이 땅에서 끊임없이 가지를 쳐가야 하므로 애굽과 앗수르와 바벨론까지 붙이셨습니다. 옆에 붙인 악의 세력이 클수록 거대한 영적 이스라엘로서 전 인류에게 영향을 미치는 큰 나무로 자리매김하게 되는 것입니다.

그런데 마지노선처럼 지켜주는 유브라데의 가치관이 한번 무너지면 세상 왕들의 길이 딱 예비 되어 쾌락과 사치와 폭력, 음란, 이런 것들이 쏟아져 들어오게 됩니다. 정신 차리지 않으면 이 강 같은 유혹과 전쟁에서 헤어 나올 수 없습니다.

둘째로 귀신의 영이 집결하는 전쟁이다. 모든 사단의 삼위일체가 공격합니다. 귀신의 영(사탄)이 들어간 짐승(가톨릭 교황권)의 입, 거짓 선지자(타락한 개신교)의 입에서 나오는 말은 진리를 거스른 말, 즉 복음 비슷하나 복음은 아닙니다. 죄로부터 자유가 아니라 가난과 질병으로부터의 자유를 부르짖으면 백성은 다 열광하고 미혹됩니다. 사단은 끼리끼리 결집하는 것입니다.

이 세상에서 아무리 서로 좋아 부모, 형제, 친구를 부르짖어도 예수 없으면 귀신의 영입니다. 세상의 실력자들은 자기가 꽤 강한 것처럼 악을 행하며 죄를 두려워하지 않고 이적까지 행하면서 하나님께 칼을 들이댑니다.

고레스가 바벨론 포로로 갔던 이스라엘을 70년 만에 해방해 주었는데 김정은이 종전을 선포하고 한, 북, 미, 중 4자회담에서 이것을 비준하면 고레스가 될 수도 있다는 생각이 듭니다. 과연 그가 정상회담이 평화일까요? 필자는 정말 지하교회를 섬기는 북한의 성도들을 생각하면 그들의 기도가 금 대접의 기도가 되어서 빨리 종전이 되어 해방의 사건이 되기를 기도합니다.

셋째로 깨어있어야 이길 수 있습니다. 이렇게 귀신이 집결해도 제대로 깨어있는 성도들은 이기는 전쟁을 합니다. 도적 같이 오신다는 것은 예수님이 언제 오실지 모른다는 이야기가 아니라 잠자고 있으면 모른다는 의미입니다. 시간을 안다는 것은 하나님의 시간인 카이로스(때, 기회, 의미 있는 시간으로 결정적인 찰라의 시각)를 압니다. 어떤 상황에도 하나님을 믿고 하나님의 섭리를 인정하고 하나님의 경영하심으로 하나님의 주권을 인정하는 것이 깨어있는 것입니다.

우리가 해야 할 전쟁은 혈과 육의 싸움이 아니고 하나님의 약속을 알고 믿고 지키는 것입니다. 이것은 힘으로 항거하는 것이 아니라 그 시대의 만이 흐름과 거꾸로 순교하는 마음으로 깨어 있는 것입니다. 세상 잠시 잘되는 것 축복이 아니고 구원, 하나님자녀, 천국백성 되는 것이 신령한 복입니다.

넷째로 한쪽은 파멸이고 한쪽은 구원의 전쟁입니다. 계시록 16장 15절에는 깨어있었는데 16절에는 귀신들이 계속 왕들을 모으고 있습니다. 이미 이루어진 구원이지만 아직 이루어야 할 구원이 천국 가는 날까지 계속 있기 때문에 귀신이 세상의 실력자 왕들을 또 모읍니다. 이 아마겟돈 전쟁터 즉 므깃도의 산에서 므깃도는 대적 마귀의 세력을 꿰뚫었다는 뜻으로 하나님을 대적하는 자들은 믿는 사람, 안 믿는 사람, 이스라엘과 이방인들을 가리지 않고 심판하신다는 뜻입니다. 우리 인생에서도 수없이 일어나는 전쟁 중에 자신의 한계상황인 전쟁이 있습니다.

복음이 전혀 들어갈 수 없다고 생각되는 체제가 셋이 있습니다. 유대주의, 모슬렘주의, 공산주의가 그것들입니다. 북경에서 지체부자유 사업을 하고 있는 재미한인교회 이 모 목사는 걸프 전쟁의 막대한 대기로 아랍 세계에 기독교가 들어가게 되었다고 하였습니다. 전쟁은 곧 선교를 위한 역사입니다.

"예수께서 그들의 생각을 아시고 이르시되 스스로 분쟁하는 나라마다 황폐하여지며 스스로 분쟁하는 집은 무너지느니라"(눅11:17). 주님이 재림하여 오시면 "그가 열방 사이에 판단하시며 많은 백성을 판결하시리니 무리가 그들의 칼을 쳐서 보습을 만들고 그들의 창을 쳐서 낫을 만들 것이며 이 나라와 저 나라가 다시는 칼을 들고 서로 치지 아니하며 다시는 전쟁을 연습하지 아니하리라"(사2:4). 평화시대가 올 것입니다.

둘째, 아마겟돈 전쟁을 앞둔 사람들의 생활 태도

1)더러운 영들의 역사. 이 영들은 더러운 개구리로 상징되어 있습니다. 개구리는 어떠한 미물입니까?

첫째 떠드는 미물입니다. 그 떠듦은 곡조도 없고 음성의 조화도 없으니 평화의 요란을 상징합니다. "어찌하여 열방이 분노하며 민족들이 허사를 경영하는고"(시2:1)란 말씀과 같이 세계는 장차 적그리스도 사상, 곧 더러운 사상으로 인하여 전쟁을 연출할 날이 있을 것입니다. 곧 유브라데강(선민의 국경을 넘어 오는 동방의 무리(12절)가 일으킬 전쟁입니다.

둘째 개구리는 더러운 미물이라서 물과 습지에 거합니다. 개구리는 누가 보든지 더럽게 보입니다. 성경에 성령의 성품은 비들기로 비유되고 악령은 개구리로 비유되어 있습니다. 더러운 개구리와 같은 악령의 역사로 인하여 말세에 민족들의 사상이 더러워져서 전쟁이 일어날 것입니다. 인간은 만물보다 높은 존재니 만큼 만물위에 뛰어나서 하나님을 향하여 살아야 합니다. 그러나 악령들이 만물 속에 들어가서 만물처럼 낮아지면 낮은데 거하기 좋아하는 악령들이 그들에게 들어갑니다.

2)아마겟돈 전쟁을 앞둔 사람의 생활태도는 깨어 옷을 지켜 벌거벗고 다니지 아니하며 자기의 부끄러움을 보이지 아니함(15절)입니다. 성경은 우리가 깨어 있어야 할 것을 많이 가르칩니다. "너희는 떨며 범죄치 말찌어다. 자리에 누워 심중에 말하고 잠잠할 찌어다"(시4:4)라고 하였으니 이것은 회개의 필요를 가리킵니다.

성령의 임재 가운데 날마다 회개하여야 합니다. 선악과 금령을 범한 것만 죄가 아니라 행하라는 명령을 순종치 아니하면 역시 죄입니다. 그러므로 순종치 아니하였을 때 회개해야 합니다. 마25:13절에 "그런즉 깨어있으라 너희는 그 날과 그 시를 알지 못 하느니라"고 하였습니다. 이 말씀은 우리가 주님의 오실 날을 알지 못한 고로 영적으로 항상 깨어 있어서 시험에 들지 않아야 할 것을 가리킵니다.

우리가 깨어 있어야 할 이유는 첫째 마귀가 삼킬 자를 찾아 사자와 같이 두루 다니기 때문입니다(벧전5:8). 둘째 마음은 원이로되 육신이 약하여 범죄하기 쉬운 까닭입니다(마26:41). 고전 10:12절에 "그런즉 선줄로 생각하는 자는 넘어질까 조심하라"고 하였습니다. "모든 간구와 기도로 하되 무시로 성령 안에서 기도하고 이를 위하여 깨어 구하기를 항상 힘쓰며 여러 성도를 위하여 구하고(엡6:18), 시험에 들지 않게 깨어 있어 기도하라"(마26:41)하였습니다.

성령으로 하는 기도가 우리의 은혜 받는 방편으로 필요한 것은 두말할 것이 없습니다. 혹이 말하기를 기도는 천국의 종을 치는 끈과 같다고 하며, 그 끈을 잡아당기면 천국에서 소리가 나서 하나님이 들으신다고 하였으니 우리는 힘써 기도해야 합니다.

셋째, 므깃도에서 승리를 위한 전략을 세운다.

스가랴는 "그 날에 예루살렘에 큰 애통이 있으리니 므깃도 골짜기 하다드림몬에 있던 애통과 같을 것이라"(슥12:11). 하다드림몬에 있던 애통은 성군 요시야 왕이 거기서 전사한 때에 유대인들이 슬퍼하였음을 의미합니다(대하35:22). 유대인들에 존경받던 요시야 왕의 죽음은 유대인들의 큰 슬픔이었습니다.

그와 마찬가지로 메시야가 십자가에 못 박혀 죽으심은 신자들의 슬픔입니다. 이것은 육체적인 슬픔이 아니고 회개의 슬픔이니 신령한 것입니다. 모든 참된 신자들은 다 눈물을 소유합니다. 눈물 없이는 십자가를 깨닫지 못합니다. 눈물은 부드러운 마음의 표현입니다. 부드럽지 않는 마음은 하나님의 말씀을 받지 않으니 어찌 십자가를 깨달을 수 있겠습니까? 성도는 눈물의 골짜기를 지남이 없이 하나님의 품에 이르는 길은 없습니다. 실망, 낙담, 응답되지 않는 기도 이것이 있고서야 하나님을 알게 되는 것입니다. 우리 성도들은 실망 낙담할만한 때에 마음이 부드러워져야 합니다.

므깃도의 산은 하나님께서 심판하시는 장소지만 이렇게 애통할 때 구원의 전쟁이 될 수 있습니다. 하나님은 항상 심판하시면서 살길을 반드시 성령으로 가르쳐주십니다. 아마겟돈 전쟁은 자기 죄를 보면서 이기는 것입니다. 회개로 풀어가야 합니다. 하나님은 늘 우리 편이고, 우리를 지키시는 분입니다.

첫째로 하나님은 전쟁의 주관자입니다. "또 여호와의 구원하심이 칼과 창에 있지 아니함을 이 무리에게 알게 하리라 전쟁은 여호와께 속한 것인즉 그가 너희를 우리 손에 넘기시리라"(삼상 17:47). 만일 불레셋의 거인 골리앗과 맞싸울 장수로 이스라엘에서도 최대한 비슷한 조건 용사를 고르고 골라 내보내어 혹시 이겼다면 그 싸움의 모든 영광은 그 승리한 용사에게로 돌아갔을 것입니다.

그러나 골리앗의 조건과는 모든 면에서 너무나도 현격한 대조를 보이는 다윗이 창과 칼 없이 막대기와 돌매만으로 승리한다면 그것은 살아계신 하나님의 승리요, 오직 그 이름만이 영광 받을 것입니다. 따라서 소년 다윗은 이러한 점까지 내다보면서 진정 골리앗의 창칼이 썩은 지푸라기 정도로 밖에 보이지 않을 이스라엘의 거인 하나님과 함께 나아갔던 것입니다.

전쟁은 여호와께 속한 것인즉 이스라엘의 하나님 여호와는 전쟁의 하나님으로서 곧 모든 전쟁의 승패는 전적으로 하나님의 주권적 의지에 따라 좌우되며(대하20:15), 또한 그러한 모든 전쟁을 통해서 하나님께서는 당신의 선하신 뜻을 이루어 나가신다는 뜻입니다. 결과적으로 본다면 전략의 우세가 전승의 관건이 되겠지만 실제적으로는 전혀 그렇지가 않습니다. 역사의 주관자가 하나님이시듯 모든 싸움 또한 그분에게 속한 것이므로 막강한 전력을 보유하고서도 얼마든지 패할 수 있고 형편없이 열세한 가운데서도 승리를 얻을 수 있습니다.

앗수르 왕 산헤립이 히스기야 왕 때 유다를 침공하였습니다. 막강한 군사력을 바탕으로 여러 견고한 성읍들을 쳐서 취하고, 이제 예루살렘으로 진군할 태세였습니다. 누가 보더라도 유다의 운명은 풍전등화와도 같았던 게 사실입니다. 하지만 결과는 전혀 판이하게 나타났습니다. 하나님께서는 그들에게 진군을 위한 만반의 준비를 갖춘 천사를 보내어 앗수르 군사 18만5천명을 치셨던 것입니다. 누구든지 전쟁에서 이기려면 주님의 편에 서야 합니다. 그분이 손을 들어 주셔야 승자가 됩니다.

둘째로 하나님의 목소리에 귀를 기울여야 합니다. 므깃도는 유다의 마지막 희망이었던 요시야가 전사한 곳인데 그는 하나님의 목소리를 듣지 않고 나가서 싸우다가 죽고 말았습니다. 아무 까닭 없는 전쟁에 참여 했다가 화를 당한 셈입니다. 개혁주의 자였던 요시야의 죽음은 유다와 예루살렘을 걷잡을 수 없는 파멸로 몰고 갔습니다. 요시야가 주의 목소리를 겸허히 경청하고 느고를 대적하지 않았더라면 상황이 많이 달라졌을 것입니다.

인생의 싸움이든 신앙의 싸움이든 더 나아가 국가 간의 싸움이든 간의 전쟁에서도 하나님의 목소리에 귀를 기울이는 사람은 반드시 승리하게 됩니다. 다윗은 뛰어난 군인입니다. 전술에 능한 사람이었고 병법에 밝았지만 최우선 순위를 하나님 목소리에 두었습니다. 그래서 승승장구할 수 있었던 것입니다. 자신의 생각이나 자기 지혜에 의존하는 사람은 실패합니다. 주님은 말씀하시고 행하시는 분이므로 그분이 어떻게 말씀하시든지 순종이 절대 필요합니다.

셋째로 자신의 생각을 쫓으면 위기를 만나게 됩니다. 요시야가 주의 뜻을 알고도 자신의 생각을 좇았음으로 위기를 자초한 일은 오늘을 사는 우리 모두에게 경종을 울려주고 있습니다. 충분이 승산이 있고 자신의 경험이나 전문적인 식견을 가진 사람들이 이에 동조한다 해도 그것이 승리를 보장받는 확실한 길은 되지 못합니다. 우리는 성경에서 주께 묻지 않고 실패한 사람들을 많이 만나게 됩니다.

아주 특별한 위치에 있었던 사람이라도 결과는 마찬 가지입니다. 결정하기가 어려운 일일수록 시간을 가지고 주께 도움을 요청하는 것이 필요합니다. 우리가 도움을 청하면 하나님은 거절하지 않으시고 필요한 지혜와 행할 방도를 가르쳐 주십니다. 기도는 시간이 길고 짧음이 문제되는 것이 아닙니다. 주님을 의존하는 정도가 중요한 것입니다. 무엇이든지 하나님과 상의하여 지시를 받고자 하는 태도야말로 많은 시간, 많은 말보다 훨씬 더 무게가 있습니다.

13장 십사만 사천에 대해 바르게 알자

(계 14:1-5)"또 내가 보니 보라 어린 양이 시온 산에 섰고 그와 함께 십사만 사천이 서 있는데 그들의 이마에는 어린 양의 이름과 그 아버지의 이름을 쓴 것이 있더라 (2) 내가 하늘에서 나는 소리를 들으니 많은 물 소리와도 같고 큰 우렛소리와도 같은데 내가 들은 소리는 거문고 타는 자들이 그 거문고를 타는 것 같더라 (3) 그들이 보좌 앞과 네 생물과 장로들 앞에서 새 노래를 부르니 땅에서 속량함을 받은 십사만 사천 밖에는 능히 이 노래를 배울 자가 없더라 (4) 이 사람들은 여자와 더불어 더럽히지 아니하고 순결한 자라 어린 양이 어디로 인도하든지 따라가는 자며 사람 가운데에서 속량함을 받아 처음 익은 열매로 하나님과 어린 양에게 속한 자들이니 (5) 그 입에 거짓말이 없고 흠이 없는 자들이더라."

예수님이 공중 재림하여 믿음의 성도들은 1차적으로 들림을 받습니다. 지상에는 7년 대 환란이 임합니다. 십사만 사천의 사람들은 뒤늦게 예수 복음을 깨달은 7년 대 환란의 기간 동안에 활동하는 유대인들입니다. 그렇기 때문에 십사만사천의 사람들은 지금 이 시대에 주님을 믿는 하나님의 자녀들과는 전혀 관련이 없는 사람들이라는 것입니다. 7년 환난 중에 활동할 14만 4천 명의 유대인 전도자는 예수님 공중 재림 시에 휴거되지 못한 사람들입니다. 하지만 이들은 복음을 듣고도 마음이 강퍅하여 주님을 영접하지 않은 것이 아닙니다. 주님을 영접하고도 여전히 세상이 좋아서 세상과 짝하며 살았던 쭉정이 신자들과도 다릅니다. 이들은 예수님을 잘 알지 못하여, 단지 제대로 믿을 기회가 없었을 뿐입니다. 예수님에 대해 누군가가 제대로 전해주었다면 분명히 아주 뜨겁게 믿었을 테지만, 그러한 기회를 얻지 못했기 때문에 7년 환난에 떨어지는 것입니다. 하지만 이들은 휴거 사건을 보면서, 또 7년 환난을 맞으면서 백팔십도 변합니다. 선한 양심 속에서 하나님 말씀이 참인 것을 깨닫고, 예수 그리스도에 대해 들었던 것이 참이라는 사실을 깨닫습니다. 설령이전까지는 예수 그리스도를 전혀 몰랐다 해도, 눈앞에 펼쳐지는 현실을 보면서 주님을 영접하는 것입니다.

그런데 이들은 자신만 주님을 영접하는 데에서 그치지 않습니다. 자기만 믿고 구원받으려 하는 것이 아니라, 휴거되지 못하고 이 땅에 남은 다른 사람들에게도 생명을 걸고 복음을 전합니다. 그리하면 자신의 생명이 위험에 처할 것을 알면서도, 어찌하든 한 사람이라도 더 구원받게 하려는 마음인 것입니다. 하나님께서는 이러한 선한 마음과 중심을 가진 사람들을 전 세계에서 택하여 복음을 전할 일꾼으로 인쳐 주시는데, 그 수가 14만 4천 명입니다.

이 14만 4천 명의 전도자들을 통해 수많은 사람이 구원을 얻습니다. 그런데 이들은 대부분 주어진 시간 동안 열심히 복음을 전하다가 죽음을 맞습니다. 악한 사람들에 의해 죽기도 하고, 7

년 환난의 갖가지 재앙 속에서 죽음을 맞기도 합니다. 생명의 위협을 무릅쓰고 끝까지 믿음을 지키며 사명을 감당하는 것입니다. 하나님께서는 복음을 위해 죽도록 충성한 이들의 죽음을 순교로 인정하고, 3천 층의 영광을 허락해 주십니다.

첫째, 그와 함께 14만 4천이 섰는데. 본문 1절에 "또 내가 보니 보라 어린양이 시온 산에 섰고 그와 함께 14만 4천이 섰는데 그 이마에 어린양의 이름과 그 아버지의 이름을 쓴 것이 있도다" 했습니다. "어린양이 시온 산에 섰고 그와 함께 14만 4천이 섰다"는 것은 14만 4천의 전도자가 주님과 함께 거룩한 곳에 있다는 말입니다. 특히 "어린양과 함께 섰다"는 것은 주님께서 친히 그들을 맞이하여 함께하신다는 뜻입니다. 주의 이름으로 순교한 사람들이나 끝까지 믿음을 지킨 그들이 받는 영광이 얼마나 큰지를 나타냅니다.

다음으로 "그 이마에 어린양의 이름과 그 아버지의 이름을 쓴 것이 있도다" 했습니다. 7년 환난 중 이 땅에 살아남은 대부분의 사람은 손이나 이마에 짐승의 표를 받고, 구원받지 못합니다. 그러나 14만 4천의 전도자들은 어린양, 곧 주님과 하나님의 인을 받았습니다. 이 땅에서 사명을 잘 감당할 수 있도록 주님과 하나님의 이름으로 능력과 은혜의 인을 쳐주신 것입니다. 그런데 이처럼 이마에 주님과 하나님의 이름을 썼다는 데에는 또 다른 의미가 있습니다. 우리가 주님을 믿을 때, 성령이 역사하는 교회 시대에서는 마음에 성령으로 인치십니다.

그러나 성령이 거두어진 7년 환난 중에는 하나님의 특별한 배려 속에 자기 인내와 의지로 구원을 받습니다. 이처럼, 이때에는 행위적인 증거를 통해 구원받기 때문에 마음에 인치는 것이 아니라 이마에 인을 친다고 하는 것입니다. 또한 하나님의 특별한 은혜가 있어야 구원에 이를 수 있기 때문에 어린양의 이름과 함께 하나님의 이름이 들어가는 것입니다.

둘째, 14만 4천 명의 전도자.

1) 그들의 노래 소리. 2절에 "내가 하늘에서 나는 소리를 들으니 많은 물소리도 같고 큰 뇌성도 같은데 내게 들리는 소리는 거문고 타는 자들의 그 거문고 타는 것 같더라" 했습니다. 요한계시록 1장 15절에는 "그의 음성은 많은 물소리와 같으며"라고 주님에 대해 설명했습니다. 하늘에서 나는 소리는 듣는 사람의 마음에 따라 다르게 들립니다. 만약 말씀 안에 살지 못하는 사람이 하늘에서 나는 소리를 들었다면 매우 두렵고 떨릴 수밖에 없습니다.

그러나 마음이 성결하고 하나님을 지극히 사랑하는 사람은 하늘에서 나는 소리에 놀라거나 두려워하지 않습니다. 그 소리가 우렁차면서도 온유하고, 따뜻하면서 청아하여 아름답게 들리기 때문입니다. 마찬가지로, 하늘에서 나는 소리뿐만 아니라 단에서 나오는 말씀도 받아들이는 성도의 마음이 어떠하냐에 따라 다르게 들릴 것입니다. 만약 단에서 선포되는 말씀이 부담되고 짐이 되며 힘들게 느껴진다면, 스스로 돌아보아야 합니다.

하나님의 말씀에 불순종한 아담과 하와가 하나님께서 부르시는 소리를 들었을 때, 창세기 3장 10절에 "가로되 내가 동산에서 하나님의 소리를 듣고 내가 벗었으므로 두려워하여 숨었나이다" 했다는 사실을 기억하시기 바랍니다. 만약 아버지 하나님께서 '아들아, 딸아' 부르신다면, 기쁘고 담대하게 '아멘, 제가 여기 있나이다' 답하실 수 있기를 바랍니다.

그런데 오늘 본문에 하늘에서 나는 소리는 바로 14만 4천 명의 전도자가 노래하는 소리입니다. 그들의 노래 소리가 "많은 물소리도 같고 큰 뇌성과도 같았던" 것입니다. 이러한 표현을 통해, 우리는 그들의 마음이 얼마나 주님을 닮았는지를 알 수 있습니다. 그들은 주를 위해 순교할 수 있을 만큼 진리 안에서 마음이 깨끗하고 아름답기 때문에, 그들이 올리는 찬양 소리가 맑고 우렁차게 들리는 것입니다. 또한 "큰 뇌성 같다"는 것은 그들에게 있는 권세를 나타냅니다. 마음을 선과 진리로 지키며 순교하기까지 하나님의 섭리를 이루어 드렸기 때문에 그들이 천국에서 누릴 권세가 크다는 것입니다.

2) 처음 익은 열매. 4절에 "이 사람들은 여자로 더불어 더럽히지 아니하고 정절이 있는 자라 어린양이 어디로 인도하든지 따라가는 자며 사람 가운데서 구속을 받아 처음 익은 열매로 하나님과 어린양에게 속한 자들이니" 했습니다. 여기서 여자는 영적으로 세상을 뜻합니다. "여자로 더불어 더럽히지 아니하고 정절이 있다"는 것은 이들이 어둡고 음란한 세상을 본받지 않으며 비 진리와 타협하지 않았다는 뜻입니다.

눈앞의 위협을 두려워하지 않았고, 정욕적인 것이나 육적인 편안함에 마음을 빼앗기지도 않았습니다. 오직 자신들의 사명을 다하기 위해 온 힘과 생명을 다해 분주히 뛰었습니다. "어린 양이 어디로 인도하든지 따라간다"는 말씀처럼, 오직 주님의 뜻을 따라 순교의 자리까지 갔습니다. 또 이들은 "사람 가운데서 구속을 받아 처음 익은 열매로 하나님과 어린양에게 속한 자들"이라 했습니다.

여기서 "사람 가운데서"라는 말은 아담 이후로 모든 사람 중에서 라는 의미가 아니라, 7년 환난 중에 있는 사람 가운데서 구속을 받아 처음 익은 열매라는 뜻입니다. 이들은 복음을 알지 못해 휴거되지는 못했지만, 7년 환난이 눈앞에 펼쳐지는 것을 보고 신속히 회개하여 주님을 영접합니다. 다른 사람들에게 복음을 전파하며, 하나님의 뜻을 좇아 섭리 가운데 순교합니다. 원치 않는 순교를 억지로 하는 것이 아니라, 기꺼이 이 사명을 감당한 것입니다.

그래서 하나님께서는 이들의 중심을 보시고, 땅에 떨어진 많은 영혼을 구원으로 인도하도록 전도자로 뽑아 인 치신 것입니다. 이처럼, 14만 4천의 전도자는 이 땅에 남은 사람들 중에 남들보다 먼저 주님을 영접하고 하나님의 섭리 가운데 사명을 감당했습니다. 그래서 이들을 "처음 익은 열매"라 한 것이며, "하나님과 어린 양에게 속한 자라" 한 것입니다.

3) **거짓말이 없고 흠 없는 자.** 이어지는 5절에 보면, 14만 4천 전도자들에 대해 "그 입에 거짓말이 없고 흠이 없는 자들이

더라" 했습니다. 이는 그들이 얼마나 진리 가운데 살았는지 다시 한 번 확인할 수 있는 말씀입니다. 야고보서 3장 2절에 "우리가 다 실수가 많으니 만일 말에 실수가 없는 자면 곧 온전한 사람이라 능히 온몸도 굴레 씌우리라" 했는데, 이 말씀처럼 입에 거짓말이 없다는 것은 마음 자체가 진실하다는 뜻입니다. 또 흠이 없다는 것은 성결하다는 것을 뜻합니다. 주님을 영접하고 몇 년 되지 않는 기간 동안 이렇게 흠 없는 모습으로 순교에 이르렀다면, 주님을 알지 못했을 때에도 나름대로 선과 진실을 추구하여 양심에 따라 성실히 살았음을 알 수 있습니다.

하나님께서는 이런 사람 중에서 14만 4천 명을 택하시고, 7년 환난 속에서 다시 한 번 구원의 섭리를 이루시는 것입니다. 14만 4천과 두 증인은 결코 희망을 찾아 볼 수 없는 절망의 땅에서도 최후까지 구원의 길을 여시는 하나님의 사랑입니다.

결론적으로 헤일 수 없는 무리들의 구원과 십사만 사천인들의 구원의 조건이 다른 것이 아닙니다. 하나님의 말씀에 완전히 순종하는 완전한 의가 요구됩니다. 그렇다면 십사만사천인의 구원의 자격은 능력별 경쟁이나 선착순 인원 제한으로 결정되는 것이 아님을 알게 됩니다. 구원의 자격은 지금도 옛날과 똑같습니다. 십사만 사천인의 수효가 많고 적음에 의하여 구원의 확률이 낮아지고 높아지는 것이 아니라는 사실을 깨닫는 것이 왜 그토록 어려운지 모르겠습니다.

하나님께서는 시간에 쫓기어 자격이 없는 사람을 구원의 반열에 참가 시키는 일은 결코 없을 것입니다. 이 시대에 구원받을 영혼들의 수효가 차지 않으면 이 세대는 모두가 또 광야에서 잠들 것이요, 하나님께서는 또 한 세대를 일으키실 것입니다. 그러므로 숫자의 많고 적음이 나의 구원과는 하등의 관계가 없다는 사실을 빨리 깨달아야 합니다.

오늘날도 만약 재림 성도들이 구원에 실패한다면 그것은 십사만 사천 인들의 수효가 적어 자리가 없어 들어가지 못하는 것이 아니라, 하나님의 확실한 진리를 믿지 않고 불신 하므로 구원과 특권을 잃어버리는 것입니다.

성도들이나 목회자들이나 십사만사천의 사람들은 어떤 사람들을 말하는 것인지 궁금해 하고 계시는 것을 사실입니다. 우선 제가 언급해 드리고 싶은 것은 십사만사천의 사람들은 지금 이 시대에 이방 나라에서 주님을 믿는 하나님의 자녀들과는 전혀 관련이 없는 사람들이라는 것이지요. 지금 현재 주님을 믿고 구원에 이른 사람들은 7년 환난이 오기 전에 주님께서 다시 강림하실 때 모두 공중으로 들림 받아 휴거되기 때문이지요. 그럼 휴거에 대한 말씀이 어떤 말씀인지 성경으로 답변을 드립니다.

셋째, 예수님 재림과 관련된 성경절입니다. 살전4:16-17 "주께서 호령과 천사장의 소리와 하나님의 나팔 소리로 친히 하늘로부터 강림하시리니 그리스도 안에서 죽은 자들이 먼저 일어나고 (17) 그 후에 우리 살아남은 자들도 그들과 함께 구름 속으로 끌어 올려 공중에서 주를 영접하게 하시리니 그리하여 우리가 항상 주와 함께 있으리라" 고전 15:51 "보라 내가 너희에게 비밀을 말하노니 우리가 다 잠잘 것이 아니요 마지막 나팔에 순식간에 홀연히 다 변화하리니"

필자가 이미 여러번 말씀드린 바와 같이 예수님의 재림 때는 죽은 자들이 먼저 부활하고요. 살아남은 의인들은 홀연히 변화되어 공중으로 들려 올리어져 주님을 영접합니다. 이 예수님의 재림은 비밀 휴거론 자들의 이론처럼 몰래 '살짜기옵서' 예가 아니라, 이 땅의 모든 사람들이 볼 수 있도록 호령과 천사장의 소리와 하나님의 나팔로 오시는 날입니다. 그분의 영광에 의하여서 의인들은 들림을 받고, 악인들은 다 죽임을 당합니다. 그리고 사탄은 이 지구에 갇힌바 되어 천년동안 지냅니다. 그리고 주님 영접함을 받아 하늘에 간 성도들은 주님과 함께 1000년 동안 왕 노릇하면서 지냅니다.

넷째, 휴거라고 주장한 이 성경 절은 구원받은 의인들이 하늘에 있고, 구원받지 못한 유대인 중에 복음을 받고 끝가지 믿음을 지키는 144,000의 유대인들의 모습을 기록하고 있는 내용입니다. 계14:1 "또 내가 보니 보라 어린 양이 시온 산에 섰고 그와 함께 십사만 사천이 서 있는데 그들의 이마에는 어린 양의 이름과 그 아버지의 이름을 쓴 것이 있더라." 두 번째 휴거에 대하여는 이글을 끝까지 읽으시면 이해가 가실 것입니다. 두 번째 휴거의 은혜를 입는 자들은 예수님 공중 재림 때에 휴거되지 못한 성도와 유대인들입니다.

다섯째, 휴거라고 하는 이 성경절은 이러합니다. 계 20:4 "또 내가 보좌들을 보니 거기 앉은 자들이 있어 심판하는 권세를 받았더라. 또 내가 보니 예수의 증거와 하나님의 말씀을 인하여 목 베임을 받은 자의 영혼들과 또 짐승과 그의 우상에게 경배하지도 아니하고 이마와 손에 그의 표를 받지도 아니한 자들이 살아서 그리스도로 더불어 천 년 동안 왕 노릇 하니" 이 말씀을 이단들이 바르게 해석하지 않고 자기 맘대로 해석을 붙여 놓은 것입니다.

다음의 그들의 해석은 전혀 성경적이지 않습니다. 세번째 휴거 계20:4 "또 내가 보좌들을 보니 거기에 앉은 자(첫번째 이방인 휴거자들과 두번째 유대인 휴거자들 144,000)들이 있어 심판하는 권세를 받았더라. 또 내가 보니 예수를 증언함과 하나님의 말씀 때문에 목 베임을 당한 자들의 영혼들과 또 짐승과 그의 우상에게 경배하지 아니하고 그들의 이마와 손에 그의 표를 받지 아니한 자들이 살아서(전, 후 환란을 살아서 통과 한 극소수) 그리스도와 더불어 천 년 동안 왕 노릇 하니" 그럼 이 말씀은 무슨 말씀입니까? 이미 예수님 재림 때 드린 말씀을 해석하는 자의 마음대로 풀어서 기록한 것입니다.

바르게 정리하면 예수님 공중 재림 때에 의인들은 다 하늘에 가고요. 악인들은 7년 대 환란을 당하였고요. 예수님 지상 재림 후에 사탄은 무저갱에 결박당한 것으로 20:1-3절에 모사되어 있습니다. 그렇게 천년이 가고요. 구원받은 성도들은 천년동안 왕노릇하면서 지낸다고 말씀을 드렸습니다.

휴거를 자주 되는 것이 좋은 것이라고요. 세대주의 자들이 휴거라는 용어를 사용하지 일반 그리스도인들은 휴거라는 용어보다는 그리스도의 재림이라는 용어를 많이 사용합니다. 다른 용어로 들림 받는다는 말을 사용합니다. 휴거는 성도들이 들려 올려 진다는 의미이고요. 그리스도의 재림은 그분의 다시 오심을 말씀하시는 것입니다. 그분께서 오실 때 구원받은 사람들은 함께 공중에서 주님을 영접한다고 성경은 말하고 있습니다. 이단들의 거짓된 이설에 현혹되지 않으시길 바랍니다.

그리고 계시록 7장에는 그 유명한 14만 4천명의 사람들이 등장합니다. 이 내용은 예수님 재림 후 벌써 여섯째 봉인이 끝나고 이어지는 장에 나옵니다. 그러나 이 부분도 시간의 추이에 따라 등장하는 사건으로 이해하면 환난기의 끝에 이어지는 일로 혼동할 수 있습니다. 7장의 14만 4천에 관한 기록은 일종의 괄호에 해당합니다. 이것은 중간에 끼워 넣은 부분이며 연극의 막간이라고 이해하면 되고, 잡지를 읽다가 나오는 박스 기사처럼 생각하면 됩니다.

요한은 물론 이 부분을 여섯째 봉인 이후에 보았습니다. 그래서 '이 일들 후에 내가 보니'라고 했지요. 그러나 이 사람들이 하나님의 인을 받고 일어서는 이 대목은 계시록 그림에 있듯이 시기상 전반기 3년 반의 일입니다.

"이 일 후에 내가 네 천사가 땅 네 모퉁이에 선 것을 보니 땅의 사방의 바람을 붙잡아 바람으로 하여금 땅에나 바다에나 각종 나무에 불지 못하게 하더라 (2) 또 보매 다른 천사가 살아 계신 하나님의 인을 가지고 해 돋는 데로부터 올라와서 땅과 바다를 해롭게 할 권세를 받은 네 천사를 향하여 큰 소리로 외쳐 (3) 이르되 우리가 우리 하나님의 종들의 이마에 인치기까지 땅이나 바다나 나무들을 해하지 말라 하더라 (4) 내가 인침을 받은 자의 수를 들으니 이스라엘 자손의 각 지파 중에서 인침을 받은 자들이 십사만 사천이니"(계 7:1-4).

자, 바르게 아시기를 바랍니다. 14만 4천은 몰몬교, 안식교, 여호와의 증인, 신천지 등 정말 많은 이단에서 활용하는 숫자입니다. 이 숫자가 자기네 종교에 모이면 끝이 온다든지, 신성한 숫자라든지 하는 주장을 많이 들을 수 있습니다. 또한 개신교의 대체신학주장 학자들은 이들을 가리켜 교회, 성도라고도 하고, 숫자 자체는 상징적인 것으로 해석하기도 합니다. 또 어떤 이들은 마지막 날에 복음을 전파할 세계 각 나라 선교사라고도 합니다.

그러나 우리는 신학이라는 안경을 벗고 말씀 자체를 그대로 보아야 합니다. 성경 말씀은 그냥 이들이 이스라엘 자손의 모든 지파에서 봉인된 자들이라고 너무나 명백하고 친절하게 가르쳐 줍니다. 더 해석할 것이 없는 이 대목을 용케 잘도 풀어가는 이들의 종교적 상상력이 놀라울 따름입니다. 이들은 그냥 유대인입니다. 이 시기에는 교회(구원받은 성도)는 더 이상 땅에 없습니다. 왜 하나님의 백성인 유대인을 마지막의 역사와 성경 자체에서 자꾸 제외시키려 하는 것일까요? "이 천국 복음이 모든 민족에게 증언되기 위하여 온 세상에 전파되리니 그제야 끝이 오리라"(마 24:14). 이것이 예수님의 예언의 말씀입니다. 유대인들이 복음을 받아 들여야 예수님이 재림하십니다. 유대인을 제외시키려는 여기에서 오류가 발생하는 것입니다.

신천지와 같이 자신들이 14만 4천이라고 주장하는 이들은 스스로가 어느 지파 출신인지 알지도 못합니다. 하나님께서 이들이 이스라엘의 열두 지파에서 각각 12,000명씩이라고 말씀하신 이유는 무시되어도 좋을까요? 교회가 이스라엘을 대체했다는 신학도 그 유대인들의 각 지파가 누구로 대체됐는지 설명할 길이 없습니다. 성경 말씀을 그대로 믿지 못하고 특정한 인간이나 교단의 해석에 따라야 한다면 우리는 구원과 천국과 종말에 대한 믿음에서 어느 것 하나 견고하게 보장받지 못할 것입니다.

대부분의 유대인은 환난기의 마지막까지 자신들의 잘못을 인정하지 않습니다. 그들이 성전을 회복하려 하는 것도 메시아를 끝까지 거부하는 행위입니다. 그들은 극심한 환난, 즉 야곱의 고난을 다 겪고 나서야 비로소 "주의 이름으로 오시는 이여!"하며 두 손을 들고 예수님을 인정할 것입니다(마23:39). 그런데 여기 14만 4천은 유대인이지만 일찍 회개하고 깨달아 주님의 사역자로 일어선 사람들입니다. 이들은 봉인되었기 때문에 죽기까지 굽히지 않고 환난의 시기에 활동할 것입니다.

이들이 받은 봉인은 성령님의 봉인이 아니라 천사의 봉인입니다. 예수님을 믿지 않았기 때문에 성령님이 봉인할 수가 없으신 것입니다. 한편 모방의 천재 마귀는 적그리스도를 추종하는 자들에게 666 짐승의 표로 봉인을 할 것입니다(계13:14~18). 14만 4천이 죽음을 두려워하지 않고 불굴의 의지를 보이듯이 짐승의 표를 받은 자들도 죽음을 마다하지 않고 짐승을 위해 싸울 것입니다. 환난 기에 이 두 세력은 서로 사람들을 얻기 위해 크게 힘을 쓸 것입니다.

이 14만 4천의 유대인이 환난 시기에 왕국의 복음을 전하게 될 것이라는 견해는 성경적입니다(마24:13~14). 이들의 등장 이후 환난에서 나온 큰 무리가 나타납니다. 이들은 예수님 재림 때 들림 받은 이방인들로 성경은 이들을 가리켜 그 수를 능히 셀 수 없는 큰 무리라고 했습니다.

"이 일 후에 내가 보니 각 나라와 족속과 백성과 방언에서 아무도 능히 셀 수 없는 큰 무리가 나와 흰 옷을 입고 손에 종려 가지를 들고 보좌 앞과 어린 양 앞에 서서 (10) 큰 소리로 외쳐 이르되 구원하심이 보좌에 앉으신 우리 하나님과 어린 양에게 있도다 하니"(계 7:9-10).

충만한 교회는 매주 다른 과목을 가지고 매주 화-수-목(10:30-13:00)집회를 인도합니다. 무료집회입니다. 단 교재를 구입해야 입장이 가능합니다. 매주 다른 과목으로 집회를 합니다.

병원이나 세상 방법으로 해결하지 못하는 무슨 문제든지 해결을 받겠다는 믿음을 가지고 오시면 15가지 질병과 문제도 모두 치유 받습니다. 천국을 누리고 싶은 분은 믿음을 가지고 오시기만 하면 무슨 문제라도 치유되고 해결이 됩니다. 오시면 천국을 체험하고 누리며 살아가게 됩니다.

14장 천년왕국에 대해 바르게 알고 대비하자

(계 20:1-9) "또 내가 보매 천사가 무저갱의 열쇠와 큰 쇠사슬을 그의 손에 가지고 하늘로부터 내려와서 (2) 용을 잡으니 곧 옛 뱀이요 마귀요 사탄이라 잡아서 천 년 동안 결박하여 (3) 무저갱에 던져 넣어 잠그고 그 위에 인봉하여 천 년이 차도록 다시는 만국을 미혹하지 못하게 하였는데 그 후에는 반드시 잠깐 놓이리라 (4) 또 내가 보좌들을 보니 거기에 앉은 자들이 있어 심판하는 권세를 받았더라 또 내가 보니 예수를 증언함과 하나님의 말씀 때문에 목 베임을 당한 자들의 영혼들과 또 짐승과 그의 우상에게 경배하지 아니하고 그들의 이마와 손에 그의 표를 받지 아니한 자들이 살아서 그리스도와 더불어 천 년 동안 왕 노릇 하니 (5) (그 나머지 죽은 자들은 그 천 년이 차기까지 살지 못하더라) 이는 첫째 부활이라 (6) 이 첫째 부활에 참여하는 자들은 복이 있고 거룩하도다 둘째 사망이 그들을 다스리는 권세가 없고 도리어 그들이 하나님과 그리스도의 제사장이 되어 천 년 동안 그리스도와 더불어 왕 노릇 하리라 (7) 천 년이 차매 사탄이 그 옥에서 놓여 (8) 나와서 땅의 사방 백성 곧 곡과 마곡을 미혹하고 모아 싸움을 붙이리니 그 수가 바다의 모래 같으리라 (9) 그들이 지면에 널리 퍼져 성도들의 진과 사랑하시는 성을 두르매 하늘에서 불이 내려와 그들을 태워버리고"

천년왕국이란 현세와 내세 사이에 과도적인 중간 시대가 그리스도를 중심으로 천년동안 계속된다는 것입니다. 천 년이라는 말은 요한계시록 20장에 6회나 나옵니다(계20:2,3,4,5,6,7). 이 천년왕국을 문자 그대로 해석할 것인가, 상징적으로 해석할 것인가 하는 문제와 함께 그리스도의 재림과 깊은 관계가 있습니다. 종말론에 거론되는 천년 왕국에 대한 견해는 이렇습니다.

첫째로 무천년설: 천년왕국을 상징적으로, 영적으로 해석하는 방법입니다. 그리스도의 초림과 재림 사이의 전체 기간을 상징합니다. 천년왕국은 지상이 아니라, 초림과 재림 사이에 낙원에 있는 천상의 교회에서 이루어지고 있다고 봅니다.

둘째로 후천년설: 천년왕국이 그리스도의 재림에 앞서 이루어진다는 것입니다. 천년동안 긴 세월을 걸쳐서 교회시대에 복음의 확장이 이루어져서, 예수님의 재림 전에 천년왕국이 실현이 된다고 보는 것입니다. 이것은 진화론적인 낙관론이지만, 세상은 현실적으로 악이 판을 치고 있습니다. 그래서 지금은 후천년설을 믿는 이들은 거의 없습니다.

셋째로 전천년설: 천년왕국 이전에 예수님의 재림이 있다고 보는 견해입니다. 초대교회에서는 이 주장을 전통적인 교리로 인정을 하였습니다. 필자도 여기에 맞추어서 책을 집필하는 것입니다. 예수님께서 공중 재림 후에 성도들의 1차 휴거가 있습니다. 7년 대 환란과 아마겟돈 전쟁이 끝날 무렵에 예수님이 지상 재림하십니다. 지상 재림 후에 신부된 성도들과 천년동안 왕국을 다스리십니다.

천년왕국에 관한 말씀은 구약성경에도 간접적으로 많이 언급돼 있습니다. 특별히 이사야 11장 4절, 예레미야 3장 17절, 스가랴 14장 9절 말씀은 천년왕국에 관한 구절입니다. 그러나 이 구절들이 지상에서의 천년왕국인지, 새 하늘에서의 통치를 말하는 것인지에 대하여는 분명치 않습니다.

여기서는 계시록 20장의 말씀을 중심으로 천년왕국에 관하여 살펴보려고 합니다. 계시록 20장은 두말할 필요도 없이 성경 가운데서 가장 해석하기 어려운 구절들입니다. 첫째로 여기서 언급된 천년이란 말이 묵시문학적인 상징적 표현인지, 아니면 글자 그대로의 지상에서의 문자적 시간을 말하는지 견해가 다릅니다.

또 그것이 이루어지는 장소가 지상인지, 아니면 천상인지도 견해가 다릅니다. 중요한 것은 계시록 20장1-7절에서 6번이나 천년이란 숫자가 나온다는 점입니다. 그리고 이 기간에 사탄은 천년동안 무저갱에 갇혀있을 것이라고 했습니다. 이 무저갱은 지옥을 말하는 것은 아닙니다. 이 기간에 사탄은 천사가 그를 묶어둔 것에서 벗어날 수가 없습니다.

구약성경에 보면 여러 곳에서 반복해 그리스도께서 공의로 통치하실 것이며 자연이 본래의 아름다움을 회복하는 영광스러운 때가 있을 것이라고 예언하고 있습니다(사 9:6~7,11:1,30:15~33,렘 23:5 등). 이에 대해 세 가지의 견해가 있습니다.

첫째는 천년왕국이란 구원받은 자의 영적인 조건을 말씀한 것이기 때문에 이 구절을 문자적으로 해석해서는 안 된다는 견해입니다. 다만 천년이란 '십의 삼승으로 1000' 즉, 완전함을 상징적으로 의미할 뿐이라고 해석합니다.

둘째 해석도 천년을 상징적으로 보고 천년왕국은 이미 왔으며 이것은 주님의 초림부터 재림 때까지의 교회시대를 의미한다는 해석입니다. 이것을 흔히 무 천년설이라고 부릅니다.

세번째 해석은 천년을 문자적 예언으로 해석하여 앞으로 있게 될 지상에서의 통치 기간이라고 해석합니다. 이 천년왕국은 아마겟돈 전쟁 후에 시작되며 그때에 그리스도께서 왕중왕으로 오셔서 1000년 동안 통치하게 될 것이라고 말합니다. 여기에는 전 천년설과 후 천년설의 두 가지가 있습니다. 전 천년설은 그리스도의 재림은 그의 지상에서의 천년통치와 함께 시작된다고 하는 견해입니다. 후 천년설은 천년 후에 사탄의 결박이 풀리게 되고 그때 주님께서 오셔서 사탄을 정복하고 영원히 통치하신다는 주장입니다. 필자의 견해는 전 천년에 맞추어 이 글을 전개하고 있습니다. 중요한 것은 이 해석의 차이 때문에 교파가 나누어져서는 안 된다는 점입니다.

첫째, 천년왕국이란 무엇인가? 사실 교회에 다니며 성경에 관심이 있고, 천국에 대한 소망을 가지고 있으신 분들은 한 번씩 들어 보았을 명칭이 바로 천년왕국입니다. 오늘은 그 천년왕국이 무엇인가에 대해 잠깐 살펴보도록 하겠습니다.

예수그리스도의 재림과 함께 이루어질 심판으로 양과 염소로 갈림을 받은 백성들은 다니엘12장 2절의 말씀을 근거로, 선택받은 백성들은 영원한 생명으로, 그렇지 않고 적그리스도에게 경배하고 그의 표를 받았던 사람들은 영원한 수치와 모욕에 들어가게 됩니다. 그 때 일어나는 일들로는 옛 뱀이라고도 불리고 마귀라고도 불리는 사탄이 천년동안 무저갱에 갇히게 됩니다. 그 증거는 계시록20장입니다.

"(2) 용을 잡으니 곧 옛 뱀이요 마귀요 사탄이라 잡아서 천 년 동안 결박하여 (3) 무저갱에 던져 넣어 잠그고 그 위에 인봉하여 천 년이 차도록 다시는 만국을 미혹하지 못하게 하였는데 그 후에는 반드시 잠깐 놓이리라." 보시다시피 사탄은 무저갱에서 천년동안 묶여 있다가 천년이 지난 후에 다시 풀려나서 곡과 마곡전쟁을 일으키게 됩니다.

"(7) 천 년이 차매 사탄이 그 옥에서 놓여 (8) 나와서 땅의 사방 백성 곧 곡과 마곡을 미혹하고 모아 싸움을 붙이리니 그 수가 바다의 모래 같으리라."

이 사탄이 천년 후에 다시 풀려나 그 시간까지 태평성세를 누리고 있었던 그 왕국에서 다시 한 번 사방민족들을 미혹하여 예루살렘에 살고 있는 일곱 교회의 집합체, 그리고 그의 자녀들을 향해 전쟁을 일으키게 된다는 것입니다. 그 때에 하나님의 진노가 그들에게 쏟아지게 됩니다.

"(9) 그들이 지면에 널리 퍼져 성도들의 진과 사랑하시는 성을 두르매 하늘에서 불이 내려와 그들을 태워버리고."

그리고 이후에 마지막심판인 백(힌)보좌심판이 펼쳐지게 됩니다.

"(11) 또 내가 크고 흰 보좌와 그 위에 앉으신 이를 보니 땅과 하늘이 그 앞에서 피하여 간 데 없더라."

바로 이것이 백(흰) 보좌 심판입니다. 그런데 지금 여기서 알아볼 것은 사탄이 곡과 마곡전쟁을 일으키기 전에 천년이란 기간 동안에 주의 성도들이 과연 어떻게 살아가고 있을까 하는 것일 겁니다. 안타깝게도 계시록에는 그런 생활들이 기록되어 있지 않습니다. 그렇다면 하나님께서는 그러한 것들을 성경에 기록해 놓으시지 않으셨을까요? 한 번 찾아보겠습니다.

먼저 알아야 할 것은 하나님께서는 알파와 오메가요. 처음과 나중이요. 시작과 끝이시라는 점입니다. 이 말은 "그 분께서는 모든 것을 알고 계시다"라는 것과 같은 말입니다. 세대주의자들은 이스라엘이 예수그리스도를 받아들이지 않았기 때문에 하나님께서 이 땅에서 이루실 메시야왕국을 연기하셨다고 얘기를 합니다. 그러나 그 말은 전능하신 하나님께서 사람들이 받아들이지 않을 것도 모르셨고, 또 피조물인 인간 때문에 그 분께서 하시고자 하는 일을 연기했다라고 하는 것이기 때문에 그것은 하나님을 모욕하는 말입니다. 하나님께서는 모든 것을 이미 계획하셨고 실행하고 계시는 겁니다. 이제 이 천년왕국에 대한 설명을 보시면 이 말을 이해하게 될 것입니다.

하나님께서는 천년왕국에 대한 것들을 예수그리스도의 재림 이전 구약의 선지서들에 이미 기록해 놓으셨습니다. 찾아보겠습니다. 먼저 이사야 2장입니다.

"(2) 마지막 날들에 주의 전의 산이 산들의 정상에 세워질 것이요, 작은 산들 위에 높아지리니, 모든 민족들이 그 곳으로 몰려들 것이라."

이 주의 전의 산이라는 이곳은 일곱 교회의 집합체인 주의 백성들이 모여 사는 곳을 의미합니다. 곧 예루살렘이라는 겁니다. 그것을 증명해 주는 스가랴14장입니다.

"(10) 온 땅이 게바에서 예루살렘 남쪽 림몬까지 평원처럼 바뀔 것이요, 예루살렘은 높여져서 그 곳에 사람이 거하게 되리니, 베냐민 문으로부터 첫째 문 자리와 모퉁이 문까지와, 하나느엘 망대로부터 왕의 포도주 짜는 데까지라. (11) 그 안에 사람들이 거하리니, 더 이상의 파멸은 결코 없을 것이며 예루살렘에는 안전하게 사람이 살리라."

이 스가랴14장에도 주님의 재림이 기록되어 있습니다. 의심나는 분들은 한번 찾아보시기 바랍니다. 그러니 이 예루살렘이라는 곳은 주의 택함 받은 백성들이 모여 사는 곳임을 부정할 수 없는 것입니다. 그렇다면 이제 주의 백성들이 모여 사는 그 곳이 어떤 환경을 가진 땅인지 알아보겠습니다. 이사야35장입니다.

"(1) 광야와 메마른 땅이 기뻐하며 사막이 백합화 같이 피어 즐거워하며." "(7) 뜨거운 사막이 변하여 못이 될 것이며 메마른 땅이 변하여 원천이 될 것이며 승냥이의 눕던 곳에 풀과 갈대와 부들이 날 것이며."

그 땅은 아담과 하와가 지냈던 에덴동산과 같은 아름다움을 자랑할 것입니다. 최초에 주신 축복을 되돌려 받는 것이라고 할 수 있겠지요. 여기서 다시 이사야 2장으로 돌아가겠습니다.

"(3)많은 백성이 가며 이르기를 오라 우리가 여호와의 산에 오르며 야곱의 하나님의 전에 이르자 그가 그의 길을 우리에게 가르치실 것이라 우리가 그 길로 행하리라 하리니 이는 율법이 시온에서부터 나올 것이요 여호와의 말씀이 예루살렘에서부터 나올 것임이니라"

천년왕국에 참여하는 것은 일곱 교회의 집합체뿐만이 아니고 하나님을 믿지 않았던 다수의 이방 백성들도 함께 참여하게 됩니다. 혹시 의심하는 분들을 위해 잠깐 설명하자면 적그리스도의 통치기간에 그에게 경배를 하지 않았고 또 아마겟돈전쟁에 참여하지 않았던 20세 이하의 청년들이나 아이들, 그리고 여자들은 하나님의 은혜로 예루살렘 주변에 모여 살게 될 것이라는 것입니다. 그리고 그들은 다시는 전쟁을 하지 않을 것입니다.

"(4) 그가 열방 사이에 판단하시며 많은 백성을 판결하시리니 무리가 그들의 칼을 쳐서 보습을 만들고 그들의 창을 쳐서 낫을 만들 것이며 이 나라와 저 나라가 다시는 칼을 들고 서로 치지 아니하며 다시는 전쟁을 연습하지 아니하리라."

역시 이 주님의 왕국인 천년왕국에서는 더 이상 전쟁이 없을 것이고, 택함 받은 주의 백성들과 예루살렘에 참여하지 못한 이방백성들이 주님을 앙망하고 고대하며 그 분의 말씀을 들으며 살게 될 것임을 보여 주고 있습니다.

다음은 이사야11장입니다. "(6) 그 때에 이리가 어린 양과 함께 살며 표범이 어린 염소와 함께 누우며 송아지와 어린 사자와 살진 짐승이 함께 있어 어린 아이에게 끌리며 (7) 암소와 곰이 함께 먹으며 그것들의 새끼가 함께 엎드리며 사자가 소처럼 풀을 먹을 것이며 (8) 젖 먹는 아이가 독사의 구멍에서 장난하며 젖 뗀 어린 아이가 독사의 굴에 손을 넣을 것이라 (9) 내 거룩한 산 모든 곳에서 해 됨도 없고 상함도 없을 것이니 이는 물이 바다를 덮음 같이 여호와를 아는 지식이 세상에 충만할 것임이니라."

행복하시죠? 이 말씀은 65장에도 있습니다. "(25) 이이리와 어린 양이 함께 먹을 것이며 사자가 소처럼 짚을 먹을 것이며 뱀은 흙을 양식으로 삼을 것이니 나의 성산에서는 해함도 없겠고 상함도 없으리라 여호와께서 말씀하시니라."

혹시 이 글을 보고 천년왕국에서는 사자도 짚을 먹게 되니 이제 고기는 못 먹게 되는 것 아닌가 주의 백성들이 우려할까 봐 스가랴 14장에서 따로 이렇게 기록해 놓으셨습니다.

"(21) 예루살렘과 유다의 모든 솥이 만군의 여호와의 성물이 될 것인즉 제사 드리는 자가 와서 이 솥을 가져다가 그것으로 고기를 삶으리라 그 날에는 만군의 여호와의 전에 가나안 사람이 다시 있지 아니하리라."

설마 솥에다 식물(植物)을 삶지는 않겠지요. 희생제는 아무래도 양이나 소를 삶게 될 것입니다. 그래서 고기 좋아하는 분들은 걱정하지 않으셔도 될 성 싶습니다. 다행입니다. 그리고 만군의 주의 집에 다시 가나안 인이 있지 아니한다는 것은 하나님을 모르는 백성이 더 이상 없을 거라는 말씀과 동의어입니다.

그럼 이번에는 사람들은 어떻게 살아가는지 알아보도록 하겠습니다. 다시 이사야65장입니다.

"(20) 거기는 날 수가 많지 못하여 죽는 어린이와 수한이 차지 못한 노인이 다시는 없을 것이라 곧 백 세에 죽는 자를 젊은 이라 하겠고 백 세가 못되어 죽는 자는 저주 받은 자이리라."

천년왕국에 참여한 구원받은 성도들은 아기도 낳을 수 있고 또 키우기도 하고 가르치기도 할 것입니다. 현재 살고 있는 세상과 별반 차이가 없을 것이라는 얘기이기도 합니다. 차이가 있다면 그 누구도 배를 곯는 일이 없을 것이고, 또 누구나 원하는 대로 교육을 받을 수 있으며, 당시에 발견된 수많은 첨단과학 기술들로 환경도 더러워 지지 않을 것이며, 그러므로 깨끗한 공기와 물로 더불어 살게 될 것이어서 모든 백성들이 건강하고 윤택한 삶을 살게 될 것입니다.

그리고 이사야5장 22절에 보면 그 곳에서 태어난 아이들이 나무의 수명처럼 오래 살 것이라는 얘기가 있는데, 그러나 그 곳에 참여한 성도들은 고린도전서15장52절과 53절 말씀에 비추어 늙지도 않고 죽지도 않는 삶을 살게 될 것입니다. 자신은 늙지 않는데 자신이 낳은 아들들과 딸들은 늙어 가는 모습을 보는 것이 어색하고 신기한 일이기는 하겠지만 그렇게 정하신 것이니 어쩔 수 없이 받아 들여야만 합니다. 이렇듯 그 환경에서 자라는 아이들은 하나님의 위대하심을 눈으로 직접 보면서 자라게 될 것이어서 믿음생활도 더욱 열심히 하게 될 것으로 보고 있습니다. 다음 이사야 65장 22절입니다.

"(22) 그들이 건축한 데에 타인이 살지 아니할 것이며 그들이

심은 것을 타인이 먹지 아니하리니 이는 내 백성의 수한이 나무의 수한과 같겠고 내가 택한 자가 그 손으로 일한 것을 길이 누릴 것이며."

이 이사야 65장 20절과 22절을 증명해 주는 스가랴8장입니다. "(4) 만군의 여호와가 이같이 말하노라 예루살렘 길거리에 늙은 남자들과 늙은 여자들이 다시 앉을 것이라 다 나이가 많으므로 저마다 손에 지팡이를 잡을 것이요 (5) 그 성읍 거리에 소년과 소녀들이 가득하여 거기에서 뛰놀리라."

이 글을 처음 보는 분들을 위한 써비스입니다. 이사야 66장입니다. "(9) 여호와께서 이르시되 내가 아이를 갖도록 하였은즉 해산하게 하지 아니하겠느냐 네 하나님이 이르시되 나는 해산하게 하는 이인즉 어찌 태를 닫겠느냐 하시니라 (10) 예루살렘을 사랑하는 자들이여 다 그 성읍과 함께 기뻐하라 다 그 성읍과 함께 즐거워하라 그 성을 위하여 슬퍼하는 자들이여 다 그 성의 기쁨으로 말미암아 그 성과 함께 기뻐하라."

하나님께서는 이렇듯 말세에 살고 있으면서, 천년왕국에 들어가는 주의 백성들을 위해 너무도 행복한 미래를 준비해 놓으셨습니다. 때로 여기에 반론하시는 분들은 누가복음 20장을 들이대기도 하시는데, "(34) 예수께서 이르시되 이 세상의 자녀들은 장가도 가고 시집도 가되 (35) 저 세상과 및 죽은 자 가운데서 부활함을 얻기에 합당히 여김을 받은 자들은 장가 가고 시집 가는 일이 없으며 (36) 그들은 다시 죽을 수도 없나니 이는 천사와 동등이요 부활의 자녀로서 하나님의 자녀임이라."

여기 35절에서 말씀하시는 부활은 천년왕국이 끝나고 나서 거룩한 도성, 즉 하늘에서 내려오는 새 예루살렘에 참여하는 부활이며, 이는 첫째 부활이 아닌 둘째 부활을 말씀하시는 것이니 오해 없으시기 바랍니다. 바로 白(백)보좌심판 때 일어나는 부활을 말씀하는 것이라는 겁니다. 부활은 모두 두 번에 걸쳐 일어나게 되는데 주님 공중 재림 시에 한번, 그리고 지상 재림 후 백 보좌 심판 때 한번 그래서 모두 두 번이 되는 겁니다. 증거는 계시록20장입니다.

"(5) (그 나머지 죽은 자들은 그 천 년이 차기까지 살지 못하더라) 이는 첫째 부활이라 (6) 이 첫째 부활에 참여하는 자들은 복이 있고 거룩하도다 둘째 사망이 그들을 다스리는 권세가 없고 도리어 그들이 하나님과 그리스도의 제사장이 되어 천 년 동안 그리스도와 더불어 왕 노릇 하리라."

"(13) 바다가 그 가운데에서 죽은 자들을 내주고 또 사망과 음부도 그 가운데에서 죽은 자들을 내주매 각 사람이 자기의 행위대로 심판을 받고 (14) 사망과 음부도 불못에 던져지니 이것은 둘째 사망 곧 불못이라 ."

둘째사망이라는 것은 두 번째 부활이 있었다는 얘기입니다. 그러니 부활은 총 두 번 일어나게 되고 그 때에 천사처럼 되는 것이기에, 예수그리스도께서 바로 그때를 가리켜 말씀하셨던 것이라는 겁니다.

이상 선지서등에서 천년왕국에 참여하는 백성이 즐기는 행복하고 즐거운 생활에 대하여 알아보았습니다. 사실 찾아보면 더 많기는 합니다만 지면관계상 이것만 적었습니다. 그러니 어떤 어려움이 다가오더라도 주님 주시는 그 나라에 들어가기 위해 기필코 승리하는 성도님들 되시기 바랍니다.

결론적으로 천년기가 시작할 때에 무슨 사건이 일어납니까?

첫째로 그리스도가 지상에 재림하십니다(살전4:16).

둘째로 죽은 의인들이 부활에 참여합니다. "그리스도 안에서 죽은 자들이 먼저 일어나고."(살전 4:16), "이 첫째 부활에 참여하는 자들은 복이 있고 거룩하도다. 둘째 사망이 그들을 다스리는 권세가 없고 도리어 그들이 하나님과 그리스도의 제사장이 되어 천 년 동안 그리스도로 더불어 왕 노릇 하리라."(계 20:6).

셋째로 살아있는 악인들이 진멸합니다(살후1:7-8).

넷째로 모든 의인이 하늘로 올리어집니다(살전4:16,17).

다섯째로 사단이 결박됩니다(계 20:1~3). 천년기 동안에 사단은 심히 고통을 받을 것입니다. 그의 사자들과 함께 황폐한 지구에 갇힌 그는 그가 일생 동안 끊임없이 수행해 온 기만을 더는 할 수 없습니다. 그에게는 하나님과 그분의 계명에 반역한 결과를 살펴볼 수 있는 시간이 주어집니다. 그는 선악의 대 쟁투에서 그가 담당했던 역할을 깊이 생각해 보지 않으면 안 됩니다. 사단은 그에게 책임이 있는 모든 죄악 때문에 당할 무서운 형벌에 대한 공포를 안고 미래를 바라볼 뿐입니다.

15장 곡과 마곡의 전쟁에 대해 바로 알자

(계 20:7-10) "천 년이 차매 사탄이 그 옥에서 놓여 (8) 나와서 땅의 사방 백성 곧 곡과 마곡을 미혹하고 모아 싸움을 붙이리니 그 수가 바다의 모래 같으리라 (9) 그들이 지면에 널리 퍼져 성도들의 진과 사랑하시는 성을 두르매 하늘에서 불이 내려와 그들을 태워버리고 (10) 또 그들을 미혹하는 마귀가 불과 유황 못에 던져지니 거기는 그 짐승과 거짓 선지자도 있어 세세토록 밤낮 괴로움을 받으리라"

곡과 마곡의 전쟁은 천년왕국이 끝나고 잠시 풀려 나온 마귀와 귀신들이 세력을 규합하여 하나님의 사랑하는 자들의 성을 공격하다가 하늘에서 불리 내려와 몰살하는 전쟁입니다. 천년왕국이 시작될 때 하나님께서는 용을 비롯하여 악한 영들을 모두 무저갱에 가두셨습니다. 그런데 하나님께서는 천 년이 찬 시점에 원수 마귀 사단을 다시 한 번 육의 사람들 사이에 풀어놓으십니다. 원수 마귀 사단이 천 년 동안 갇혀 있다가 나와 보니, 심히 기분 나쁜 상황이 펼쳐져 있습니다. 원래 자기가 주관하던 육의 사람들이 전부 순한 양처럼 착하게 살고 있습니다. 하나님과 주님을 경배하고, 영의 사람들을 주인처럼 섬기며 따르고 있는 것입니다. 이에 원수 마귀 사단은 세상 권세를 다시 잡고 자기가 경배받기 위해 급속하게 육의 사람들을 주관해 갑니다.

천년왕국 동안 육의 사람들은 전혀 악한 생각이나 행동을 하지 않고 살았지만, 그들의 마음에 죄성이 없었던 것은 아닙니다. 7년 환란 중에 살아남은 사람들은 당연히 죄성을 가지고 있고, 특히 짐승의 표를 받은 사람들은 그 중에서도 심히 악을 행했던 사람들입니다. 또 그들을 통해 태어난 후손들도 죄성을 그대로 물려받았습니다. 다만 천 년 동안은 악한 영들이 없으므로 그 악이 발동될 일이 없었던 것뿐입니다.

그러나 천년이 차매 사단이 풀려나게 되면, 천년왕국 동안 선하게 살았던 사람들이 급속하게 악에 물들어 갑니다. 이때는 지금처럼 사단이 공중에서 육의 사람을 주관하는 것이 아니라, 같은 하늘의 공간에서 직접 주관합니다. 그래서 더 빨리 사람을 악으로 물들일 수 있고, 강하게 사로잡아서 조종해 나갈 수 있습니다. 사단은 잠시 풀려난 것이지만, 그 잠시 동안 수많은 사람들이 미혹을 받습니다.

사단은 왜 우리는 좋은 성에서 풍성하게 살지 못하고 성 밖에서 초라하게 살아야 하나?, 왜 우리는 영의 사람들을 섬겨야 하나?, 우리도 섬김을 받고 우리도 마음대로 좋은 것을 누리고 싶다 이런 명예욕, 권력욕 등을 자극하며 영의 사람들에 대해 불편한 마음을 갖게 합니다. 특히 육의 사람들 중에서도 머리된 몇몇 사람들을 미혹하고, 그들이 세력을 규합하여 반역하게 만듭니다.

천년왕국 동안, 이 땅에는 마치 그림 같은 삶이 펼쳐집니다. 처음에는 얼마 되지 않는 수로 시작했지만 아름다운 환경 속에 평안하게 살면서 참혹했던 7년 대 환란의 기억도 점차 멀어집니다. 점차 인구가 불어나 땅에 가득하지만 서로 다투거나 고통을 주는 일은 없고 생활고에 시달리는 일도 없지요. 사자와 어린 양이 함께 뛰어노는 세상에서 부족한 것 없이 평안하게 사는 것입니다. 오늘은 천년왕국 이후에 일어나는 일에 대해 살펴보겠습니다.

첫째, 사단의 미혹 받는 사람들의 연합 조직. 계20:7절에 "천년이 차매 사단이 그 옥에서 놓여" 나온다 했습니다. 천 년이 마치고 사단이 무저갱에서 잠시 풀려나면, 평안하게 살던 사람들이 금방 사단의 미혹을 받아들이게 됩니다. 그 전까지는 주어진 삶에 불만이 없었는데, 이제는 교만과 시기, 질투, 미움, 혈기 등의 악한 생각과 감정들이 요동하는 것입니다. 더 이상 영의 사람들을 섬기는 것이 싫어집니다.

자신들도 섬김을 받기 원합니다. 영의 사람들이 빛난 성에서 존경받고 사는 것처럼 자신들도 좋은 것을 누려보고 싶어지는 것입니다. 이런 미혹을 먼저 받아들인 사람들은 자기 주변의 사람들에게 불만과 불평을 말하면서 점점 다른 사람들을 미혹해갑니다. 가족과 친구, 이웃에게 악한 생각을 전하여 그 세력을 규합하면서, 순식간에 큰 무리가 되어 가는 것입니다. 마치 전염성이 강한 질병에 감염되는 것처럼, 사람들은 순식간에 악한 생각에 물들어 갑니다. 전화나 전파를 통해 서로 연락할 수는 없지만, 말과 마차를 통해 연락하는 것만으로도 세계의 불평 세력들이 순식간에 연합하는 것입니다.

계20:8절에서는 많은 사람들이 연합한 조직을 "곡과 마곡"이라 표현했습니다. "곡"과 "마곡"이란 말은 에스겔 38장에도 나오는데, 오늘 본문의 의미는 에스겔서(書)의 의미와는 다른 의미입니다. 본문에서의 의미는 영적인 의미로서, 육의 사람들이 연합하여 만든 조직, 단체를 뜻하는 것입니다. 천년왕국이 진행되면서 인구가 많아지면, 이들도 나름대로 조직을 만들게 됩니다. 7년 환란 중에 살아남은 육의 사람들은 이미 문명과 조직사회를 경험한 사람들입니다. 이들은 후손들에게 자신들의 경험과 지식을 전해주므로 천년왕국 동안에도 이 땅의 사람들은 쉽게 질서와 조직을 세울 수 있습니다.

물론 주님과 영의 사람들의 주관 아래에 있기 때문에 육의 사람들이 어떤 독재 체제를 만들거나 하는 것은 아닙니다. 단지 육의 사람들 자체적으로도 규율과 질서 속에 통제되는 조직이 생기고, 그들 중에서도 머리 급이 있다는 것입니다. 육의 사람들은 모두가 좋은 환경에 살지만, 각자의 기질적인 차이가 있습니다. 체력이나 지혜, 달란트, 성품 등이 서로 다르기 때문에, 그 중에서 상대적으로 뛰어난 사람들이 머리 급으로 세워지는 것입니다. 원수 마귀 사단은 이런 머리급들부터 표적으로 삼아 미혹합니다. 그들을 먼저 미혹하는 것이 영향력도 크고 파급 효과도 확실하기 때문입니다.

이렇게 악한 생각을 받아들인 사람들은 가족으로, 민족으로, 대륙으로 퍼지면서 결국 전 세계로 번져갑니다. "그 수가 바다 모래 같다" 했으니, 결과적으로 심히 많은 사람들이 미혹에 넘어 갔다는 것을 알 수 있습니다. 물론 육의 사람들 모두 미혹을 받는 것은 아닙니다. 영의 사람들의 가르침을 기억하여 악한 사람들에게 동조하지 않는 경우도 있습니다. 그러나 생각보다 많은 사람들, 곧 반수 이상의 사람들이 미혹을 받아 결국 하나님을 대적하기에 이릅니다.

둘째, 하나님을 대적한 무리들의 최후. 계20:9절에 나온 대로, "저희가 지면에 널리 퍼져 성도들의 진과 사랑하시는 성을" 포위하는 것입니다. "사랑하시는 성"이란 영의 사람들이 사는 성입니다. "성도들의 진"에서 성도들은 육의 사람들 중에서 미혹을 받아들이지 않고 믿음을 지키는 사람들을 말하는 것입니다. 사단의 미혹을 받은 육의 사람들은 영의 사람들을 비롯하여 자신들에게 동조하지 않은 육의 사람들까지 공격하려는 것입니다.

하지만 그들이 성을 공격한다고 해서, 영의 사람들이 그들과 맞서 싸우지는 않습니다. 수많은 육의 사람들이 몰려와 성을 포위하고 공격하려는 위기의 순간, 하늘로부터 불이 내려와 그들을 소멸해 버립니다. 즉각적인 하나님의 심판이 임하는 것입니다. 불로 심판받은 육의 사람들은 지옥에 떨어지고, 그들을 미혹했던 원수 마귀 사단도 다시 무저갱에 갇히게 됩니다. 원수 마귀 사단은 이제 다시는 나올 수 없고, 영원히 무저갱에 갇혀 있게 됩니다.

이 미혹의 사건 속에서도 배신하지 않고 믿음을 지킨 육의 사람들은 구원을 받습니다. 다만, 정상적인 인간 경작을 받은 것은 아니기에 더 좋은 천국에 들어가지는 못하고, 낙원의 가장자리에 거하게 됩니다. 그런데 계20:10절에 보면 "또 저희를 미혹하는 마귀가 불과 유황 못에 던지우니 거기는 그 짐승과 거짓 선지자도 있어 세세토록 밤낮 괴로움을 받으리라" 했습니다.

불 못, 유황 못은 사람들 중에서 구원받지 못한 죄인들이 가는 곳입니다. 마귀는 사람이 아니라 악한 영이므로 불과 유황 못이 아니라 무저갱에 떨어진다 했습니다. 그런데 "저희를 미혹하는 마귀가 불과 유황 못에 던지 운다" 한 것은 실제 마귀를 말하는 것이 아니라, 미혹을 받은 육의 사람들 중에서도 마귀의 역사를 직접적으로 받아 배신의 사건을 주동했던 사람들을 말합니다. 즉, 마귀에게 완전히 사로잡혀 마귀 짓을 했던 사람들을 말하는 것입니다. 사람이 사단의 역사를 받아들이면 악한 생각을 하게 되고, 마귀의 역사를 받아들이면 그 악한 생각이 악한 행동으로까지 나오게 됩니다. 그런데 단순히 마귀의 역사를 받는 것과 마귀가 완전히 주관해버리는 것과는 정도의 차이가 있습니다. 세상에서도 "인간이 어떻게 저런 악행을 할 수 있나?" 할 정도로 심한 일들이 종종 있습니다. 사람의 도리를 저버리고, 양심이 조금이라도 있다면 행치 못할 극악의 범죄를 저지르는 사람들이 있는 것입니다.

이런 악한 일들은 마귀가 그들을 사로잡아 자기 마음대로 조종하므로 일어나는 것입니다. 악을 행하는 사람 편에서는 자신의 의지로 행동한다고 생각하겠지만, 실상은 마귀가 완전히 주관하는 것입니다. 그래서 마귀가 직접 행동하는 것처럼 추악한 죄를 범하게 하는 것입니다. 이처럼 마귀의 역사를 직접 받는 육의 사람들이 천년왕국 때도 앞장서서 배신을 주동하게 됩니다. 그래서 이들이 불로 심판을 받아 불과 유황 못에 던져진 것을 "마귀가 불과 유황 못에 던지우니"라고 표현한 것입니다. 이렇게 해서 천년왕국이 끝나고 나면, 크고 흰 보좌 앞에서 본격적인 최후의 대 심판이 시작됩니다.

셋째, 천년왕국에 숨겨진 하나님의 섭리. 영의 사람들은 천년왕국이 시작할 때부터 육의 사람들에게 누누이 가르치고 당부합니다. "천 년 동안은 평화롭게 살지만 때가 되면 원수 마귀 사단이 풀려나게 된다, 그때 절대로 미혹을 받으면 안 된다, 원수 마귀 사단의 미혹을 받아들이면 무서운 지옥에 떨어지게 된다, 끝까지 하나님을 섬기고 주님을 섬겨야 한다." 거듭거듭 알려 주는 것입니다.

또한 육의 사람들 중에 일부는 예전에 인간 경작과 7년 환란의 참상을 겪었기 때문에 천년왕국이 얼마나 좋은지 잘 알며, 주님께서 다스리시는 나라와 악이 없는 세상이 얼마나 행복한지도 잘 압니다. 직접 7년 환란을 체험하지 않은 후손들도 주님과 영의 사람들을 보았고, 천년왕국의 평안을 누려 보았습니다. 하나님의 말씀이 모두 참인 것도 압니다. 그래서 영의 사람들에게서 가르침을 받을 때는 명심하겠다고 미혹 받지 않겠다고 다짐합니다. 그럼에도 불구하고, 절반이 넘는 사람들이 미혹을 받아 배신하게 됩니다. 정답을 미리 알려 주고 시험을 보는데도 낙제하는 경우와 마찬가지인 것입니다.

책을 읽는 분 중에는 참 이해가 안 간다. 나 같으면 절대 미혹받지 않을 텐데. 생각하는 분도 계실 것입니다. 혹은 하나님께서 그냥 경작을 마치시면 될 텐데, 굳이 심판 전에 천년왕국을 두셔서 많은 사람들이 멸망으로 가게 하시나라는 의문을 가지는 경우도 생길 수 있습니다. 그러나 하나님께서 어떤 일을 이루실 때 의미 없이 이루시는 것은 없습니다. 공의와 사랑 속에서 나타내야 하는 뜻과 섭리가 있기 때문에 하나님께서는 하나하나의 과정들을 엮어 가시는 것입니다. 육의 사람들이 그토록 진리를 보고 들었는데도 사단의 미혹을 받는 것을 이해하려면, 아담과 하와가 선악과를 따 먹은 과정을 살펴볼 필요가 있습니다.

1) 사람들이 사단의 미혹을 받는 이유. 많은 사람들은 아담이 선악과를 따 먹은 것을 잘 이해하지 못합니다. 그렇게 좋은 환경에서 행복하게 살면서 왜 선악과를 따 먹었을까? 나 같으면 절대 안 그랬을 텐데 하고 생각합니다. 전혀 부족함이 없는데도, 아담과 하와는 사단의 사주를 받은 뱀의 미혹을 받아들입니다. 뱀은 선악과를 따 먹으면 죽는 것이 아니라 하나님처럼 될 것이라고 미혹했습니다.

이런 말이 솔깃하게 들리니, 결국 하나님의 경고를 무시한 채 선악과를 따 먹었던 것입니다. 아담과 하와의 아들, 가인도 마찬가지입니다. 아담이 자녀들에게 자신이 알고 있는 일들을 얼마나 세세하게 가르쳐 주었겠습니까? "나는 하나님의 뜻에 불순종해서 이렇게 육의 사람이 되었다, 슬픔과 고통, 사망이 있는 삶을 살게 되었다, 너희는 반드시 하나님의 뜻에 순종해야 한다." 이렇게 당부했을 것입니다. 또 "하나님께서 받으시는 제사는 피의 제사이니 반드시 짐승을 잡아 피의 제사를 드려라." 하고 가르쳤을 것입니다. 그런데도 가인은 그 말을 듣지 않고 자기가 원하는 대로 땅의 소산을 드렸습니다.

하나님께서 그 제사를 받지 않으시자, 돌이키는 것이 아니라 오히려 불만을 갖습니다. 이때 하나님께서는 가인을 긍휼히 여기시고 그 마음이 악한 것을 깨우쳐 주시며 하나님의 뜻대로 행하도록 권면하십니다. 그런데도 가인은 여전히 돌이키지 않고, 오히려 하나님께 사랑받는 동생을 시기하여 죽이기에 이릅니다.

오늘날 하나님을 믿는다는 성도들 중에도 가인처럼 행하는 사람들이 많습니다. 육의 제사를 드리면서, 다시 말해 진리를 아무리 들어도 행치 않으면서 "왜 하나님께서 응답해 주지 않으시나? 왜 나에게는 이렇게 축복이 없나?" 원망하는 것입니다. 하나님의 역사를 체험하고 나름대로 열심히 신앙생활을 하던 사람들도 결정적인 순간에는 진리를 벗어나기도 합니다.

가룟 유다의 경우도 마찬가지입니다. 그는 예수님의 제자로 부름을 받아 늘 진리를 듣고 배웠습니다. 예수님께서 죽은 자를 살리는 것도 봤고, 물 위를 걸으시는 것도 봤습니다. 그런데도 결국 사단의 미혹을 받아들이니 예수님을 배신하여 팔게 됩니다.

천년왕국 때도 이와 같습니다. 아무리 진리를 듣고 또 들었어도, 자기 스스로 마음을 지키지 않고 사단의 미혹을 받아들이는 것입니다. 그리하여 순한 양처럼 살았던 사람들도 순식간에 하나님을 대적하고 악을 행하여 불과 유황못에 떨어지고 맙니다.

2) 천년왕국을 두신 이유. 그러면 인간 경작이 끝났으니 곧장 심판을 하면 될 텐데 하나님께서 굳이 천년왕국의 과정을 거치게 하신 이유는 무엇일까요? 이는 경작을 마무리하는 시점에서 다시 한 번 인간을 경작하실 수밖에 없었던 이유를 확인시켜 주시는 것입니다.

물론 6일 동안 창조하시고 하루를 안식하신 것처럼, 6천 년의 경작을 마치고 천 년 동안 안식하시는 의미도 있습니다. 또 우리가 경작 받은 지구에 미련이 남지 않도록 천 년 동안 두루두루 돌아보는 의미도 있습니다. 이와 더불어, 참된 자녀를 얻기 위해서 상대성을 체험하는 인간 경작의 과정이 반드시 필요하다는 사실을 보여 주려는 것입니다. 이것이 바로 천년왕국에 담긴 중요한 섭리입니다. 사람은 어떤 것이 좋다고 진정으로 느끼고 자발적으로 그것을 택하기 위해서는 상대적으로 좋지 않은 것을 체험해봐야 합니다. 이는 죄악으로 인해 오는 고통을 체험함으로서, 진정으로 선과 진리가 좋다는 것을 깨닫고 스스로 진리를 택할 수 있다는 뜻입니다.

아담은 에덴동산에서 부족한 것이 없었습니다. 그러나 자신이 누리는 모든 것이 얼마나 행복하고 감사한 것인지는 몰랐습니다. 자신이 배운 진리의 지식이 얼마나 가치 있는 것인지도 깨닫지 못했습니다. 고통이나 슬픔, 죄와 사망을 체험하지 못했고,

어떤 불행도 느껴보지 못했기 때문입니다. 물론 지식적으로는 들어서 알지만, 마음속 깊이 깨닫지는 못했다는 것입니다. 좋은 것만 주신 하나님께 중심에서 사랑과 감사를 드릴 수 없었기에 부족한 것이 없이 살면서도 자유 의지 가운데 하나님의 말씀을 벗어나 선악과를 따 먹기에 이른 것입니다.

천년왕국 때 육의 사람들도 마찬가지입니다 천 년 동안 수없이 가르침을 받았으면서도 막상 사단이 미혹하면, 자유 의지 속에서 그것을 받아들이는 사람들이 생깁니다. 이들은 천 년 동안 어떠한 고통도 겪어 보지 못했기 때문에 사망의 무서움이 마음에 와 닿지 않기 때문입니다. 자유 의지라는 것은 바로 이런 것입니다. 선을 택할 수도 있고, 악을 택할 수도 있습니다.

마음에서 정말로 선이 좋다고 깨달았다면, 절대로 악을 택할 리가 없습니다. 그러나 악이 얼마나 고통스러운 것인지 모른다면, 뱀의 유혹을 받은 하와처럼 그럴듯한 미혹을 받을 때 흔들려서 악을 선택할 수도 있는 것입니다.

그렇기 때문에 마음 중심에서 선을 택할 수 있고 하나님을 사랑할 수 있는 참 자녀가 되려면 반드시 상대성을 겪어야 합니다. 그래서 인간 경작의 과정이 필요했던 것이요, 원수 마귀 사단도 있어야 하고, 지옥도 있어야 하는 것입니다.

3) 자유 의지를 주신 이유. 이처럼 자유 의지 가운데 어떤 사람들은 선을 택하고 믿음을 지키지만, 어떤 사람들은 악을 택해서 멸망으로 갑니다. 그러면 전지전능하신 하나님, 사랑의 하나님께서는 선한 사람만 만드시지 왜 배신하는 쭉정이 같은 영혼

들을 만드셨나? 하는 질문이 생길 수 있습니다. 악한 사람을 만들지 말고, 선한 사람만 만들면 되지 않느냐는 것입니다. 그러나 선한 사람 혹은 악한 사람이 되는 것은 하나님께서 만드시는 것이 아니라 철저히 자유 의지 가운데 그 자신의 선택입니다.

비유를 들어 보겠습니다. 농부가 농사를 지을 때, 좋은 씨를 심습니다. 모든 씨앗에 정성을 다해 비료와 물을 주고 잡초를 뽑아 줍니다. 그런데 같은 씨에서 자란 이삭 중에는 알이 꽉 찬 알곡만 있는 것이 아니라, 속이 빈 쭉정이도 있습니다. 쭉정이는 농부가 만든 것이 아니라, 농사의 결과로 나온 필연적인 부산물입니다. 쭉정이를 하나도 안 만들려면, 농부가 농사를 짓지 않으면 됩니다. 그러나 농사를 짓지 않으면 알곡도 얻을 수가 없습니다.

이와 마찬가지로, 하나님께서는 참 자녀를 얻기 위해 인간 경작을 진행하시며 사람이 상대성을 체험하게 하십니다. 그리고 사람에게 자유 의지를 주시고, 무수한 증거들을 통해 선과 악 중에 무엇을 택해야 할지 알려 주십니다. 우주와 천하 만물을 통해 창조주를 깨닫게 하시는 것입니다. 우리에게 성경을 주셨고, 선지자들과 하나님의 종들을 보내셨으며, 기사와 표적으로 하나님의 살아계심을 나타내고 계십니다. 그러나 하나님께서 아무리 많은 증거를 보여 주시고 아무리 간절하게 당부하셔도, 결국 선택은 각자에게 달려있습니다. 자유 의지 속에 진리를 택한 사람은 구원받아 영원한 생명과 천국을 얻게 됩니다. 그러나 자유 의지 속에 악을 택하면, 죄의 삯은 사망이라는 공의의 법에 따라

지옥으로 갈 수 밖에 없는 것입니다.

만약 하나님께서 사람의 자유 의지를 조정하여 무조건 선을 택하도록 만든다면, 악을 택하여 지옥에 갈 사람은 없겠지만 하나님께서 원하신 참 자녀도 나올 수 없습니다.

또 선만 택하게 만드시고자 한다면, 이미 순종만 하는 천사가 무수히 있으니 굳이 인간 경작을 할 필요도 없었을 것입니다. 순종만 하는 로봇이 있다고 해서, 자기 자녀가 필요 없다고 할 수는 없습니다. 자녀를 낳아서 기르는 부모라면, 이 말의 뜻을 잘 아실 것입니다. 로봇이 아무리 정교하게 만들어져서 사람같이 생기고 사람처럼 행동한다 해도, 참 자녀의 의미와는 다르기 때문입니다.

또한 어린 자녀가 자기 의지도 없이 부모에게 무조건 "네"만 한다면, 뭔가 이상하게 보일 것입니다. 착하다고 칭찬받는 것이 아니라, 오히려 뭔가 좀 부족하게 느껴지는 것입니다.

자녀들은 자유 의지가 있기 때문에 로봇처럼 순종만 하지 않습니다. 그래서 종종 말썽도 피우며, 자기 생각에 맞지 않을 때는 불순종도 합니다. 그러나 철이 들면서 부모님의 은혜를 깨닫고 진심으로 사랑하게 되면, 로봇과 비할 수 없는 위로와 기쁨을 부모에게 안겨 줍니다. 물론 부모에게 고통만 주는 자녀도 있지만, 부모가 자녀를 낳아 기를 때는 착하게 잘 자라기를 소망하면서 키우는 것입니다. 하나님께서도 사랑을 주고받을 수 있는 참 자녀들을 원하셨기에 사람에게 자유 의지를 주셨습니다.

하나님께서는 천년왕국을 통해 인간 경작 속에 담긴 여러 가지 의미를 깨닫게 하십니다. 정녕 이런 섭리를 이해하신다면 로마서 11장 33절 말씀처럼 "깊도다. 하나님의 지혜와 지식의 부요함이여 그의 판단은 측량치 못할 것이며 그의 길은 찾지 못할 것이로다." 하고 감탄이 절로 나올 것입니다. 이렇듯 하나님께서는 참 자녀를 얻기 위해 모든 것을 만세 전에 예비하시고 경작하시되, 마지막 순간까지 모든 과정을 완벽하게 배치하신 것입니다.

천년왕국 동안 화평하게 살아온 사람들도 마음의 죄성을 버린 것이 아니므로 원수 마귀 사단의 역사를 받으니 악이 드러납니다. 이처럼 어떤 사람들은 하나님의 역사를 체험하고 신앙생활에 열심을 내다가도 어느 순간, 미혹을 받으면 실족하는 것입니다. 마음 근본에서 죄성을 뽑아 버려야 어떤 상황에서도 하나님 앞에 신실할 수 있고 악의 길로 빠지지 않습니다.

주님께서 우리를 데리러 오시기 전까지 아직 기회가 있을 때에 부지런히 신부 단장하여 주님을 맞게 되는 그 순간 "정녕 후회 없는 경작의 시간을 보냈나이다." 고백할 수 있기를 부탁드립니다. 그리하여 장차 7년 혼인 잔치와 천년왕국과 영원한 천국의 삶을 맞을 때, 가장 영화로운 자리에 설 수 있기를 주님의 이름으로 축원합니다.

16장 백보좌 심판에 대하여 바르게 알자

(계 20:11-15)"또 내가 크고 흰 보좌와 그 위에 앉으신 이를 보니 땅과 하늘이 그 앞에서 피하여 간 데 없더라 (12) 또 내가 보니 죽은 자들이 큰 자나 작은 자나 그 보좌 앞에 서 있는데 책들이 펴 있고 또 다른 책이 펴졌으니 곧 생명책이라 죽은 자들이 자기 행위를 따라 책들에 기록된 대로 심판을 받으니 (13) 바다가 그 가운데에서 죽은 자들을 내주고 또 사망과 음부도 그 가운데에서 죽은 자들을 내주매 각 사람이 자기의 행위대로 심판을 받고 (14) 사망과 음부도 불못에 던져지니 이것은 둘째 사망 곧 불못이라 (15) 누구든지 생명책에 기록되지 못한 자는 불못에 던져지더라."

최후의 백보좌 심판 대상은 예수님 공중 재림 시에 휴거되지 못한 모든 사람들입니다. 누구라도 한번은 백보좌 심판을 거쳐야 합니다. 때는 우리가 그리스도와 함께 천년왕국을 다스리고 난 이후입니다. 장소는 큰 백보좌 앞이며, 심판의 근거는 생명책에 기록이 되어있는 가 아닌 가 입니다.

메시야 왕국은 성경에서 늘 예언되어 온 것입니다. 구약의 선지자들은 이 메시야의 왕국을 늘 예언했으며 사모했습니다. 특히 다니엘 선지자는 분명하게 그리고 강하게 말씀합니다.

"이 여러 왕들의 시대에 하늘의 하나님이 한 나라를 세우시리니 이것은 영원히 망하지도 아니할 것이요 그 국권이 다른 백성에게로 돌아가지도 아니할 것이요 도리어 이 모든 나라를 쳐서 멸망시키고 영원히 설 것이라"(단2:44).

단7장 26-27절에는 적그리스도의 나라가 다 깨어지고 나면, 영원한 메시야의 나라가 온다고 분명히 말씀합니다. "그러나 심판이 시작되면 그는 권세를 빼앗기고 완전히 멸망할 것이요. 나라와 권세와 온 천하 나라들의 위세가 지극히 높으신 이의 거룩한 백성에게 붙인 바 되리니 그의 나라는 영원한 나라이라 모든 권세 있는 자들이 다 그를 섬기며 복종하리라"

사도바울도 메시야의 나라를 사모했습니다. 바울서신 곳곳에 메시야의 나라를 말하고 있고, 메시야의 나라를 기다린다고 했습니다. 이 "메시야의 나라"가 천년왕국입니다. 이 천년왕국에 들어가는 자들을 "첫째부활"에 참여하는 자들이라고 했습니다. 이들은 "둘째사망"이 없다고 했습니다(계20:5-6절). 둘째사망은 사탄 마귀와 그의 추종세력들이 가는 불 못입니다. 이것이 지옥인 것입니다.

이 천년왕국이 끝나면 잠시 사탄을 풀어 놓아 온 세상을 유혹하게 되고, 그 추종세력들이 또 한 번 "곡과 마곡의 전쟁"을 일으킨다고 했습니다. 이것이 천년왕국이 끝나고 있을 최후의 전쟁입니다. "곡과 마곡"은 최후에 마지막으로 하나님을 대적할 무리들입니다. 천년왕국, 즉 "메시야의 나라" 안에서도 죄의 싹이 싹트고, 사탄을 풀어 놓았을 때, 사탄을 추종하고 따를 자가 생긴다는 것을 말씀합니다. 에덴동산에서도 죄악과 불순종이 생긴 것처럼, 천년왕국에서도 사탄의 미혹을 받으면, 하나님을 버리고 사탄 쪽에 붙어 하나님과 전쟁할 인간들이 생긴다는 것입니다.

그래서 인간은 풍성하고, 평안하고, 부족함이 없는 왕적 삶을 살아도 항상 불만하고, 불순종하고, 은혜를 잊어버린 삶을 사는 자가 생긴다는 것입니다. 이스라엘이 열 가지 재앙과 여러 가지 기적을 통해 출애굽했지만, 그 지긋지긋한 노예생활에서 출애굽해 나와서도 그 은혜를 잊어버리고 하나님을 원망하고, 불순종하고 새로운 지도자를 세워 애굽으로 돌아가자고 했습니다. 만일 제 생각에 이 때 애굽의 바로가 많은 군대를 거느리고 와서 이스라엘 백성들을 미혹했으면, 많은 사람들이 하나님과 모세를 버리고 애굽의 바로 편에 붙어서 모세와 전쟁을 했을 사람들도 많았을 것이라고 생각합니다.

요한계시록 20:7절에 보시면, "천년이 찼다" 라고 하지요? 이것은 천년왕국도 한시적입니다. 영원한 것은 아닙니다. 이 천년 동안은 사탄 마귀가 활동하지 않습니다. 다시 말하면 외적으로 나를 유혹하고 고난과 환난을 주는 죄악의 세력이 없는 것입니다. 그러나 이 천년왕국 안에서도 인간의 마음에서 죄악이 생기고, 하나님을 대적하고 싶어 하는 죄악의 씨가 나와 싹이 트는 것입니다.

또 "천년이 찼다" 라는 말은 '천년이 끝났다' 라는 말도 되지만, 다르게 해석하면, 여기서 둘로 나누어지는 의미를 주기도 합니다. 한쪽은 '구원의 완성, 또는 영생의 완성이 이루어져 구원이 주워져 영생으로 들어가게 되었다.' 라는 의미이고, 또 다른 한쪽은 '영원한 심판, 즉 지옥으로 들어가게 되었다' 라는 의미이기도 합니다. 그러니까 이제 두 부류로 나누어져 영생과 지옥으로 나누어져야 하는 시기가 되었다 라는 의미인 것입니다.

실재로 천년왕국이 끝나고 두 부류로 나누어지게 됩니다. 두 부류로 나누어져 새 하늘과 새 땅, 새 예루살렘으로 바로 들어가는 자들도 있지만, 이들이 생명책에 기록된 자들이라고 합니다. 그러나 또 한 부류는 "죽은 자들"로, 책들에 기록된 자들로 자기의 행위를 따라 심판을 받아 영원한 불 못에 던져져야 할 자들이라는 것입니다. 이것을 말씀하고 있는 것이 오늘 읽은 본문입니다.

최후의 심판인 "백보좌 심판"은 새 하늘과 새 땅, 즉 새 예루살렘으로 묘사된 궁극적인 하나님의 나라, 즉 천국에 갈 자를 나누는 최종적인 심판입니다.

오늘 본문의 말씀을 자세히 보면 분명 심판하시는 하나님의 손에 인간의 행위가 적혀 있는 책들이 들려 있어 그 책에 적혀 있는 행위대로 심판을 받습니다. 이 책을 그냥 "책들"이라고만 표현하고 있습니다. biblivon(비블리온), 책들, 복수입니다. 여러 개의 두루마리입니다. 그런데 또 하나의 책이 있습니다. 하나의 책입니다. 이것을 "생명책"이라고 했습니다.

"책들"은 여러 행위가 기록된 책입니다. 이름 뒤에 여러 가지 행위를 기록하다보니 부피가 많아 "책들"입니다. 그 책들에 기록된 행위대로 심판을 받습니다. 계20:12절하반절에 "죽은 자들이 자기 행위를 따라 책들에 기록된 대로 심판을 받으니" 라고 했습니다. 계20:13절하반절에도 "각 사람이 자기의 행위대로 심판"을 받는다고 했습니다. 그런데 "생명책"은 하나뿐입니다. 생명책에는 이름 뒤에 나의 행위는 전부 없어집니다. 예수 그리스도의 행위가 대신하기 때문입니다. 그래서 우리의 이름이 생명책에 기록되면 그 심판에서 제외되는 것입니다.

본문 계20:13절을 보시면 죽은 자들이 심판을 받기 위해 모두 다 부활을 하는 장면이 나옵니다.

"바다가 그 가운데서 죽은 자들을 내어주고 또 사망과 음부도 그 가운데서 죽은 자들을 내어주매 각 사람이 자기의 행위대로 심판을 받고"(계20:13).

모든 죽은 자들이 전부 살아납니다. 바다에 빠져 죽은 자, 차에 치어 죽은 자, 전쟁에서 사망한 자, 불에 타 죽은 자, 자살한 자, 수명을 다 해 죽은 자, 모든 죽은 자들이 다 살아납니다. 그리고는 그들의 행위대로 심판을 받고 그들이 이 땅에서 죽음을 맞이했던 그 순간보다 억만 배 더 무서운 형벌 속으로 들어가게 되는 것입니다.

그럼 왜 "책들에 기록된 대로" 심판을 받을 자들을 "죽은 자"라고 표현합니까? 계20:12절상반절에 보면 "또 내가 보니 죽은 자들이 큰 자나 작은 자나 그 보좌 앞에 서 있는데 책들이 펴 있고" 라고 했습니다. 본문에서 말하는 "죽은 자들"이란 의인의 부활, 생명의 부활과 관계없는 자들, 그리고 천년왕국과 관계없는 자들, 그리고 곡과 마곡의 전쟁에서 사탄을 따른 자들을 통틀어서 "죽은 자들"이라고 하는 것입니다.

백보좌 심판은 첫째부활에 참여하지 못한 자는 모두 한번을 겪게 됩니다. "바다가 그 가운데에서 죽은 자들을 내주고, 또 사망과 음부도 그 가운데에서 죽은 자들을 내주매" 라고 했습니다. 내주어 심판을 받기 위해 다시 살아나는 것, 이것이 "둘째부활" 입니다. 둘째부활은 불 못인 지옥에 부활한 몸으로 들어가 견디어 내야 합니다. 그래서 둘째부활은 "둘째 사망"과 연결됩니다.

요한계시록 20:6절에 보시면, "이 첫째 부활에 참여하는 자들은 복이 있고 거룩하도다 둘째 사망이 그들을 다스리는 권세가 없고" 라고 했습니다. 또 14절에 보시면, "사망과 음부도 불 못에 던져지니 이것은 둘째 사망 곧 불 못이라." 그러니까 둘째 부활한 자들이 '책들'에 기록된 대로 심판을 받아, 불 못에 던져지게 됩니다. 이것을 둘째사망이라고도 했습니다.

그러니까 다시 정리해 보면, 5절에 보면 천년왕국에 들어가 그리스도와 더불어 천년동안 왕 노릇하는 것을 "첫째 부활" 이라고 했습니다. 그런데 6절에 보면, "첫째 부활"에 참여하는 자들은 복이 있고, 거룩하다고 하고 "둘째 사망"이 없다고 합니다. "둘째 부활"이 뭡니까? "불 못"에 던져지는 것이라고 했지요?

그럼 다시 정리해 보면요. 첫째 부활에 참여하는 자들은 둘째 부활이 없습니다. 생명책에 기록된 자들이기 때문입니다. 둘째 부활은 바로 둘째 사망과 연결되기 때문입니다.

그리고 둘째 부활이 있는 자들, 즉 둘째 사망이 있는 자들은 첫째 부활이 없습니다. 첫째 부활은 천년왕국에 들어가는 것이기 때문입니다. 그러므로 천년왕국에 들어간 자들은 새 하늘과 새 땅인 새 예루살렘과 연결되어 있기 때문에 둘째 부활이 필요 없는 것입니다. 바로 새 예루살렘에 들어가는 것입니다. 그러니까 둘째부활은 책들에 기록된 대로 심판을 받기 위해서입니다.

군이 따진다면 첫째부활에 참여한 천년왕국에 들어간 자들은 생명책에 기록된 자들이기 때문에 바로 새 하늘과 새 땅, 즉 새 예루살렘에 들어가게 됩니다. 이 새 예루살렘에 들어가는 것을 둘째 부활이라고 말할 수도 있습니다.

그런데 성경은 그렇게 표현하고 있지 않지요? 오히려 책들에 기록되어 심판을 받아야 할 자들, 즉 불 못에 던져져야 할 사람들에게는 "바다가 그 가운데서 죽은 자들을 내주고 또 사망과 음부도 그 가운데서 죽은 자들을 내주매"(계20:13절)라고 표현합니다. "죽은 자들을 내준다" 라는 말은 부활시킨다는 말입니다. 바다에서 죽은 자들, 질병 기타로 죽은 자들, 이미 죽어 그 영이 음부(사망과 음부)에 가 있는 자들, 죽은 모든 자들이 부활하여 심판대 앞에 서게 된다는 것입니다.

앞에서도 말씀드린 것처럼 무 천년설을 주장하는 사람들은 이렇게 주장하지 않습니다. 무 천년설을 주장하는 사람들은 천년왕국을 영적으로, 그리고 상징적으로 해석하기 때문에, 우리가 예수 믿기 전에는 "허물과 죄로 죽었던 자"(엡2:1)들로 보고, 예수 믿는 그 순간에 다시 살아났다고 보는 겁니다. "그는 허물과 죄로 죽었던 너희를 살리셨도다(엡2:1)" "허물로 죽은 우리를 그리스도와 함께 살리셨고 너희는 은혜로 구원을 받은 것이라(엡2:5)” 이 말씀을 적용해서 이때를 첫째 부활로 보는 것입니다.

그러니까 천년왕국은 지금 예수 믿는 현재가 천년왕국이기 때문에 성도들이 예수를 영접하고 믿는 그 순간, 천년왕국에 들어온 것이므로, 첫째 부활에 참여한 것이 된다는 것입니다. 그리고 예수님 재림하시고, 최후의 심판 때, 다시 부활하는 것을 둘째 부활이라고 보는 것입니다.

그러나 저는 성경 그대로를 보고, 천년왕국에 들어가는 것을 첫째 부활로 보고, 첫째 부활에 참여하는 자들을 둘째 사망이 없다고 했으니, 생명책에 기록된 자들이라고 보는 것입니다.

생명책에 기록되지 못한 자들을 “죽은 자들”이라고 말씀하는 것입니다. 천년왕국에 들어간 자들은 죽은 자가 아닙니다. 12절, 13절에서 생명책에 기록된 자들과 책들에 기록된 자들을 구분하고 있습니다. “죽은 자들”은 책들에 기록된 자들입니다. 책들에 기록된 자들은 큰 자나 작은 자나 책들에 기록된 대로 심판을 받습니다.

백보좌 앞에선 죄인들은 자기의 행위를 따라 책들에 기록된 대로 심판을 받습니다. 또 누구든지 생명책에 기록되지 못한 자는 불 못에 던져 집니다. 백보좌 심판 앞에 두 종류의 책이 펼쳐져 있는데, 바로 첫째로 천년왕국에 들어간 자들의 이름이 기록된 생명책과 둘째로 사탄 마귀를 따르고 종노릇한 자들의 행적이 기록된 책들입니다.

예수 그리스도를 따르고 섬긴 자들은 그 이름 뒤에 죄의 행적을 기록한 것이 남아 있지를 않습니다. 예수님의 행위가 대신하기 때문입니다. 어떻게 우리는 그 심판에서 벗어나게 되었습니까? 예수 그리스도의 공로로, 은혜로, 선물로 우리는 그 심판에서 건져진 것입니다. 그런데 성경은 그렇게 은혜로 구원을 얻은 자들이 '이 땅에서 어떤 선한 일을 행한다.'라고 말씀을 하십니다. 여기서 "선한 일"은 예수님을 섬기고, 따르고, 믿고, 예배하고, 사역하고, 이렇게 살았는 것을 말합니다. 그 장면이 요한복음에 나옵니다.

"이를 놀랍게 여기지 말라 무덤 속에 있는 자가 다 그의 음성을 들을 때가 오나니 선한 일을 행한 자는 생명의 부활로, 악한 일을 행한 자는 심판의 부활로 나오리라"(요5:28-29).

"생명의 부활"은 천국왕국을 통해 새 예루살렘에 들어가는 것을 말하고, "심판의 부활"은 둘째 사망으로 들어가는 것을 말합니다.

그렇지요? 책을 읽는 분들 자신 있으세요? 악한 일을 행한 자는 심판의 부활로, 선한 일을 행한 자는 생명의 부활로 나오게 된다고 예수님께서 말씀하셨습니다. 여기에 보면 생명의 부활로 나오게 되는 자들, 즉 구원을 얻은 사람들은 예수 그리스도의 행위를 힘입어 구원을 얻게 되는데, 이 땅에서의 그들의 삶이 선한 일을 행하는 것으로 나타나더라는 것을 말하고 있습니다.

그럼 성도들에게 나타나야 하는 선한 일은 어떤 일일까요? "하나님이 나사렛 예수에게 성령과 능력을 기름 붓듯 하셨으매 그가 두루 다니시며 선한 일을 행하시고 마귀에게 눌린 모든 사람을 고치셨으니 이는 하나님이 함께 하셨음이라"(행10:38).

여기 보면 예수님께서 선한 일을 행하셨다고 나오지요. 이게 같은 말입니다. 같은 의미입니다. 잘 보시면 그 선한 일이 어떻게 나오게 되었는지가 그 앞에 적혀 있습니다. 뭡니까? 하나님께서 성령과 능력을 부으시니까 선한 일이 나오는 것입니다.

그러니까 성경이 말하는 선한 일은 성령을 받은 자들이 성령에 의해 이끌려 사는 삶을 말하는 것입니다. 성령은 우리에게 오셔서 무슨 일을 하시지요?

"내가 아버지께로부터 너희에게 보낼 보혜사 곧 아버지께로부터 나오시는 진리의 성령이 오실 때에 그가 나를 증언하실 것이요"(요15:26).

"그러나 내가 너희에게 실상을 말하노니 내가 떠나가는 것이 너희에게 유익이라 내가 떠나가지 아니하면 보혜사가 너희에게로 오시지 아니할 것이요 가면 내가 그를 너희에게로 보내리니 (8) 그가 와서 죄에 대하여, 의에 대하여, 심판에 대하여 세상을 책망하시리라"(요16:7-8).

"그러나 진리의 성령이 오시면 그가 너희를 모든 진리 가운데로 인도하시리니 그가 스스로 말하지 않고 오직 들은 것을 말하며 장래 일을 너희에게 알리시리라"(요16:13).

성령은 우리에게 오셔서 진리가 무엇인지, 그리고 예수 그리스도가 누구 신지를 깨닫게 하시고, 죄와 의와 심판이 무엇인지를 알게 하시며, 장래에 이 세상이 어떻게 끝이 날 것인지를 알게 하신다는 것입니다.

그러니까 성경이 말하는 선한 일은 도덕적이며 윤리적인 행위에 앞서 하나님을 바로 알고 예수 그리스도를 바로 알아가며, 우리 인간의 장래가 어떻게 결론지어질 것인지를 깨달아 불 타 버릴 이 세상에서 눈을 돌려 저 하늘에 소망을 두고, 우리에게 그 엄청난 은혜의 선물을 안겨주신 하나님만을 의지하고 그 분께 순종하는 삶을 사는 것, 다른 말로 삶의 원리를 내가 죽어 하나님과 이웃이 덕을 보는 십자가의 삶으로 바꾸어 사는 것을 선한 일이라고 하는 것입니다.

"너희 안에서 착한 일을 시작하신 이가 그리스도 예수의 날까지 이루실 줄을 우리는 확신하노라"(빌1:6).

보세요. 여기도 똑같은 단어가 나옵니다. 선한 일이나, 착한 일이나 같은 말입니다. 우리 속에 착한 일을 누가 시작하셨다고 합니까? 하나님이십니다. 하나님께서 우리 안에 착한 일을 시작하셨기에 우리의 삶 속에서 성령을 좇아 사는 착한 일이 반드시 나와야 하는 것입니다.

우리는 성령의 오심으로 인해 하나님을 알게 되고 죄에 대해 의에 대해 심판에 대해, 그리고 장래 일에 대해, 구원에 대해 점차 깊이 알게 됨으로 '나에게 그렇게 감당할 수 없는 은혜를 허락하신 하나님의 기쁨'이 되는 삶을 자발적으로 추구하게 되는 것이고, 이 세상에서 점차적으로 저 하늘로 눈을 돌리게 되는 것입니다.

주님이 마지막 때에 우리에게 주시기 위해 만든 것이 천년왕국입니다. 천년왕국은 메시야의 왕국입니다. 성경의 선지자들과 사도들은 이 메시야의 나라에 눈동자를 고정하고 주목하고 살았습니다. 환난과 핍박과 곤고가 있어도 이 메시야의 나라를 사모했습니다.

아브라함의 믿음은 히브리서11장에 보면 정확하게 말씀하고 있습니다. 아브라함도 고향 갈대아 우르를 떠나 주님이 준비해 놓으신 한 성을 바라보았습니다.

"한번 죽는 것은 사람에게 정해진 것이요 그 후에는 심판이 있으리니"(히9:27) 했습니다. 이것은 백보좌 심판을 말합니다. 천년왕국에 들어 간 자는 생명책에 기록된 자들이기에 새 예루살렘으로 바로 들어갑니다. 둘째 사망, 불 못이 없습니다.

우리가 이 땅에 살면서 "선한 일"을 행함으로 천년왕국을 사모함으로 우리의 눈동자를 메시야의 왕국에 고정하고 살 수 있기를 간절히 축원합니다. 할렐루야!

충만한 교회에서는 매주 토요일 10:00-12:30까지 1주전 예약하여 2시간 30분씩 특별 개별집중내적치유 시간이 있습니다. 상처나 질병이 깊고 권능이 나타나지 않는 분들이 참석하시면 기적적인 영육의 치유와 능력을 받습니다. 반드시 정한 선교헌금을 하고 1주전에 전화하시고 예약해야 합니다.

17장 신천신지에 대해 바로 알고 속지말자

(계 21:1-8)"또 내가 새 하늘과 새 땅을 보니 처음 하늘과 처음 땅이 없어졌고 바다도 다시 있지 않더라 (2) 또 내가 보매 거룩한 성 새 예루살렘이 하나님께로부터 하늘에서 내려오니 그 준비한 것이 신부가 남편을 위하여 단장한 것 같더라 (3) 내가 들으니 보좌에서 큰 음성이 나서 이르되 보라 하나님의 장막이 사람들과 함께 있으매 하나님이 그들과 함께 계시리니 그들은 하나님의 백성이 되고 하나님은 친히 그들과 함께 계셔서 (4) 모든 눈물을 그 눈에서 닦아 주시니 다시는 사망이 없고 애통하는 것이나 곡하는 것이나 아픈 것이 다시 있지 아니하리니 처음 것들이 다 지나갔음이러라 (5) 보좌에 앉으신 이가 이르시되 보라 내가 만물을 새롭게 하노라 하시고 또 이르시되 이 말은 신실하고 참되니 기록하라 하시고 (6) 또 내게 말씀하시되 이루었도다 나는 알파와 오메가요 처음과 마지막이라 내가 생명수 샘물을 목마른 자에게 값없이 주리니 (7) 이기는 자는 이것들을 상속으로 받으리라 나는 그의 하나님이 되고 그는 내 아들이 되리라 (8) 그러나 두려워하는 자들과 믿지 아니하는 자들과 흉악한 자들과 살인자들과 음행하는 자들과 점술가들과 우상 숭배자들과 거짓말하는 모든 자들은 불과 유황으로 타는 못에 던져지리니 이것이 둘째 사망이라"

하나님께서 현재의 지구는 불태워 없애버리고 "우주 가운데 있는 별 중 하나를 선택해서 신천신지로 만드시는 것인가? 아니면 지구와 같은 별 하나를 다시 만들어 신천신지로 만드시는가? 작금에는 신천신지에 대해서 많은 의견 차이를 보이고 있습니다. 그러나 신천신지는 우주 가운데 있는 별 중 하나를 선택해서 신천신지로 정하지도 않으실 것이며" 현재의 지구 같은 새로운 지구를 다시 창조하여 신천신지로 꾸미시는 것이 아니라 신천신지는 현재 우리가 살고 있는 지구의 갱신입니다. 왜 지구를 없애버리지 아니하시고 다시 갱신시켜 신천신지로 만드시는가? 그 근거는 다음과 같습니다.

첫째, 하나님께서 만세전부터 계획하셨다. 하나님께서는 이 지구에 관한 문제를 만세 전부터 계획하셨습니다. 일시적으로 있다가 없어져 버리는 지구가 아니라 하나님의 계획과 뜻을 이룰 수 있는 지구로 작정된 것입니다. 하나님의 작정된 계획의 시나리오 속에는 창조-타락-구원-회복 등의 과정들을 통해서 궁극적으로 그 땅 안에 신천신지 새 예루살렘 시대까지 다 포함되어 있었습니다.

그래서 성경에 보면 땅은 영원히 하나님의 것이며 영원히 존재할 것이라고 기록돼 있는 것입니다. "한 세대는 가고 한 세대는 오되 땅은 영원히 있도다."(전 1:4). 한 세대는 가고 한 세대는 오되 땅은 영원히 있도다. 왜 땅이 영원히 있어야 하는가? 그 땅에 신천신지를 만들어야 하기 때문입니다.

둘째, 만물창조 당시 하나님의 평가가 그 증거이다. 하나님께서는 6일 동안 지구를 창조하시고 자신이 만드셨던 모든 것을 보시고 "보시기에 좋았더라. 보시기에 심히 좋았더라"로 평가하셨습니다. 얼마 있지 아니하면 아담의 불순종으로 인하여 온 땅은 저주를 받고 "인간 세계는 죄로 뒤범벅이 되어 공기오염-수질오염-토질오염 등으로 아름답게 창조된 지구촌은 엉망진창 황폐화돼 버릴 텐데 하나님은 왜 그렇게도 감탄을 하시며 좋게 평가하셨을까요? 온 정성을 다해 만들어 놓으신 수고의 결과 때문이었을까? 아니면 미래야 어찌되든 당시 아름다운 지구촌만을 보시고 그렇게 평가하셨을까? 아닙니다. 그것은 절대 아닙니다. 하나님의 평가는 현재만 보시는 순간적인 것이 아니라" 인간이 회복되고 만물이 회복된 먼 미래에 있을 신천신지까지를 내다보시고 하신 임시적인 예언적 평가를 하신 것입니다.

하나님의 작정 속에는 창조-타락-구원-회복에 대한 시나리오가 만세 전부터 있었습니다. 그리고 하나님 안에는 오직 현재만 있을 뿐 과거와 미래는 존재하지 않습니다. 그러므로 천지창조 당시 하나님 눈앞에는 신천시지의 새 예루살렘 시대까지 현재로 존재하고 있는 것입니다. 죄가 개입되지 않는 창조세계에 대한 임시 평가는- 장차 죄가 종식된 신천신지 새 예루살렘 시대에 가서 그 예언적인 평가는 질적으로 완벽한 평가를 하게 될 것입니다.

셋째, 땅에 대한 그 약속들이 그 증거이다. 성경에는 땅에 대

한 약속들이 많이 기록돼 있습니다. 그러한 약속들은 **첫째로 아**
브라함에게 가나안땅을 영원한 기업으로 주겠다고 약속하셨습
니다. "롯이 아브람을 떠난 후에 여호와께서 아브람에게 이르시
되 너는 눈을 들어 너 있는 곳에서 동서남북을 바라보라 (15) 보
이는 땅을 내가 너와 네 자손에게 주리니 영원히 이르리라"(창
13:14-15).

"또 그에게 이르시되 나는 이 땅을 네게 주어 업을 삼게 하려
고 너를 갈대아 우르에서 이끌어낸 여호와로라"(창15:7), "내가
너로 심히 번성케 하리니 나라들이 네게로 좇아 일어나며 열왕
이 네게로 좇아 나리라 (7) 내가 내 언약을 나와 너와 네 대대 후
손의 사이에 세워서 영원한 언약을 삼고 너와 네 후손의 하나님
이 되리라 (8)내가 너와 네 후손에게 너의 우거하는 이 땅 곧 가
나안 일경으로 주어 영원한 기업이 되게 하고 나는 그들의 하나
님이 되리라."(창17:6-8).

그리고 그 땅 경계는 애굽 강에서부터 그 큰 강 유브라데까지
로 하셨고(창15:18), 그 땅을 영원한 기업으로 주시겠다고 언약
하셨습니다. 그러나 아브라함은 하나님의 명을 받고 갈대아 우
르에서 나와 가나안땅에서 살았지만 아브라함에게 주시겠다던
약속의 땅은 일평생 받지 못하고 살다가 죽었습니다. 그리고 아
브라함에게 주어진 땅이란 오직 사라와 자신이 죽었을 때 묻혀
야했던 마므레 앞 막벨라 굴인 무덤뿐이었습니다(창23:15-18).
그것도 은 400세겔이나 주고 산 불모지였습니다.

둘째로 이삭에게도 그 땅을 영원한 기업으로 주시겠다고 약속하셨습니다. "여호와께서 이삭에게 나타나 가라사대 애굽으로 내려가지 말고 내가 네게 지시하는 땅에 거하라 (3) 이 땅에 유하면 내가 너와 함께 있어 네게 복을 주고 내가 이 모든 땅을 너와 네 자손에게 주리라 내가 네 아비 아브라함에게 맹세한 것을 이루어 (4) 네 자손을 하늘의 별과 같이 번성케 하며 이 모든 땅을 네 자손에게 주리니 네 자손을 인하여 천하 만민이 복을 받으리라 (5) 이는 아브라함이 내 말을 순종하고 내 명령과 내 계명과 내 율례와 내 법도를 지켰음이니라 하시니라."(창26:2-5).

그러나 이삭과 리브가 역시 그 땅을 기업으로 받지 못하고 죽어 아브라함이 묻혔던 그 굴에 묻혔습니다(창35:27. 창49:31).

셋째로 야곱에게도 그 땅을 영원한 기업으로 주시겠다고 말씀하셨습니다. "(야곱에게)나는 전능한 하나님이라 생육하고 번성하라 국민과 많은 국민이 네게서 나오고 왕들이 네 허리에서 나오리라 내가 아브라함과 이삭에게 준 땅을 네게 주고 내가 네 후손에게도 그 땅을 주리라 하시고."(창35:11), 그렇지만 야곱역시 그 가나안 땅을 기업으로 받지 못하고 애굽에서 죽어 아브라함이 묻혔던 막벨라 굴에 묻혔습니다(창50:12-13).

그 후 BC.1446년에 이스라엘 백성들은 모세를 따라 애굽에서 나온 후 광야에서 40년을 헤매다가 여호수아를 좇아 가나안 땅에 들어왔으나 820년 후인 BC.586년에 바벨론에 의해 초토화돼버렸습니다. 그 후 이스라엘 땅은 파사제국- 헬라제국-로마제국을 거쳐 지배를 당하다가 AD. 70년에 로마의 디도 장군에 의해 예루살렘이 무너지고 하드리안 황제(AD.117-138년)의 유대인 대박해로 인하여 유대인들은 조국을 버리고 전 세계에 흩어져 버리고 말았습니다.

그 후 유대인들은 1933년부터 1945년까지 독일 히틀러의 박해를 받았고 그것이 촉진제가 되어 유대인들은 팔레스탄으로 모여들기 시작했습니다. 그리고 그들은 1948년 5월에 이스라엘 독립전쟁을 통하여 1948년 5월 15일에 유엔의 승인을 받아 독립국가가 되었습니다. 이때부터 영국의 팔레스탄 지배는 종지부를 찍었고 이스라엘은 생사를 건 전쟁을 몇 번이나 치루면서 승리를 거듭하면서 잃어버린 땅을 확보해 나갔습니다.

그러나 아브라함과 이삭과 야곱에게 약속한 땅을 되찾기에는 아직도 먼 거리에 있습니다. 회교의 제 2성지인 황금 돔이 있는 예루살렘과 애굽강에서 유프라데스 강까지의 땅을 되찾으려면 걸림돌인 회교국들과 팔레스타인들과의 불가피한 전쟁은 치루어야할 것입니다.

그러나 하나님께서는 이러한 과정을 통해서 아브라함에게 약속했던 땅을 되찾아 미래에 있을 신천신지를 성취하려는 것은 아닙니다. 혈통에 따른 육신적 이스라엘 백성들은 절대로 신천신지에 들어가지 못합니다. 그들도 복음을 받아들이고 철저한 회개를 통해서 하나님의 백성들이 된 다음 신천신지에 들어갈 수 있는 자격을 얻고서야 아브라함에게 약속했던 가나안 땅을 영원한 기업으로 받을 수 있는 것입니다. 그러므로 아브라함에게 약속했던 그 가나안 땅은 바로 신천신지 안에 포함되어 있는 팔레스탄을 말씀하고 있는 것으로 아직까지 그 약속은 성취되지 않고 있는 것입니다.

넷째, 무지개 언약이 그 증거이다. 하나님께서는 6일 창조 후에도 지금까지 계속적으로 지구에 관심을 두시고 지키고 보존하시고 섭리하고 계신 것이 그 증거입니다. 또한 창9:8에 보면 무지개로 언약을 세우신 것이 또 하나의 증거입니다. 노아와 방주 안에 들어갔던 모든 동물들과 새들에게 두 번 다시 홍수로 멸하지 않겠다고 무지개를 두고 영원한 언약을 세우신 것입니다(창9:9. 12. 13. 15. 16. 17).

"하나님이 가라사대 내가 나와 너희와 및 너희와 함께 하는 모든 생물 사이에 영세까지 세우는 언약의 증거는 이것이라 (13) 내가 내 무지개를 구름 속에 두었나니 이것이 나의 세상과의 언약의 증거니라 (14) 내가 구름으로 땅을 덮을 때에 무지개가 구름 속에 나타나면 (15) 내가 나와 너희와 및 혈기 있는 자를 멸하는 홍수가 되지 아니할찌라 (16) 무지개가 구름 사이에 있으리니 내가 보고 나 하나님과 땅의 무릇 혈기 있는 모든 생물 사이에 된 영원한 언약을 기억하리라."(창9:12-16).

왜 무지개 언약을 통하여 땅을 멸하지 않겠다고 하셨는가? 창세기 9장 내용을 자세하게 관찰해 보면 이런 내용이 있습니다. 13절에 "이것이 나의 세상과의 언약" 하나님 세상과의 언약이라는 뜻입니다. 그렇다면 "하나님 세상"이란 어떤 것인가? 바로 이 지구에 바로 이 땅에 신천신지를 만들어 하나님께서 직접 통치하시는 세상을 만들겠다는 말씀인 것입니다. 그것이 바로 이 지구를 멸할 수 없는 이유인 것입니다.

다섯째, 만물회복에 관한 약속들이 그 증거이다. 하나님께서 만드신 만물은 인간의 타락으로 저주를 받았으나 때가 되면 반드시 저주에서 해방시켜 회복시킬 것이라는 약속이 지구 갱신의 증거입니다. "피조물의 고대하는 바는 하나님의 아들들이 나타나는 것이니"(롬8:19), "피조물이 다 이제까지 함께 탄식하며 함께 고통하는 것을 우리가 아나니"(롬8:22), "만유를 회복하실 때까지는 하늘이 마땅히 그를 받아 두리라."(행3:21), "보라 내가 만물을 새롭게 하노라하시고 또 가라사대 이 말은 신실하고 참되니 기록하라 하시고."(계21:5), "내리셨던 그가 곧 모든 하늘 위에 오르신자니 이는 만물을 충만케 하려 하심이라."(엡4:10).

여섯째, 회복된 만물들의 찬양이 그 증거이다. 신천신지를 통해서 회복된 만물들은 하나님을 찬양하게 될 것이라고 롬9:5절에는 기록하고 있으며, 계5:13절에도 저주에서 해방된 모든 만물들이 보좌에 앉으신 어린양 예수님께 찬양을 하고 있는 장면을 묘사하고 있습니다. "저는 만물 위에 계셔 세세에 찬양을 받으실 하나님이시라 아멘."(롬9:5), "모든 만물들이 가로되 보좌에 앉으신 이와 어린양에게 찬송과 존귀와 영광과 능력을 세세토록 돌릴지어다 하니"(계5:13).

일곱째, 만물의 존재 목적이 그 증거이다. 창세기에 보면 모든 만물은 인간만을 위해 만든 것으로 나와 있지만, 사실은 주를 위해 만물이 창조되었음을 알 수 있습니다. 궁극적으로 만물도 그리스도께 복종할 것이라는 것입니다. "만물이 다 그로 말미암고, 그를 위하여 창조되었고 또한 그가 만물보다 먼저 계시고 만물이 그 안에 함께 섰느니라."(골1:16), "만물을 저의 발아래 두셨다 하셨으니….", "…만물을 저에게 복종하게 하신 때에는 아들 자신도 그 때에 만물을 자기에게 복종케 하신 이에게 복종케 되리니 이는 하나님이 만유의 주로서 만유 안에 계시려 하심이라"(고전15:27~28), "주의 손으로 만드신 것을 다스리게 하시고 만물을 그 발아래 두셨으니 곧 모든 우양과 들짐승이며 공중의 새와 바다의 어족과 해로로 다니는 것이니이다."(시8:6), "이는 만물이 주에게서 나오고 주로 말미암고 주에게로 돌아감이라 그에게 영광이 세세에 있을지어다 아멘"(롬 11:36), 그리고 또한 만물은 신실한 성도들의 것이라는 것도 기록돼 있습니다. "그런즉, 누구든지 사람을 자랑하지 말라 만물이 다 너희의 것임이라."(고전3:21).

여덟째, 새 예루살렘 성의 도착지가 그 증거이다. 하늘의 왕궁인 새 예루살렘 성이 새롭게 변화된 신천신지로 내려온다는 것이 신천신지는 지구의 갱신임을 입증하고 있습니다. "하나님께로부터 하늘에서 내려오는 거룩한 성 예루살렘을 보니"(계21:10), 새 예루살렘은 하나님의 보좌가 있는 현재의 천국입니다. 그 천국이 새롭게 변화된 지구촌으로 내려와 그의 성도들과 영원히 함께 있게 될 것입니다.

위와 같은 모든 증거들이 신천신지는 현 지구의 갱신임이 확실한 것입니다. 하나님께서 만드신 광활한 우주 안에 수많은 별들이 있지만, 오직 하나님의 관심의 대상은 인간이 살고 있는 지구입니다. 비록 인간이 불순종하여 죄를 범하여 저주를 받았을지라도 하나님께서는 이 지구를 버리지 아니하시고 이 지구촌에서 구속사역을 이루셨고, 또한 이곳에 다시 재림하실 것입니다.

또한 이 땅에 천년왕국을 세우실 것이며, 또한 이곳에 또다시 신천신지가 되게 하실 것입니다. 하늘에서 내려온 새 예루살렘 성은 그 옛날 에덴동안이 있었던 곳인 예루살렘으로 내려와 안치되어 신천신지에 살고 있는 그의 백성들을 다스리게 될 것이며, 바로 이곳을 일컬어 신천신지의 수도라. 왕도라 부르게 될 것입니다.

이곳에 좌정하신 삼위일체 하나님께서는 영원히 그의 백성들을 다스리며 영광을 받으실 것입니다. "내가 들으니 보좌에서 큰 음성이 나서 가로되 보라 하나님의 장막이 사람들과 함께 있으매 하나님이 저희와 함께 거하시리니 저희는 하나님의 백성이 되고 하나님은 친히 저희와 함께 계셔서 (4) 모든 눈물을 그 눈에서 씻기시매 다시 사망이 없고 애통하는 것이나 곡하는 것이나 아픈 것이 다시 있지 아니하리니 처음 것들이 다 지나갔음이러라 (5) 보좌에 앉으신 이가 가라사대 보라 내가 만물을 새롭게 하노라 하시고 또 가라사대 이 말은 신실하고 참되니 기록하라 하시고"(계21:3-5).

아홉째, 신천신지의 상태. 신천신지는 어떤 형태의 지구일까? 많은 사람들의 여기에 대해 많은 궁금증을 가지고 있습니다. 질적으로 변화된 미래 지구의 모습은 다음과 같습니다.

첫째로 질적으로 새롭게 변화된 지구이다. 신천신지에는 해와 달이 존재하는가? 계21:23절에 보면 "그 [성]은 해나 달의 비침이 쓸데없으니 이는 하나님의 영광이 비치고 어린양이 그 등이 되심이라" "다시 밤이 없겠고 등불과 햇빛이 쓸데없으니 이는 주 하나님이 저희에게 비취심이라"(계22:5)고 기록돼 있습니다. 즉 해와 달의 [비침]이 쓸데없다는 것이지 해와 달이 필요 없기 때문에 없애버렸다는 말이 아닙니다. 다시 말하면 신천신지에 해와 달은 있으되 새 예루살렘 성읍만큼은 하나님의 영광이 너무 찬란하기 때문에 해를 통해 오는 빛이나 달을 통해 오는 빛이 필요 없다는 뜻입니다.

해의 빛보다 하나님의 영광의 빛이 더 강하고 찬란하기 때문입니다. 그러므로 하나님께서 창조하신 만물을 회복시키실 것이라는 성경을 봐서는 절대로 해와 달과 별들은 없어지지 아니하고 바다도 창조 당시와 같은 상태로 회복 될 것입니다. 다만 타락 후 생긴 해충이나 불필요한 것들 즉 6일 동안 창조되지 아니하고 타락 후에 생긴 것들과 오염된 것들은 지구를 갱신시킬 때 완전히 없애버리고, 창조당시 본래의 지구로 정화시켜 버릴 것입니다.

그러므로 지구 갱신은 곧 [지구 대청소 개념]입니다. 첫번째의 글은 계21:23에서 새 예루살렘 성읍에만 국한된 말씀으로 나와 있고, 하나님께서도 새 예루살렘 성에 [해와 달의 비췸이 쓸데 없는 것은 나의 영광이 항상 비추고 있기 때문에 밤이 없는 곳이다]라고 하셨습니다.

"또 내가 새 하늘과 새 땅을 보니 처음 하늘과 처음 땅이 없어졌고 바다도 다시 있지 않더라"(계21:1), "보라 내가 새 하늘과 새 땅을 창조하나니 이전 것은 기억되거나 마음에 생각나지 아니할 것이라 (18) 너희는 나의 창조하는 것을 인하여 영원히 기뻐하며 즐거워할지니라 보라 내가 예루살렘으로 즐거움을 창조하며 그 백성으로 기쁨을 삼고 (19) 내가 예루살렘을 즐거워하며 나의 백성을 기뻐하리니 우는 소리와 부르짖는 소리가 그 가운데서 다시는 들리지 아니할 것이며"(사65:17-25).

계21:1절 말씀과 사65:17-25말씀의 내용은 지금의 지구를 없애고 새로운 지구를 창조하신다는 말이 아니라. 지금의 지구를 완전히 정화시켜 버리게 되면 옛날의 지구 모습은 기억이 나지 아니할 것이라는 것입니다. 한 마디로 몰라볼 정도로 깨끗한 지구로 아름다운 지구로 변화시켜 버린다는 뜻입니다. 옛날의 바다도 기억나지 아니할 정도로 맑고 깨끗한 바다로 변화시켜 버리기 때문에 그 옛날의 오염된 바다는 기억나지 않게 된다는 말씀입니다.

둘째로 저주에서 완전히 해방된 곳이다. 신천신지는 첫째로 슬픔과 이별과 사망과 아픈 것이나 애통하는 것이 없습니다. 저주로부터 왔던, 슬픔과 아픔과 질병들이 다 없어지고 완전히 회복된 상태입니다. 다시 저주가 없는 곳입니다. "다시 저주가 없으며 하나님과 그 어린 양의 보좌가 그 가운데에 있으리니 그의 종들이 그를 섬기며"(계22:3), 예수님의 복음이 100% 완성되었기 때문에 저주가 없습니다. "나의 거룩한 산 모든 곳에서 해됨도 없고 상함도 없을 것이니 이는 물이 바다를 덮음같이 여호와를 아는 지식이 세상에 충만할 것임이니라."(사11:9).

셋째로 인간은 무한한 존재가 되어 그 수명이 영원하다. 지옥의 형벌도 끝이 없듯이 천국의 행복도 끝이 없습니다. 그리고 구원받은 성도들의 수명은 영원히 죽지 않고 영원한 존재가 되어 영원한 행복을 누리며 살게 될 것입니다. "또 사람에게 영원을 사모하는 마음을 주셨느니라"(전3:11)고 하셨던 그 말씀이 완벽하게 성취된 상태가 바로 신천신지 시대입니다. 이때의 인간의 모습은 창조 당시와 같은 하나님의 모양대로, 하나님의 형상대로의 그 모습을 가지고 병들지도 아니하고, 죽지도 아니하고, 늙지도 아니한 상태에서 영원히 영원히 행복을 누리며 수명이 다함이 없이 살게 되는 것입니다.

넷째로 각자의 처소에서 자기의 수고의 대가를 누리게 된다. 지상에서의 행한 대로 받은 상급 속에서 살아가므로 다른 사람이 대신 누리는 자가 없습니다. 사65:17-25절의 말씀이 100% 성취됩니다. "보라 내가 새 하늘과 새 땅을 창조하나니 이전 것은 기억되거나 마음에 생각나지 아니할 것이라 (18) 너희는 나의 창조하는 것을 인하여 영원히 기뻐하며 즐거워할지니라 보라 내가 예루살렘으로 즐거움을 창조하며 그 백성으로 기쁨을 삼고 (19) 내가 예루살렘을 즐거워하며 나의 백성을 기뻐하리니 우는 소리와 부르짖는 소리가 그 가운데서 다시는 들리지 아니할 것이며 (20) 거기는 날 수가 많지 못하여 죽는 유아와 수한이 차지 못한 노인이 다시는 없을 것이라 곧 백세에 죽는 자가 아이겠고 백세 못되어 죽는 자는 저주 받은 것이리라 (21) 그들이 가옥을 건축하고 그것에 거하겠고 포도원을 재배하고 열매를 먹을 것이며 (22) 그들의 건축한데 타인이 거하지 아니할 것이며 그들의 재배한 것을 타인이 먹지 아니하리니 이는 내 백성의 수한이 나무의 수한과 같겠고 나의 택한 자가 그 손으로 일한 것을 길이 누릴 것임이며 (23) 그들의 수고가 헛되지 않겠고 그들의 생산한 것이 재난에 걸리지 아니하리니 그들은 여호와의 복된 자의 자손이요 그 소생도 그들과 함께 될 것임이라 (24) 그들이 부르기 전에 내가 응답하겠고 그들이 말을 마치기 전에 내가 들을 것이며 (25) 이리와 어린 양이 함께 먹을 것이며 사자가 소처럼 짚을 먹을 것이며 뱀은 흙으로 식물을 삼을 것이니 나의 성산에서는 해함도 없겠고 상함도 없으리라 여호와의 말이니라."(사65:17-25).

열 번째, 신천신지에 거할 자. 신천신지는 생명책에 그 이름이 기록된 자들만 들어가게 됩니다. "누구든지 생명책에 기록되지 못한 자는 불 못에 던지우더라."(계20:15), "무엇이든지 속된 것이나 가증한 일 또는 거짓말하는 자는 결코 그리로 들어오지 못하되 오직 어린양의 생명책에 기록된 자들뿐이라."(계21:27).

열한 번째, 신천신지에 들어갈 수 없는 자. 한마디로 회개치 않는 자와 생명책에 이름이 없는 자는 들어갈 수 없는 곳입니다. 아무리 만세 전에 예정된 택한 자라고 할지라도 철저한 회개를 통해서 정신적 변화와 행동적 변화가 없는 자들은 절대로 들어갈 수 없습니다. "이기는 자는 이와 같이 흰 옷을 입을 것이요, 내가 그 이름을 생명책에서 결코 지우지 아니하고 그 이름을 내 아버지 앞과 그의 천사들 앞에서 시인하리라"(계3:5).

생명이 있을 때 성령의 지배와 장악을 받으며 깨어있는 신앙생활이 중요합니다. 마지막 때에 울면서 통곡을 해도 때는 늦었습니다. 예수님은 지상 재림 시에 예수님의 마음에 합한 성도들만 생명의 부활에 은혜를 체험하게 하십니다. 마지막 때 준비되지 않으면 아무리 발을 구르며 사정을 해도 때는 구원은 늦은 것입니다.

3부 1차 들림 받지 못할 수 있는 신앙 행태

18장 진리와 비 진리를 구별하지 못해서

(요 1:14)"말씀이 육신이 되어 우리 가운데 거하시매 우리가 그의 영광을 보니 아버지의 독생자의 영광이요 은혜와 진리가 충만하더라."

예수님 공중재림 시에 들림 받으려면 진리와 비 진리를 구별하며 신앙생활을 해야 합니다. 진리와 비 진리를 구별하는 것을 무엇보다도 중요합니다. 담임목사가 아무리 성령으로 깨달아 진리를 전해도 받아들이는 성도가 성령의 임재가운데 아멘으로 화답하고 받아들이지 않으면 진리로서 역사할 수가 없습니다. 성도들이 진리를 깨닫고 따라가지 못하는 것은 말씀을 전하는 담임목사에게 문제가 있을 수가 있습니다. 그러나 진리의 말씀을 성령으로 깨달아 받아들이는 성도에게도 문제가 있을 수가 있는 것입니다. 그래서 목회자나 성도가 자아가 강하여 진리를 받아들이지 않으면 성령님이 직접 개입하시는 것입니다. 마치 사도행전 10장에 나오는 베드로와 같은 경우입니다. 베드로가 비 진리인 율법의 자아를 깨뜨리지 못하고 여전하게 율법을 가지고 판단하는 것입니다. 그러니까, 성령님이 직접 개입하여 베드로의 율법에 찌든 자아를 부수십니다.

사도행전 10장 9절을 보십시오. "이튿날 저희가 행하여 성에 가까이 갔을 그 때에 베드로가 기도하려고 지붕에 올라가니 시간은 제6시더라." 베드로는 지붕에 올라가서 기도를 하였습니다. 유대인의 지붕은 편평하고 조용해서 기도하기 좋다고 합니다. 베드로가 지붕에 올라가서 기도할 때에 하늘에서 큰 그릇이 내려왔습니다. 큰 보자기 같고 네 귀를 매어 땅에 드리웠습니다. 그 안에 무엇이 있었습니까?

행10:12절을 보면 "그 안에는 땅에 있는 각색 네 발 가진 짐승과 기는 것과 공중에 나는 것들이 있는데"하였습니다. 그 거대한 보자기 안에 소 말 늑대 돼지 개 여우같은 각색 네발가진 짐승이 있었습니다. 짐승이 요리가 되어 있는 것이 아니라 생생히 살아있었습니다. 또 한 기는 것들, 뱀, 개구리, 악어, 도룡뇽, 지렁이 같은 것들이 있었습니다. 공중에 나는 것들은 독수리와 학 참새 꿩 비둘기 같은 것들이었습니다.

베드로가 이것을 보고 놀라서 멍해 있으니 주께서 "베드로야 일어나 잡아먹으라"하셨습니다. 베드로는 즉각 거부했습니다. "또 두 번째 소리가 있으되 하나님께서 깨끗하게 하신 것을 네가 속되다 하지 말라 하더라. 이런 일이 세 번 있은 후 그 그릇이 곧 하늘로 올려져 가니라"(행 10:15-16)"

이런 일이 세 번이나 반복되었습니다. 베드로는 정말 잊을 수가 없었습니다. 하나님께서 베드로의 율법적인 자아를 부수어 진리를 따라가도록 하시는 것입니다. 그런데 그때에 고넬료가 보낸 사람들이 그 집에 도착하여 문을 두드리며 베드로를 찾았던 것입니다. 성령께서 베드로에게 "베드로가 그 환상에 대하여 생각할 때에 성령께서 그에게 말씀하시되 두 사람이 너를 찾으니, 일어나 내려가 의심하지 말고 함께 가라 내가 그들을 보내었느니라. 하시니"(행 10:19-20). 이방사람에게 성령으로 세례를 받아 진리 속으로 인도하기 위하여 베드로에게 성령으로 직접 개입을 하신 것입니다. 성령님의 직접적인 역사를 체험하게 하여 베드로의 사고를 바꾸어 진리를 따라가는 사도가 되게 하십니다. 성령님께서 직접 꼭꼭 집어서 알려주시고 이방인이 고넬료에게 성령의 세례를 받게 하십니다.

진리는 생명입니다. 성령으로 깨닫는 것입니다. 성령의 역사가 있기 때문에 진리이고 진리를 받아들이면 변화되는 것입니다. 하나님은 현장에 상황을 만들어 놓고 시험을 하십니다. 사도행전 3장에 나오는 "나면서 못 걷게 된 이를 사람들이 메고 오니 이는 성전에 들어가는 사람들에게 구걸하기 위하여 날마다 미문이라는 성전 문에 두는 자라"(행 3:2). 이 사건도 마찬가지입니다. 하나님께서 현장에다가 상황을 만들어놓고 성령께서 베드로에게 감동하게 하십니다. 베드로가 성령의 감동에 순종합니다. "베드로가 이르되 은과 금은 내게 없거니와 내게 있는 이것을 네게 주노니 나사렛 예수 그리스도의 이름으로 일어나 걸으라 하고, 오른손을 잡아 일으키니 발과 발목이 곧 힘을 얻고, 뛰어 서서 걸으며 그들과 함께 성전으로 들어가면서 걷기도 하고 뛰기도 하며 하나님을 찬송하니"(행 3:6-8). 베드로가 성령의 감동에 순종하니 살아계신 하나님의 역사로 나면서부터 걷지 못하던 사람이 걷는 기적이 일어나는 것입니다. 베드로가 하나님께서 함께 하시는 것을 체험하게 하십니다.

그런데 베드로가 성령의 감동에 순종하지 않았으면 하나님께서 베드로와 함께 할 수가 없습니다. 나아가 베드로는 성령의 이끌림으로 진리 속으로 들어가지 못했을 것입니다. 하나님께서는 이렇게 현장에 상황을 만들어 놓고 시험을 하십니다. 진리를 아는 가 모르는 가 시험지 가지고 시험보시지 않습니다. 바울도 마찬가지입니다. "루스드라에 발을 쓰지 못하는 한 사람이 앉아 있는데 나면서 걷지 못하게 되어 걸어 본 적이 없는 자라. 바울이 말하는 것을 듣거늘 바울이 주목하여 구원 받을 만한 믿음이 그에게 있는 것을 보고, 큰 소리로 이르되 네 발로 바로 일어서라 하니 그 사람이 일어나 걷는지라"(행 14:8-10). 바울이 분명하게 "바울이 주목하여 구원 받을 만한 믿음이 그에게 있는 것을 보고, 큰 소리로 이르되 네 발로 바로 일어서라" 성령의 감동에 순종하자 "나면서 걷지 못하게 되어 걸어 본 적이 없는 자"가 일어나 걷게 된 것입니다.

하나님은 성령의 이끌림을 받으면서 진리 속으로 들어가게 하기 위하여 직접개입을 하십니다. 하나님은 절대로 목회자를 통하여 성도들을 진리 따라가는 성도되게 하시지 않습니다. 직접 일대일로 역사하시면서 진리 속으로 들어가게 하십니다. "너희는 주께 받은바 기름 부음이 너희 안에 거하나니 아무도 너희를 가르칠 필요가 없고 오직 그의 기름 부음이 모든 것을 너희에게 가르치며 또 참되고 거짓이 없으니 너희를 가르치신 그대로 주 안에 거하라"(요일 2:27). 성령님이 직접 가르친다고 말씀하십니다. "그러나 진리의 성령이 오시면 그가 너희를 모든 진리 가운데로 인도하시리니 그가 스스로 말하지 않고 오직 들은 것을 말하며 장래 일을 너희에게 알리시리라"(요 16:13). 그렇기 때문에 어떤 목회자가 성도들을 성도되게 한다고 말하든지, 자신만이 진리를 깨달아 전한다고 하면서 특별한 사람인 것과 같이 행세한다면 경계의 대상입니다. 정말로 조심해야 하는 목회자입니다. 하나님의 자리에 앉아있는 사람이기 때문입니다. 분명하게 "모세가 그에게 이르되 네가 나를 두고 시기하느냐 여호와께서 그의 영을 그의 모든 백성에게 주사 다 선지자가 되게 하시기를 원하노라"(민 11:29). 이것이 하나님의 뜻입니다. 그렇기 때문에 성도들은 성령의 개별적인 인도를 받아야 합니다. 개별적인 인도를 받기 위하여 성령으로 세례를 받고, 성령으로 충만하기 위하여 성령으로 기도하여 성령의 인도를 받아야 합니다. 분명하게 하나님은 성령으로 세례를 받은 성도를 개별적으로 인도하십니다. 하나님은 영이시기 때문에 성도들이 육체가 되었을 때 성령의 음성을 들을 수가 없기 때문입니다.

성경은 이렇게 말합니다. "오직 하나님이 성령으로 이것을 우리에게 보이셨으니 성령은 모든 것 곧 하나님의 깊은 것까지도 통달하시느니라. 사람의 일을 사람의 속에 있는 영외에 누가 알리요. 이와 같이 하나님의 일도 하나님의 영외에는 아무도 알지 못하느니라. 우리가 세상의 영을 받지 아니하고 오직 하나님으로부터 온 영을 받았으니 이는 우리로 하여금 하나님께서 우리에게 은혜로 주신 것들을 알게 하려 하심이라. 우리가 이것을 말하거니와 사람의 지혜가 가르친 말로 아니하고 오직 성령께서 가르치신 것으로 하니 영적인 일은 영적인 것으로 분별하느니라"(고전 2:10-13). 성령으로 깨달아 알고 성령의 음성에 순종해야 일대일 관계가 열릴 수가 있습니다. 하나님은 성령으로 세례를 받은 성도들과 교통하십니다. "만일 너희 속에 하나님의 영이 거하시면 너희가 육신에 있지 아니하고 영에 있나니 누구든지 그리스도의 영이 없으면 그리스도의 사람이 아니라"(롬 8:9). 모든 성도들이 성령으로 세례를 받아 성령의 지배와 장악이 되어 성령의 인도를 받으면 성령께서 성도 개개인을 진리 속으로 친히 인도하시는 것입니다. 살아계신 하나님께서 자신을 통하여 역사하신다는 것을 체험하게 하십니다. 그래서 진리이신 예수님을 따라가서 영생하는 성도가 되게 하십니다. "예수를 죽은 자 가운데서 살리신 이의 영이 너희 안에 거하시면 그리스도 예수를 죽은 자 가운데서 살리신 이가 너희 안에 거하시는 그의 영으로 말미암아 너희 죽을 몸도 살리시리라"(롬 8:11). 진리를 성령으로 깨닫고 보면 예수를 믿고 성도가 되었다는 것은 위대하고 특별한 축복을 받은 것입니다. 모두 성령으로 진리 안으로 이끌림을 받으시기를 바랍니다.

첫째, 진리를 믿음으로 받지 않는 것. 아무리 담임목사가 진리를 열정적으로 전해도 받아들이는 성도가 아멘으로 화답을 하지 않으면 진리가 되지 못합니다. 알아듣고 받아 들여야 진리가 생명과 권능으로 역사하여 변화가 되는 것입니다. 분명하게 하나님께서 말씀하셨습니다. "이러므로 우리가 하나님께 끊임없이 감사함은 너희가 우리에게 들은 바 하나님의 말씀을 받을 때에 사람의 말로 받지 아니하고 하나님의 말씀으로 받음이니 진실로 그러하도다. 이 말씀이 또한 너희 믿는 자 가운데에서 역사하느니라."(살전 2:13). 받아들이는 성도의 믿음이 중요합니다. 담임목사가 성령으로 깨달아 성령으로 전해도 받아들이는 편에서 준비가 되지 않았거나 다른 세상 생각에 빠져있으면 진리로 역사할 수가 없는 것입니다. 그렇기 때문에 받아들이는 성도의 마음자세가 굉장히 중요합니다.

우리 충만한 교회는 주일날도 성령의 강력한 역사가 일어납니다. 그래서 처음 우리 교회에 나오신 분들도 성령세례를 받습니다. 성령의 지배와 장악이 되어 영육의 질병과 상처가 치유됩니다. 어찌 주일날 이런 역사가 일어납니까? 모두 성령의 역사를 사모하고 예배에 참여하기 때문입니다. 필자역시 성령의 역사에 관심을 가지고 말씀을 전하고 기도하기 때문입니다. 마찬가지로 진리도 사모하고 받아들여야 진리로서 역사가 일어나는 것입니다. 아무리 성령으로 깨달은 깊은 진리라도 집중하여 들으면서 받아들이지 않으면 진리로서 역사할 수가 없습니다.

둘째, 진리란 무슨 뜻인가? 진리란 예수 그리스도를 통과하여 성령으로 깨달은 진리를 말합니다. 비진리란 사람의 지식으로 전달받은 율법을 말하는 것입니다. 하나님은 "율법은 모세로 말미암아 주어진 것이요, 은혜와 진리는 예수 그리스도로 말미암아 온 것이라(요 1:17)" 말씀하십니다.

참 진리는 예수 그리스도의 보혈을 통과한 복음의 말씀이요, 비 진리는 사람의 이론이며 율법을 말하는 것으로 생명이 없는 것입니다. 참 진리는 예수 그리스도요, 비 진리는 율법으로 마귀가 역사하며 사망의 독이 가득한 것입니다. 진리는 성령으로 깨닫는 것입니다. "우리가 이것을 말하거니와 사람의 지혜가 가르친 말로 아니하고 오직 성령께서 가르치신 것으로 하니 영적인 일은 영적인 것으로 분별하느니라."(고전 2:13).

성령이 역사하시는 교회시대인 지금은 성령으로 진리를 깨닫고 전할 수가 있습니다. 또한 진리는 성령이십니다. "그러나 진리의 성령이 오시면 그가 너희를 모든 진리 가운데로 인도하시리니 그가 스스로 말하지 않고 오직 들은 것을 말하며 장래 일을 너희에게 알리시리라"(요 16:13). 성령님이 진리 가운데로 인도하시며 깨닫고 따라가게 하시는 것입니다.

그래서 성령이 역사하시는 교회시대인 지금은 모든 목회자는 성령으로 깨달은 말씀을 성령의 말하게 하심을 따라서 전해야 합니다. 목회자는 아주 중요합니다. 증거 하는 목자의 말이 진리인가 비 진리인가에 따라, 그 소속이 하나님의 목자와 사람의 목자로 구분될 수도 있기 때문입니다. 그런데 바르게 알아야 할 것은 성령께서 일대일로 역사하시면서 진리 속으로 인도하십니다. 그래서 성도에게 감동하여 진리를 깨닫고 따라가도록 역사하기도 하십니다.

일반적인 성도들이 겉으로 볼 때는 이 두 부류는 같은 하나님의 목자로 보입니다. 그러나 사람의 목자는 양(羊)의 옷 곧 선민인 하나님의 목자의 옷을 입고 행세를 하나, 그 속에는 노략질하는 마귀의 신이 있어 마귀의 조종을 받아 역사할 수가 있습니다. 성령의 지배와 장악이 되지 않고 인간적인 지식으로 진리의 말씀을 증거하기 때문입니다.

그 예로 초림 예수님 때에 유대교의 제사장과 장로들과 그 소속 교인들을 지적할 수 있습니다. 겉으로는 하나님의 목자요, 일꾼인 것 같고 선민 같았으나, 그 속에는 사단이 있어 핍박하고 살인하고 방해해 온 것을 잘 알 것입니다. 이 두 부류를 구분할 수 있는 것은 오직 성령에 의해서입니다. 성령으로 전하는 말씀을 비추어 볼 때 그 행위가 드러나기 때문입니다.

그래서 예수님은 "회개하라(마 4:17)."고 하셨으며, "진실로 진실로 네게 이르노니 사람이 물과 성령으로 나지 아니하면 하나님의 나라에 들어갈 수 없느니라(요 3:5)" 말씀하셨습니다. 성령으로 다시 나지 않으면 사단의 나라요 족속에 불과한 것입니다. 그리고 사도 바울은 "기록한바 의인은 없나니 하나도 없다(시 14:2-3, 롬 3:10)."고 하였습니다. 그런데 알아야 할 것은 성령으로 세례를 받고 성령의 지배와 장악이 되어 성령의 인도를 받는 성도는 성령께서 감동하여 진리가 증거 되는 교회로 이동하도록 하실 수도 있습니다.

오늘날 성경을 떠나서는 진리도 성령의 역사도 있을 수 없습니다. 말씀 안에서 진리도 있고 성령의 역사도 있습니다. 성경말씀이 기준이 되는 것입니다. 믿는 것도 막연하게, 담임목회자가 말해서 믿음 것이 아니고, 성경에 기록되어 있기 때문에 믿는 것입니다. 법은 땅의 법이 있고, 하늘의 법이 있습니다. 땅의 법은 육법전서요, 하늘의 법은 성경 66권입니다. 세상에서 세상 법에 흠이 없다 해서, 하늘의 법(성경)에서도 죄가 없는 것은 아닙니다. 말씀으로 분별해야 합니다. 목회자는 성령으로 깨달은 진리를 전하여 성도들의 영을 깨워야 합니다.

예수님은 현장중심의 믿음생활을 하기 원하십니다. 예수님께서 공생애 기간 동안 제자들을 현장에 데리고 다니면서 현장 중심의 훈련을 하셨습니다. 하나님은 이스라엘 백성들을 시험하실 때 백지를 나누어주고 시험을 치지 않으셨습니다. 분명하게 성령이 역사하시는 교회시대인 지금도 성령께서 광야에 데리고 가서 현장중심의 믿음을 시험하실 것입니다.

그렇다면 성령으로 진리를 깨달아 알고 살아가는 성도들과 사람이 지식으로 전하는 비 진리를 진리로 알고 살아가는 세계 모든 성도들을 데리고 광야로 가셔서 현장에서 믿음의 시험을 친다면 결과가 어떻게 나올까요? 성령으로 진리를 깨달아 알고 살아가는 성도들은 여호수아와 갈렙과 같이 가나안에 들어가는 점수를 받을 것입니다. 그러나 사람의 지식으로 전달하는 비 진리를 진리로 알고 나름대로 열심 있게 믿음 생활하는 성도들과 목회자는 나오된 열지파 사람들과 같은 처지가 될 확률이 높습니다. 왜 그럴까요? 성령으로 진리를 깨달아 알고 살아가는 성도들은 성령님이 해답을 알려주시기 때문에 시험에 합격합니다. 그러나 사람의 지식으로 전달하는 비 진리를 진리로 알고 나름대로 열심 있게 믿음 생활하는 성도들과 목회자는 자신의 머리로 지식으로 현장에서 시험을 치니 정답을 알도리가 없을 것입니다. 사람이 하나님의 뜻을 알 수가 없기 때문입니다.

그래서 하나님은 고린도전서 2장 10-14절에서 "오직 하나님이 성령으로 이것을 우리에게 보이셨으니 성령은 모든 것 곧 하나님의 깊은 것까지도 통달하시느니라. 사람의 일을 사람의 속에 있는 영외에 누가 알리요, 이와 같이 하나님의 일도 하나님의 영외에는 아무도 알지 못하느니라. 우리가 이것을 말하거니와 사람의 지혜가 가르친 말로 아니하고 오직 성령께서 가르치신 것으로 하니 영적인 일은 영적인 것으로 분별하느니라. 육에 속한 사람은 하나님의 성령의 일들을 받지 아니하나니 이는 그것들이 그에게는 어리석게 보임이요, 또 그는 그것들을 알 수도 없나니 그러한 일은 영적으로 분별되기 때문이라." 말씀하시는 것입니다. 우리 크리스천들은 하나님께서 영이시고 살아계신 분이기 때문에 시험을 하실 때 머리로 안 것을 기록하나 시험하시는 것이 아닙니다.

성령으로 깨달아 안 것으로 시험을 통과할 수 있는 시험을 치십니다. 예수님도 세례요한에게 물세례를 받으신 후에 성령이 임하시고 성령의 이끌림으로 광야에 가셔서 현장에서 시험을 통과하셨습니다. 진리는 예수님이십니다. 진리를 알고 자유를 누릴 크리스천은 예수님의 공생애 기간의 행적은 따라가야 진리로 자유 함을 누릴 수가 있는 것입니다.

하나님은 이론의 하나님이 아닙니다. 하나님은 영이시고 살아

계신 초자연적인 하나님이십니다.

이렇게 지식적으로 믿음생활을 하니, 예수님께서 약속(예언)하시고 그 약속을 이루셨다 할지라도 어찌 그들이 깨달아 알고 믿겠습니까? "육에 속한 사람은 하나님의 성령의 일들을 받지 아니하나니 이는 그것들이 그에게는 어리석게 보임이요, 또 그는 그것들을 알 수도 없나니 그러한 일은 영적으로 분별되기 때문이라(고전 2:14)" 허황된 것과 사람의 계명만 가르치고 배웠으니, 어찌 그들이 약속의 말씀을 알겠습니까? 진리를 말하면 '진리가 무엇인가?' 할 것입니다. 진리는 예수 그리스도이십니다. 살아계신 하나님이십니다. "영생은 곧 유일하신 참 하나님과 그가 보내신 자 예수 그리스도를 아는 것이니이다"(요 17:3).

필자가 목사안수를 믿고 얼마 되지 않아서 노회의 임원으로부터 전화를 받았습니다. 저에게 대인관계를 끊고 사느냐 입니다. 그래서 이제야 목회를 시작했으니 교회가 성장해야 되지 않습니까? 그래서 노회 목사님들 만날 수 있는 시간적 여유가 없습니다. 그랬습니다. 그 목사님이 필자에게 친구가 있습니까? 예 있습니다. 누구입니까? 예수님이십니다. 아니 예수님이 친구라니요. 목사님! 이단 아닙니까? 아니 왜 이단입니까? 성경에 그렇게 기록이 되었습니다. "내가 내 친구 너희에게 말하노니 몸을 죽이고 그 후에는 능히 더 못하는 자들을 두려워하지 말라(눅 12:4)"

이러하기에 성도는 먼저 성령으로 세례를 받고 성령으로 거듭나야 참 하나님을(요 17:3) 알고, 진리도 알 것이며, 약속한 예언이 육신이 되어 온 실상도 알게 될 것입니다. 세상에서는 지금 많은 목자들이 말씀을 성령으로 전하지 않고 머리에서 나온 지식으로 증거를 하고 있고, 머리에서 나온 지식으로 주석(註釋)을 만들어 성도들에게 먹이고 있으니 안타깝기 그지없습니다. 지식으로 성경을 전하는 목회자는 하나님이 자녀인 성도들과 상관이 없는 사람의 목자인 것을 성경에서 알고, 성령으로 진리를 깨달아 알아야 할 것이며 성령의 인도로 참(진리)을 찾아 바른 신앙인이 되어 거듭나는 자가 되어야 합니다.

예수님은 우리를 죄에서 구원하시기 위해, 대신 십자가를 져주시고 피를 흘려주셨습니다. 그리고 성령을 보내 주셨습니다. 성령께서 성도들의 마음 안에 있는 성전에 주인으로 계시면서 지금 성령을 진리를 깨닫게 하십니다. "그러나 진리의 성령이 오시면 그가 너희를 모든 진리 가운데로 인도하시리니 그가 스스로 말하지 않고 오직 들은 것을 말하며 장래 일을 너희에게 알리시리라"(요 16:13). 성령의 이끌림을 받아야 진리를 깨달을 수가 있습니다. 모두가 성령으로 진리를 깨달을 때 밝히 알고 대처할 수가 있습니다. 모두가 마음 안에 성전이 지어지고 성령의 인도를 받으면 영원한 천국에 들어가는 것입니다. 문제는 성령의 지배와 장악이 되어 성령의 인도를 받느냐, 그렇지 못하느냐의 차이입니다. 예수님은 분명하게 지금 이 땅에 하나님의 나라를 건설하려고 사람의 몸을 입고 오셨습니다. 이제 예수를 믿고 성령으로 거듭난 성도들이 해야 할 일입니다.

셋째, 아무리 듣고 배워도 변화되지 않는 것. 성령으로 깨달아 전하는 말씀에는 성령의 역사가 일어나서 심령이 변하게 되어있습니다. 예수님께서는 크리스천들이 온전하게 변화되기를 바라십니다. 예수님께서 제자들을 데리고 가이사랴 빌립보 지방으로 가시는 중에 제자들에게 질문하셨습니다. "너희들은 나를 누구라 하느냐(막 8:29a)" 베드로는 "주는 그리스도시니이다(막 8:28b)"라고 대답합니다. 베드로의 고백을 들은 예수님은 십자가에서의 죽으심과 부활에 대해 말씀해 주셨습니다. 예수님께서는 제자들에게 바른 신앙의 자세를 가르쳐 주어야겠다고 생각하셔서 엿새 후에 베드로와 야고보와 요한만을 데리고 산으로 올라가 영광스러운 모습을 보여주셨습니다(막9:2-8). 예수님께서 변화되신 것처럼 제자들도 변화된 삶을 살아가기를 바라셨습니다. 그렇다면 예수님께서는 어떤 변화를 원하셨을까요?

첫 번째로 외적인 변화를 원하셨습니다. 왜 예수님께서는 제자들을 데리고 산에 오르셔서 외적으로 변화된 모습을 제일 먼저 보여주셨을까요? 그것은 당신을 보고 있는 제자들도 주님처럼 외적인 모습이 변화되기를 원하셨습니다. 또한 언제나 가까이 하셨던 세 명의 제자가 변화됨으로써 나머지 제자들도 함께 변화되기를 기대하셨습니다. 세상이 변화되기를 바라기보다 내가 먼저 변화되기를 바라시는 예수님의 뜻을 깨달아야 합니다. 또한 주님이 원하시는 외적인 변화는 마음의 변화로부터 만들어지는 변화를 뜻합니다. 예수님의 은혜로 말미암아 우리 내면이 변화되면 우리의 외적인 모습도 변하게 됩니다.

두 번째로 예수님은 언어의 변화를 원하셨습니다. 베드로는 예수님을 따라서 산에 올라가기 전에는 부정적인 생각과 부정적인 언어를 사용하는 사람이었습니다. 예수님께서 자신의 십자가의 죽음과 부활에 대해 말씀하셨을 때도 베드로는 조금도 망설임 없이 예수님을 붙들고 항변하였습니다. 예수님은 베드로의 항변을 듣고 "사탄아 내 뒤로 물러가라(막 9:33)"며 심하게 책망하셨습니다. 예수님은 하나님의 뜻을 헤아리지 못하는 베드로의 언어가 바뀌기를 원하셨습니다. 산에 올라 영광스러운 모습으로 변화되신 예수님께서는 엘리야와 모세와 함께 대화하는 모습을 보여주셨습니다. 예수님과 함께하는 삶을 살아가길 원한다면 먼저 언어가 바뀌어야 합니다.

세 번째로 자세의 변화를 원하셨습니다. 예수님께서 영광스러운 모습으로 변화되는 놀라운 광경을 목격한 것에 그치지 않고 더 놀라운 일들을 경험하게 됩니다. 구름이 와서 그들을 덮고 구름 속에서 소리가 들려왔습니다. "이는 내 사랑하는 아들이니 너희는 그의 말을 들으라(막9:7절)" 말씀을 듣는다는 것은 말씀을 듣는 것으로 끝나는 것이 아니라 삶의 자세까지도 바뀌는 것을 말합니다. 예수님은 크리스천들이 내적인 변화에 의하여 외적인 변화를 원하시고, 언어가 바뀌며, 삶의 자세까지 바뀌기를 원하십니다.

19장 막연한 열정으로 믿음 생활함으로

(히 11:4-6)"믿음으로 아벨은 가인보다 더 나은 제사를 하나님께 드림으로 의로운 자라 하시는 증거를 얻었으니 하나님이 그 예물에 대하여 증언하심이라 그가 죽었으나 그 믿음으로써 지금도 말하느니라. 믿음으로 에녹은 죽음을 보지 않고 옮겨졌으니 하나님이 그를 옮기심으로 다시 보이지 아니하였느니라. 그는 옮겨지기 전에 하나님을 기쁘시게 하는 자라 하는 증거를 받았느니라. 믿음이 없이는 하나님을 기쁘시게 하지 못하나니 하나님께 나아가는 자는 반드시 그가 계신 것과 또한 그가 자기를 찾는 자들에게 상주시는 이심을 믿어야 할지니라."

신앙의 목적을 확실하게 해야 합니다. 막연한 열정으로 신앙 생활을 하지 말라는 것입니다. 신앙의 목적은 예수님이십니다. 예수님을 떠나서는 천국도 없습니다. 지금 마귀가 교인들을 미혹하고 넘어뜨려 지옥에 끌고 가는 방법 중의 하나는 마음중심에 예수 아닌 것을 두고 만들어 영적인 무게중심을 잃게 만드는 것입니다. 예를 들어, 자녀사랑, 능력 있고 인품 좋은 목사님, 교회자랑, 취미생활, 물질, 여러 가지 세상 쾌락과 재미들… 심지어 천국지옥도 예수보다 앞서서는 안 됩니다. 그것들을 앞세우다가 예수 놓치고 지옥에 떨어지는 것입니다. 심지어 천국도 예수님을 앞세워야 들어가는 것이지 천국의 좋은 것만 바라보다가 예수가 뒷전으로 밀려나면 안 되는 것입니다.

　우리는 끝까지 오직예수만 높이고 앞세우고 붙잡고 가야 천국에 입성할 수 있는 것입니다. 예수보다 앞서는 것이 있어서는 천국에 들어갈 수가 없는 것입니다. 많은 주의 종들이 처음에는 예수위해 죽겠다는 각오로 사역을 시작합니다. 그러다가 교회가 커지면서 물질이 들어오고, 교인들로 인해 자신이 높임을 받으면서 예수가 뒷전으로 물러나고 자신이 예수의 자리에 앉는 것입니다. 이렇게 마귀는 야금야금 잠식해 들어와서 우리는 죽이는 것입니다. 그래서 바울의 고백과 같이 날마다 자신을 죽이고 정과 욕심을 십자가에 못 박지 아니하면 마귀의 궤계에 빠지고 마는 것입니다.

　그러므로 항상 첫사랑, 초심을 잃지 말아야 하는 것입니다. 개척교회 시절, 초신자 때 은혜 받고 성령 충만 받고 예수만 바라보던 그 때, 아무것도 가진 것이 없어 오직 예수님께 부르짖던 그 처음 사랑을 항상 마음에 간직하면서 교만하고 나태해질 때마다, 그 때로 돌아가야 하는 것입니다. 그래야 성령으로 시작하였다가 육체로 끝마치지 않는 것입니다.

　마귀는 처음부터 우리를 타락시키고 미혹시키지 않습니다. 우화에 나오는 낙타처럼 처음에는 머리만 집어넣고 그 다음에 몸통, 그 다음 온 몸을 집어넣고 자신이 주인 행세를 하는 것입니다. 그러므로 예수님을 마음중심에서 빼앗는 것이 있다면 처음부터 잘라내야 하는 것입니다.

　지옥도 아무리 무서운 곳이라고 해도 예수님의 십자가, 보혈,

은혜를 붙잡고 회개하는 자에게는 무력해 질 수 밖에 없습니다. 지옥은 죄인에게는 가혹한 곳이지만, 예수님 붙잡고 날마다 성령의 임재가운데 회개하는 자에게는 상관없는 곳이 되고 마는 것입니다. 예수님 안에서 회개라는 은혜의 통로가 있는데 이 쉽고도 심오한 진리를 놓쳐 버리니 지옥에 떨어지는 것입니다.

예수 안에 모든 것이 다 들어 있기에 예수만 마음중심에 간직하면 모든 것이 다 따라오는 것입니다. 천국도 영광도 부활도 축복도 은혜도 성령 충만도, 권능, 은사, 능력, 사랑도 예수님으로부터 나오는 것입니다. 그래서 예수님 한분만 구하고 찾고 두드리면 모든 문이 열리는 것입니다. 예수님의 손안에 우주만물과 천국과 지옥의 열쇠가 쥐어져 있는 것입니다. 그래서 천국에서도 예수! 예수! 지옥에서도 예수! 예수! 하는 것입니다. 예수님이 하늘과 땅의 모든 권세를 가지신 대단한 분이시기 때문입니다.

이것을 안다면 루시퍼와 그의 졸개들을 무서워할 필요가 없는 것입니다. 루시퍼는 허풍쟁이요 거짓말쟁이입니다. 천국에서 타락해서 쫓겨난 피조물주제에 자신이 왕이라고 예수님의 일을 막겠다고 큰소리치는 것입니다. 예수 이름으로 명령하면 혼비백산 도망갈 수밖에 없는 존재라는 것입니다.

골로새서 2장 19절 말씀처럼 "머리를 붙들지 아니하는지라 온 몸이 머리로 말미암아 마디와 힘줄로 공급함을 얻고 연합하여 하나님이 자라게 하심으로 자라느니라." 온 몸이 머리의 조정을 받는 것처럼, 하늘과 땅, 땅 아래, 우주만물이 예수님의 명령하에 움직이는 것입니다. 참새 한 마리도 하나님의 허락 없이는 떨어지지 않는 법입니다.

욥기를 봐도 하나님의 허락 하에 사단이 욥의 가정을 건드리는 것이지 제 맘대로 부수고 죽이고 빼앗지 못한다는 것을 알아야 합니다. 오늘부터 예수만 구하고 찾고 두드리고, 오직 예수만 마음중심에 두기로 작정하시길 바랍니다. 그 자가 진정 승리자요 영생의 축복을 얻을 자요, 이 땅에서도 사단의 권세를 박살내고 승리할 수 있는 자입니다.

분명하게 목표는 예수님이어야 합니다. 믿음생활의 결과가 천국이고 부활영생이어야 합니다. 천국은 죽어서 가는 것이 아니고 지금 만끽하며 누려야 합니다. 예수님이 주인으로 계시면 죽음이 두렵지 않습니다. 신앙을 가지고 있는 사람들도 죽음에 대한 두려움은 신앙이 없는 사람들과 거의 같다고 합니다. 왜냐하면 죽어서 천국을 간다고 믿고 믿음생활을 하기 때문에 혹시 천국에 들어가지 못하면 어찌하나 하면서 두려워한다는 것입니다. 그런데 지금 천국을 만끽하며 누리는 성도들은 죽음 앞에 두려움이 없습니다. 지금 예수님을 주인으로 모시고 천국을 만끽하며 살고 있기 때문입니다. 목적을 바르게 해야 평안을 누리는 것입니다.

인생은 분명한 목적이 있어야 합니다. 목적이 분명하면 그 목적이 우리의 삶을 끌고 갑니다. 목표는 마차와 같이 끄는 힘이 있습니다. 목표가 분명하면 반드시 이루어지게 됩니다. 분명한 목적이 있게 되면 모든 삶에 노력과 에너지가 목적으로 쏠리게 됩니다. 목적이 있는 삶은 방황하지 않으며, 힘이 있습니다. 목적이 있는 삶이라야 의미가 있고, 보람이 있고, 성취감이 있습니다.

천국이 신앙의 목적이 되면 안 된다는 것입니다. 오늘날 우리가 흔히 듣는 기독교의 복음은 '예수 천당, 불신 지옥'으로 요약됩니다. 천국가기 위하여 신앙생활을 하다가 보면 예수님이 천국에 가려서 정작 천국에 갈 수가 없게 된다는 것입니다. 천국의 주인은 예수님이십니다. 예수님에게 목적을 두고, 믿음 생활을 해야 천국에 들어가는 것입니다. 이제 한국 사람이라면 교회에서 전하는 메시지의 중심이 이런 것이라는 것을 모르는 사람들이 없습니다. 그러나 이렇게 익숙한 메시지가 과연 성경이 가르치는 복음의 핵심인지 생각해 볼 필요가 있습니다. 물론 성경이 예수 믿는 자에게 '천국'을 약속하고 있는 것은 사실입니다. 예수님을 목적으로 신앙생활을 하다가 보니까, 천국도 누리게 되는 것입니다. 그러나 천국이 신앙의 결과라고 가르치고 있는 부분은 눈 씻고 찾아도 발견할 수 없습니다. 교계에서 이단라고 낙인이 찍힌 곳에서 선동하기를 신앙의 목적은 천국이고 영생이라고 가르치고 있습니다. 잘못된 것입니다. 천국이 신앙의 목적이 아니라, 예수님이 신앙의 목적이 되어야 합니다. 천국과 부활은 신앙의 결과입니다.

이 글을 읽는 분들 가운데 상당수의 사람들은 매우 큰 충격을 받을지도 모르겠습니다. 성경은 천국이 신앙의 결과이지 목적이라고 말하지 않는다는 말입니다. 왜 필자는 천국을 목적으로 여기느냐, 결과로 여기느냐는 따지는 것인지 이해하시겠습니까? 말장난을 하기 위한 것이 아닙니다. 신앙의 목적으로서 천국과 신앙의 결과로서 천국은 완전히 다른 종교를 낳게 되기 때문입니다. 천국이 신앙의 목적이 되면 목적론적 윤리체계가 자리를 잡게 됩니다. 다시 말해서 기독교적 구원관이 아니라 철학적 구원관이 된다는 것입니다.

목적론적 윤리가 무엇인가요? 행복이라는 최종 목적을 달성하는 것은 무엇이든지 선(善)이 된다는 논리 구조입니다. 이런 논리 구조는 자동적으로 목적이 수단을 정당화 합니다. 다시 말해서 행복이라는 목적을 달성하기 위해서는 수단과 방법을 가리지 않는다는 것입니다. 지금 한국교회에서는 자신의 목적으로 달성하기 위하여 수단과 방법을 가리지 않는 분들이 있습니다. 예수고 뭐고 관심 없고 목적만 이루면 된다는 식의 논리를 펴는 사람들이 있습니다. 이런 논리 구조로 말미암아 18세기 프랑스 혁명이 일어났습니다. 자기의 행복을 추구해야 한다는 정당성 때문에 수많은 사람들이 잔인하게 죽어야 했고, 그 파장은 전 세계에 피의 혁명이라는 붉은 쓰나미를 일으켰습니다. 자기 행복을 위해서 남을 죽이거나 피해를 입히는 것은 목적론적 윤리주의자들에겐 결코 죄가 되지 않습니다.

왜냐하면 자기 행복이 곧 최고의 선이 되기 때문입니다. 이것은 정말로 끔찍한 일이 아닐 수 없습니다. 그런데 이런 목적론적 윤리가 종교 안에 들어오는 방식이 바로 천국을 신앙의 목적으로 삼는 것입니다. 종교의 역사를 보면 천국을 신앙의 목적으로 삼게 될 때 18세기 피의 혁명과 동일한 현상을 동반했습니다. 어떤 종교든지 천국이라는 행복(최고의 선)을 추구할 수만 있다면 수단과 방법을 가리지 않게 됐다는 것입니다.

그 대표적인 예를 몇 가지 들어보겠습니다. 첫 번째로 중세 로마 가톨릭입니다. 중세 로마 가톨릭은 천국이라는 '상품'을 어느 종교보다 잘 활용한 대표적인 종교입니다. 지금도 다르지 않습니다. 그들은 천국이라는 상품을 통해서 십자군 전쟁을 일으켰습니다. 이 전쟁은 남자와 어린 아이를 불문하고 전쟁에 동원하는데 최고의 수단이 됐습니다. 왜냐하면 가톨릭은 이 전쟁 참여하는 자들은 예외 없이 '모든 죄가 용서 받을 것'이라고 했기 때문입니다.

이 말이 무슨 뜻인가요? 십자군에 참여한 사람은 연옥이라는 지옥(간이지옥)을 거치지 않고 천국에 입성할 수 있다는 것입니다. 이런 식으로 천국을 상품화 한 사기극의 극치가 바로 그 유명한 '면죄부'였습니다. 면죄부는 이 땅에서 불법과 죄악과 방탕한 삶을 살았던 사람들에게 최고의 상품으로 추대를 받았습니다. 특히 당시 신부들 가운데 상당수의 사람들이 정부(情婦)를 두고 있었는데, 면죄부는 최고의 상품이 될 수밖에 없었습니다.

이제 두 번째로 천국을 목적으로 여김으로써 엄청난 부작용을 일으키고 있는 또 하나의 종교를 소개하겠습니다. 그것은 바로 이슬람교입니다. 우리가 너무도 잘 아는 이슬람의 자살 테러는 천국이 상품이 된 대표적인 또 다른 사례입니다. 이슬람의 자살 테러는 자신이 천국에 가기 위해서 모든 수단과 방법을 정당화 하는 극치를 잘 보여줍니다.

이 모습은 어쩌면 중세 가톨릭의 십자군 전쟁과도 그 맥락을 같이 한다고 해도 과언이 아닙니다. 이 사실을 이해하려면 이슬람의 구원관을 알아야 합니다. 이슬람에서 천국은 7단계로 나눠집니다. 부끄러운 구원은 가장 밑바닥 천국에서 영생하고, 가장 숭고한 구원은 최고층인 7단계의 천국에서 영생합니다. 꾸란에 의하면 이 최고층의 천국에 들어간 남자들은 최고의 미녀 72인과 영원토록 최고의 음식을 먹으며 성적인 쾌락을 즐기며 산다고 합니다(꾸란 56:35).

그러면 무슬림이 천국에 들어가려면 어떻게 해야 할까요? 그것은 알라의 명령을 철저히 복종하는 것입니다. 그들은 천국에 들어가기 위해서 자기 가족들 가운데 꾸란의 명령을 어긴 사람에게 대하여 명예 살인도 주저하지 않을 정도로 철저한 복종을 합니다. 그러나 문제는 이렇게 복종을 한다고 해도 천국에 간다고 장담할 수 없습니다.

이 땅에서 아무리 선행을 하고 알라의 뜻에 복종을 했다고 하더라도 알라의 마음에 든다고 아무도 장담할 수 없기 때문입니다. 그렇다고 해서 최고층의 천국에 갈 수 있는 확실한 길이 전혀 없는 것은 아닙니다. 꾸란3:158, 169을 보면 무슬림이 최고의 천국에 들어갈 수 있는 확실한 길을 제시하고 있습니다. 그것은 바로 지하드(聖戰)에서 순교하는 것입니다. 이 교리 때문에 많은 무슬림들이 자기 몸에 폭탄을 두르고 자살 테러를 감행합니다. 참으로 무지하고 안타까운 현실입니다.

그런데 문제는 오늘날의 기독교입니다. 오늘날의 기독교는 이렇게 천국을 상품화 하는데 다른 어떤 종교 못지않게 열을 올리고 있습니다. 천국이 목적이 된 교인들은 무모해지고, 몰상식해

지며, 과격해집니다. 이런 신자들에게 거룩함을 기대하기는 힘듭니다. 오늘날의 기독교인들은 천국(영원한 행복)이라는 목적을 달성하기 위해서 수단과 방법을 가리지 않습니다. 거액의 헌금과 광적인 헌신, 종교적 테러도 불사합니다. 이런 모습은 부메랑이 되어 나타나고 있습니다.

즉 교회 안에 가만히 침투한 이단이 기성 교회보다 더 확실하게 천국에 갈 수 있는 길을 제시한다면 그 즉시 개종해 버린다는 것입니다. 특히 오늘날 타 종교와의 통합운동이 활발하게 진행되는 원인도 바로 여기에 있습니다. 어떻게 믿든지 천국에 가기만 하면 그만이라는 목적론적 종교관이 기독교 안에서 그대로 나타난 것입니다.

그렇다면 성경은 기독교 신앙의 목적을 어디에 두어야 한다고 가르칩니까? 그것은 하나님의 영광을 위해서 사는 것입니다. 소교리문답 제1문이 정확하게 지적하고 있는 것처럼 "사람의 제일 되는 목적은 하나님을 영화롭게 하고 영원토록 그를 즐거워하는 것"입니다. 신앙의 목적이 여기에 초점이 맞춰질 때 사람들은 자동적으로 사람들은 다음과 같은 질문을 던지게 됩니다. "하나님을 영화롭게 하려면 어떻게 해야 합니까?" 이 질문은 사실 웨스트민스터 소교리문답 2문에 해당하는 질문입니다. 이 두 번째 질문에 대한 대답으로 소교리 문답은 다음과 같이 말해줍니다. "신구약 성경에 기록된 하나님의 말씀은 사람이 어떻게 하나님을 영화롭게 하고, 영원토록 그를 즐거워 할 것인지를 지시하는 유일한 규칙입니다."

그렇다. 신앙의 목적이 하나님을 영화롭게 하는 것이라고 했을 때, 그 신앙은 자연스럽게 성경(진리)에 대한 관심으로 이동되는 것입니다. 신앙의 목적이 성경적으로 규정될 때 기독교는 비로소 다른 타종교와 구분된 모습을 보이게 됩니다. 그리고 세상 사람들에게 존경과 소망의 대상이 됩니다.

오늘날 이 시대의 기독교가 가장 시급하게 개혁해야 할 부분은 바로 이것입니다. 즉 신앙의 목적이 천국이 아니라, 예수님이 목적이 되어 하나님을 영화롭게 하는 것이라는 사고부터 회복되어야 한다는 것입니다. 이 부분을 회복하지 않으면 어떤 개혁도 실효를 거두지 못하게 될 것입니다. 분명하게 천국은 신앙생활의 결과입니다. 우리가 신앙의 목적이 천국이 아니라, 예수님이 목적이 되어 하나님을 영화롭게 하기 위해서 이렇게 살아야 합니다.

첫째, 성령으로 거듭난 영적으로 살아야 합니다. "육신에 있는 자들은 하나님을 기쁘시게 할 수 없느니라(롬8:8)" 반대로 말씀드리면 "육신에 있지 아니하는 자 즉 영적으로 사는 자가 하나님을 기쁘시게 한다."라는 말씀입니다. 그러니까 살리는 것은 영이니 육은 무익하므로 하늘 백성은 오직 유익한 삶을 위해서만 살아야 합니다. 영적인 삶과 육적인 삶이 확실하게 구분이 되어야 합니다. 말에나 행동에서나, 어디서나, 누구 앞에서나, 사람이 있으나 사람이 없으나, 영적인 삶만이 하나님이 기뻐하십니다. 영적으로 살면 하나님께서 자신의 주인으로 계심으로 지금 천국을 누릴 수가 있는 것입니다.

그럼 영적인 삶은 어떻게 압니까? 열매를 보면 알 수 있습니다. "거짓 선지자들을 삼가라 양의 옷을 입고 너희에게 나아오나 속에는 노략질하는 이리라. 그들의 열매로 그들을 알지니 가시나무에서 포도를, 또는 엉겅퀴에서 무화과를 따겠느냐(마7:15-16)" 그리고 말을 하는 것을 보면 압니다. "무릇 더러운 말은 너희 입 밖에도 내지 말고 오직 덕을 세우는 데 소용되는 대로 선한 말을 하여 듣는 자들에게 은혜를 끼치게 하라(엡4:29)" 성령으로 거듭나 예수님을 주인으로 모시고 천국을 만끽하면서 누리고 사는 사람은 언행심사가 곱습니다. 이런 말씀도 있습니다. "이 사람들은 분열을 일으키는 자며 육에 속한 자며 성령이 없는 자니라(유1:19)" 분열을 일으키는 자는 육에 속했기 때문에 주를 기쁘시게 못 합니다.

아무튼 육에 속한 자들은 하나님을 기쁘시게 할 수 없습니다. 그런데 왜 예수님은 이 열매를 비유하시면서 거짓 선지자를 언급하셨습니까? 양들이 주의 종을 분별합니까? 못 합니까? 분별하지 않고 따릅니다. 그래서 평신도를 양이라고 합니다. 양은 앞에 가는 양만 보고 따라가기 때문입니다. 교인들은 목회자를 철저하게 하나님의 종으로 믿고 따릅니다. 설령 양의 옷을 입고 속은 노략질하는 이리라고 해도 양은 그저 따릅니다. 그런데 딱 한 가지 양들이 아는 것이 있습니다. 그것은 바로 음성입니다. "자기 양을 다 내놓은 후에 앞서 가면 양들이 그의 음성을 아는 고로 따라오되 타인의 음성은 알지 못하는 고로 타인을 따르지 아니하고 도리어 도망하느니라(요10:4-5)"

　이 말씀은 잘 들어야 합니다. 이런 논리가 성립됩니다. 육에 속한 목사라고 본다면 분명 양에 탈을 쓴 이리입니다. 그렇기에 양들이 무조건 따라가면 즉 말씀의 분별없이 그저 물질의 축복만 바라보며 따라 간다면 따라 가는 자들은 양이 아니겠죠? 영에 속한 목사의 음성은 양이 알아듣고 따라갑니다. 매우 중요한 말씀입니다. 하나님을 기쁘시게 하는 삶을 최고로 여기는 자들은 분별력이 있습니다. 그래서 말씀 듣다가고 "이건 아닌데~" 충분히 생각하게 됩니다. "주를 기쁘시게 할 것이 무엇인가 시험하여 보라(엡5:10)" 그저 모든 거 멍~하니 되는대로 사는 것이 아니라 시험도 하고 분별력을 가져 하늘 백성이 되도록 살아야 합니다. 암튼 영적으로 살아야 하나님이 기뻐하십니다.

　둘째, 천국 복음을 전파하며 살아야 합니다. 자신이 지금 예수님을 주인으로 모시고 천국을 만끽하면서 천국을 자랑해야 합니다. 반드시 자신이 천국을 체험해야 합니다. 천국(天國)은 하늘 天 나라 國이니 하늘나라를 말합니다. 성경에서 말하는 하늘은 하나님이 계신 곳이 하늘이라 하셨으니, 하나님과 예수님이 계시는 곳이 하늘이고 하나님의 나라인 것입니다. 예수님께서 자신 안 성전에 주인으로 계시니 자신이 천국입니다. 예수님이 말씀이 육신이 되셨으니 예수님 자신이 하늘나라입니다. 예수님은 자신을 천국이라 하셨습니다. 오늘날 기독교인들은 추상적으로 천국은 죽어야만 가는 곳으로 알고 있지만, 천국은 어디로 가는 것이 아니라, 하나님은 자신 안에 성전에 주인으로 계시니 자신이 천국입니다. 그러니까 하나님은 예수를 믿고 물과 성령으로 거듭난 성도의 마음 안에 성전삼고 주인으로 계시니 자신 안에 하늘나라 천국이 이뤄진 것입니다. 지금 천국을 만끽하며 누려야 하나님을 기쁘시게 하는 것입니다. 천국을 누리면서 천국을 전도해야 합니다.

하늘나라 시민권이 있는 사람들이 이 땅에 사는 동안 다른 것은 못해도 복음 전파만큼은 꼭 해야 합니다. 복음 전파라 함은? 씨를 뿌리는 것과 같습니다. 우리는 뿌리기만 하면 하나님은 자라게 하신다고 말씀하고 있습니다. 우리가 복음을 전파해야 하는 가장 중요한 이유는 주님께서 명하셨기 때문입니다. 주님께서는 우리 성도들에게 온 천하에 다니며 만민에게 복음을 전파하라고 하셨습니다(막16:15).

셋째, 하나님을 기쁘시게 해야 합니다. 자녀의 삶의 목적이 무엇입니까? 그것은 하나님을 기쁘시게 하는 것입니다. 웨스터 민스터 신앙고백서에 "사람이 사는 목적은 하나님을 영화롭게 하며 영원히 그를 즐거워하는 것이다."라고 하였습니다. 사도바울은 고전10:31절에서 "그런즉 너희가 먹든지 마시든지 무엇을 하든지 다 하나님의 영광을 하라."고 고린도교회에 가르쳤습니다. 하나님을 기쁘시게 하는 삶을 살기위해서는 먼저 하나님을 사랑하는 마음이 있어야 합니다. 세상에 어떤 것보다도 하나님을 제일로 사랑하는 마음이 있어야 합니다. 우상이란 무엇입니까? 하나님보다 더 사랑하는 것은 우상입니다. 허무한 것입니다. 영원하지 못한 것입니다. 다윗시대에 찬양대장 이었던 아삽은 "땅에서는 주밖에 나의 사모 할 자가 없나이다."(시73:25). 고백 하였습니다.

하나님은 창조주이시고, 만물의 주권자가 되십니다. 독생자 예수그리스도를 세상에 보내 주셔서 우리를 죄와 저주와 사망의 속박에서 풀어 구원하여 주셨습니다. 하나님만이 선하시고, 참 사랑이시고, 진리가 되시고, 영원하시고, 생사화복을 주장하시고, 만복의 근원이 되십니다. 우리가 하나님에 대하여 아무리 잘 안다고 하더라도 하나님께서 우리 마음에 하나님을 사랑하는 마음을 주셔야 합니다. 우리 마음에 주님을 사랑하는 마음으로 불이 붙게 해달라고 기도 하셔야 합니다. 하나님을 사랑하는 마음이 불이 붙을 때 힘이 있고, 기쁨이 있고, 평안이 있고, 행복합니다. 하나님을 사랑하는 마음으로 충만하게 되면 예배가 살아납니다. 기도가 살아납니다. 찬양이 살아납니다. 전도가 살아납니다. 봉사가 살아납니다. 천국을 만끽하며 누리게 됩니다. 모든 것이 살아납니다.

하나님은 영과 진리로 예배하는 자들을 기뻐하십니다. 예배는 인간이 하나님께 대한 최고의 행위입니다. 예배를 소중히 여기는 자는 하나님을 기쁘시게 하는 자들입니다. 예배는 온몸과 마음과 뜻과 전 의지를 다하여 하나님께 드리는 것입니다. 그렇기 때문에 예배는 최상(最上)의 것을 하나님께 드리는 것입니다. 최상의 것을 드리는 자는 하나님을 지극히 사랑하는 자요, 신앙이 좋은 사람입니다. 기독교가 타락하면 예배가 타락합니다. 예배를 소중히 여기지 않습니다. 예배를 적당히 드립니다. 예배에 대한 진심이 없으면 하나님이 기뻐하지 않습니다.

히브리서 11장 4절 말씀에 "믿음으로 아벨은 가인보다 더 나은 제사를 하나님께 드림으로 의로운 자라 하시는 증거를 얻었으니…" 하나님은 가인의 제사를 받지 아니하시고 아벨의 제사를 받으셨습니다. 우리가 하나님 앞에 예배를 드려도 어떤 사람의 예배를 받으시고 어떤 사람의 예배는 받지 않으심을 알아야 합니다. 하나님이 받으시도록 예배를 드려야 복을 받습니다.

하나님은 예배를 가장 소중히 여기십니다. 예배를 잘 드리는 자는 영적으로 깨어있는 자입니다. "오직 선을 행함과 서로 나눠주기를 잊지 말라 이 같은 제사는 하나님이 기뻐하시느니라."(히 13:16). 하나님께서는 자기에게 신령과 진정으로 예배하는 자들을 찾으신다고 하셨습니다(요4:23). 예배는 믿음이 없이는 드릴 수 없습니다. 하나님에 대한 절대적인 신뢰가 뒷받침 될 때 참예배가 가능합니다.

하나님을 기쁘시게 하는 목적을 가지고 하나님을 기쁘시게 하는 삶을 살아야 합니다. 하나님을 기쁘시게 하는 자는 하나님을 사랑하는 자입니다. 하나님과 동행하는 자입니다. 정직한 삶을 사는 자입니다. 하나님을 기쁘시게 하는 삶이 하나님의 자녀의 본분이며 금세와 내세에 큰 복을 받게 됩니다. 하나님을 기쁘시게 하면 모든 관계가 회복됩니다.

20장 무속신앙의 잔재를 끊어내지 못해서

(사 19:3)"애굽인의 정신이 그 속에서 쇠약할 것이요, 그의 계획을 내가 깨뜨리리니 그들이 우상과 마술사와 신접한 자와 요술객에게 물으리로다."

필자가 영적인 일들을 성령으로 깨닫고 보니 샤머니즘의 신앙의 잔재가 예수를 믿고 교회에 출석하는 성도들의 신앙 발전에 지대한 영향을 미치고 있다는 것입니다. 말씀과 성령으로 깨닫고 보면 샤머니즘의 영향을 받지 않는 분야가 없을 정도로 심각합니다. 교회가 부흥하고 성장하는 일에도 샤머니즘의 영향을 받고 있습니다. 예배에도 샤머니즘의 영향을 받고 있습니다. 기도에도 샤머니즘의 영향을 받고 있습니다. 영육의 문제를 해결 받는 대도 샤머니즘의 영향을 받고 있습니다. 목회자나 선도들의 영성에도 샤머니즘의 영향을 받고 있습니다. 찾으면 찾을수록 샤머니즘의 영향을 받지 않는 분야가 없을 지경입니다.

이 샤머니즘의 신앙의 잔재를 찾아서 성령으로 떨쳐내 버리는 것이 가장 큰 영적전투입니다. 그런데 샤머니즘의 신앙의 잔재를 말씀과 성령으로 찾아서 제거해 버리지 않으면 성도들에게서 귀신들이 떠나가지 않는 다는 것입니다. 왜 30년 믿음생활을 했는데 영육이 평안하지 못하고 영안이 열리지 않고 말씀에 비밀을 깨닫지 못하는 어린 아이 신앙으로 살아갑니까? 샤머니즘의 신앙의 잔재를 찾아서 정화시키지 못하기 때문입니다.

첫째, 무엇이 샤머니즘(Shamanism)인가? 샤머니즘은 신(神)을 불러들이는 무당(巫堂), 곧 샤먼(shaman)을 중심으로 한 신앙체계입니다. "샤머니즘이라는 것은 이상 심리상태에서 초자연적 존재(신령, 정령, 사령 등)와 직접 접촉-교류하고, 이 사이에 예언, 탁선, 복점, 치병, 제의 등을 행하는 인물(샤먼)을 중심으로 하는 주술, 종교적 형태로 나타난다."(《종교학대사전》, 샤머니즘, 한국사전연구사(1998년판))라고 인터넷 위키 백과에 나와 있습니다. 많은 기독교인들이 교회에 다니지 않는 사람들의 미신적 활동, 예를 들면 굿을 한다거나 부적을 붙이거나 가지고 다니는 등의 행동을 샤머니즘이라고 지탄합니다. 그러니까 그런 행동들은 하나님을 진노케 해서 하나님께 벌을 받고 구원을 받을 수 없는 것이라고 말하면서 구원을 받으려면 하나님을 믿고 교회에 나와야 한다고 말을 합니다.

그런데 위에서 말하고 있는 샤머니즘의 사전적 의미에 보면 예언, 탁선(신이 내리거나 꿈에서 신이 나타나서 말을 했다고 하는 것), 복점, 치병, 제의(제사 의복?)와 같은 형태로 나타난다고 말하고 있습니다. 신과 접촉해서…. 그래서 기독교인들은 그렇게 하나님이 아닌 다른 신과 사람이 접촉하는 것을 신접했다고, 귀신 들렸다고 하며 터부시 합니다.

그렇다면 샤머니즘의 세계는 왜 그렇게 신과 접촉하려 했을까요? 그러니까 신과 접촉하는 목적과 의도가 무엇인가 하는 것입니다. 그것은 다름이 아니라, 자기 삶의 생사화복에 관하여 안정과 번영을 담보하기 위한 마음에서 비롯된 것입니다. 정통 그리스도인들과 같이 하나님의 영광을 위해서 예수님을 나타내기 위해서 하나님의 살아계심을 증명하기 위해서 믿음 생활하고 세상을 살아가는 것이 아니라, 자기 삶의 생사화복에 관하여 안정과 번영을 담보하기 위한 마음에서 비롯된 것이라면 교회에 와서 신앙 생활하는 것도 엄연하게 샤머니즘입니다.

다시 말해서 세상에서 살 동안 건강하고 부유하며 걱정거리 없는 삶을 바라는 마음을 가진 인간이 육신으로는 그 소망에 자기가 바라는 수준까지 이를 수 없다는 것을 알고 육신의 능력 이상을 빌어 자기 소망을 이루려는 마음에서 신을 찾게 되는 것입니다. 그것이 바로 샤머니즘의 본질이라는 것입니다. 그러니까 사람이 자기 육신이 도모하는 일, 그것이 좋은 것을 기대하는 것이나 불행한 일이 일어나지 않기를 바라는 것 어느 것이라도 그것을 바라는 바를 어디엔가 기대하려 하려는 마음이 있는데, 그 마음을 정립된 신론(神論)에 의하여 인정된 신에게 의지하면 종교가 되고, 그렇지 않고 무당과 같이 정통적이지 않지만 세습되어온 민간의 방식에 의존하면 샤머니즘이라고 한다는 것입니다.

이것은 참 명확한 것 같지만, 합리적인 것 같지만 엄청난 오류가 있습니다. 같은 문제를 어디에 의지하느냐에 따라 종교가 되거나 샤머니즘이 된다는 것입니다. 그렇다면 종교라는 범주를 보겠습니다. 앞에서 말한 것과 같이 사람들이 문명적으로 발전하면서 종교학, 기독교 신학과 같이 신에 대하여 학문적인 정의를 내리고 연구하기 시작하면서 사람이 가진 문제를 그것에 의지하면 종교가 된다고 주장하고 있는 것입니다.

그렇다는 것은 그 뿌리도 결국 샤머니즘 라는 것입니다. 종교가 정립되기 이전부터 사람들은 육신의 능력으로 해결하기 힘든 삶의 문제를 지속적으로 인간 이상의 존재에게 의탁해 왔습니다. 그 체계를 인간 단체가 세우고, 인간 단체가 세운 체계 안에서 육신의 문제를 해결하기 위하여 의탁하면 선한 것이고, 그렇지 않고 사람들이 세운 종교적 논리 세계에 따르지 않고 종교적 논리가 수립되기 전의 방식으로 문제를 해결하려 하면 샤머니즘이라고 규정한다는 것입니다.

  그러므로 샤머니즘이나 사람들이 스스로 세운 종교나 다 같은 조상이고 뿌리가 같고 같은 궤를 가지고 있는 것입니다. 따라서 종교가 되었던 샤머니즘이 되었던 사람이 그것에 바라는 것은 모두 육신으로 사는 인생, 한 세상 자기가 바라는 일이들이 육신에게 늘 있기를 바라는 마음을 비는 것은 같다는 것입니다. 그 마음을 그럴싸하게 포장한 종교 안에 있으면 좀 고상하게 보이고, 좀 더 확률이 높다고 여길 뿐인 것입니다. 그래서 자기가 믿는 신이 더 우월하다고 주장하고 증명하려는 것입니다. 그러니까 이것은 확률 문제인 것입니다.

  그런데 세상은 이런 종교적 개념만 발전한 것이 아니라, 과학이라는 것도 함께 발전했습니다. 그 과학이라는 관점에서 보면 종교나 샤머니즘이나 다 터무니없기는 마찬가지입니다. 교회에 가서 일정한 헌금을 했더니, 아니면 무당에게 복채를 주었더니 부자가 되었다거나 병이 나았다는 것은 과학적으로 볼 때 다 미신입니다. 세상에서 성공하려면 사회과학적으로 공부나 일을 열심히 해야 하는 것이고, 병이 나으려면 의학적으로 병원에 가야하는데 그렇지 않고 기도나 헌금이나 수행을 하는 것은 과학 입장에서 보면 '도긴-개긴'인 것입니다. '도긴-개긴'이란 윷놀이에서 도로 남의 말을 잡을 수 있는 거리나 개로 남의 말을 잡을 수 있는 거리는 별반 차이가 없다는 뜻으로, 조금 낫고 못한 정도의 차이는 있으나 본질적으로는 비슷비슷하여 견주어 볼 필요가 없음을 이르는 말을 말하는 것입니다.

그러자 일부 종교, 특히 기독교는 발 빠른 움직임을 보였습니다. 창조과학회와 같이 신앙과 과학을 결합하기도 하는 것입니다. 과학적으로 성경의 일을 증명해 보겠다고 나선 것입니다. 그렇게 해서 자신들의 종교가 더 우월하고 세상 친화적(세상이 인정할 수 있는 여지가 높은)인 종교라는 것을 증명하려 노력하기도 하는 것입니다. 한 마디로 확률을 높이려 하는 것입니다.

그러므로 샤머니즘은 어떤 신께 어떤 방식으로 인생의 문제를 의지하느냐의 문제가 아닙니다. 즉 사람들이 스스로 정립한 종교학이나 신학이라는 세계가 인정하는 방식으로 기도하고 예배드리고 예불하고 미사를 드리면 괜찮고, 그 범주가 성립되기 전 인생들이 의지하던 고전적 방식을 고수하고 있으면 샤머니즘이 되는 것이 아니라는 것입니다.

샤머니즘은 방식의 문제가 아닙니다. 무엇을 신이나 무당에게 의탁하느냐의 문제입니다. 그러니까 사람이 교회나 절이나 성당에 다니면서 하나님, 부처님, 천주님께 기도하면 종교가 되는 것이 아니라, 하나님이든 부처님이든 천주님이든 간에 가서 인생이 가진 문제, 이 육신의 문제를 해결하고자 하는 모든 신앙은 다 샤머니즘이라는 것입니다.

특히나 여호와 하나님을 신앙하는 것이라면 더 그렇습니다. 하나님은 자신의 정체성에 대하여 분명하게 말씀하시기를 "나는 스스로 존재한다."고 하셨습니다. 그리고 하나님은 사람에게 물으시는 것이 언제나 동일하게 "너는 누구냐?", "너는 나를 누구라 하느냐?"와 같이 관계에 관한 질문을 하시는 분이십니다. 하나님께서 자신에게 "너는 누구냐?" 질문하시면 "나는 하나님의 자녀입니다." 대답을 해야 합니다. 그리고 "너는 나를 누구라 하느냐?"라고 질문하신다면 "하나님은 저의 주신이십니다." 이렇게 대답을 한다면 바르게 복음을 믿는 것입니다. 이렇게 대답하는 사람은 바른 신앙을 따라가는 성도입니다.

그러니까 '너의 문제가 무엇이냐?', '네가 너의 문제를 해결하기 위하여 나에게 제시할 공로와 소유가 무엇이냐?'와 같은 것을 물으시는 분이 아니십니다. 그것은 하나님의 관심은 우리 육신이 살아가는 문제에 있는 것이 아니라, 하나님께서 사람을 만드신 목적 안에 사람이 거하느냐 아니냐를 보시는 분이라는 것입니다. 즉 정체성과 관계를 보시는 분이시지 육신의 문제가 무엇이지, 그것을 해결하기 위하여 신인 나에게 무엇을 가져오는지를 보는 분이 아니라는 것입니다.

반면에 무당으로 대표되는 샤머니즘을 보겠습니다. 병을 고치려면 복채를 내라는 것, 산신령이 노하시니 무엇이든 드리라고 하는 것이 샤머니즘의 골격이 아닙니까? 이것의 출발은 육신의 문제를 해결하는 것에서 시작하고, 그 답을 위해 육신의 무엇을 드리는 것으로 구성된 퍼포먼스인 것입니다. 존재가 아니라 공로와 소유를 드림으로 육신의 문제를 해결하는 것이 샤머니즘인 것입니다.

그러면 종교들은 어떤가? 안타깝게도 샤머니즘과 다른 것이 없습니다. 동일하게 육신의 문제를 사삼들이 스스로 정립한 종교 안에 가지고 가서 종교가 정한대로 소유와 공로를 드리는 것이 그것입니다. 십일조를 내면 부자가 된다는 것이나, 공양미를 내면 아비의 눈이 보게 될 것이라는 것이나, 가서 주기도문을 백번 외우면 죄가 사해질 것이라는 것이나, 그 어느 것 하나 없이 모두 자기가 믿는 신이나 신앙을 위해 육신이 가진 무엇을 드리면 육신의 문제 무엇이 해결된다는 것입니다. 이것은 단지 고상한 샤머니즘일 뿐입니다.

하지만 하나님을 믿는 신앙은 그것이 아닙니다. 하나님께서는 무엇을 먹을까 무엇을 마실까 무엇을 입을까 염려하지 말라고 하셨습니다. 그것은 육신의 문제가 하나님 앞에서 근심할 문제가 아니라는 것입니다. 또한 하나님은 육신의 행함을 보시는 분이 아니라고 하셨고, 제사로 드리는 제물 태우는 냄새도 싫다고 하셨습니다. 한 마디로 사람이 자기 육신의 삶의 문제를 해결하기 위해 하나님께 잘 보이려고, 또 의롭다함을 얻으려고 행함이나 소유를 드림을 원치 않으신다는 것입니다. 그것은 오히려 하나님을 산신령 같은 잡신 취급하는 것이지 신앙이 아닌 것입니다.

그러므로 샤머니즘은 누구께 비느냐의 문제가 아니라, 무엇을 비느냐의 문제입니다. 인생이 존재하는 의미와 하나님께서 자신을 창조하신 목적을 알고자 하나님을 만나려면 하나님을 온전히 믿는 것이지만, 그것이 아니라 하나님께 가서 취업이나, 사업이나, 결혼이나, 건강과 같은 것을 기도하고, 들으시는 하나님이라고 인식하고 그런 하나님의 마음을 사려고 헌금하고 교회에서 봉사하고, 마음에는 분이 가득하지만, 말을 곱게 하려고 애쓰는 것을 깨어 있는 것이라고 하는 것이라면 미안하지만 그것이 바로 샤머니즘입니다.

반대로 복음은 예수를 믿을 때 죽고 예수님으로 다시 살아 예수님을 자신의 주인으로 모시 사는 것입니다. 모든 것이 자신의 유익이 아니라, 성령하나님의 유익을 위하여 신앙생활을 하는 것입니다. 예수님을 닮이 세상에 예수님의 살아계심을 증명하는 신앙입니다.

둘째, 샤머니즘의 본성적 생리는 무엇인가? 우리나라의 전통 종교가 무엇이냐고 말할 때 그것은 두말 할 것도 없이 샤머니즘입니다. 샤머니즘은 이 땅에 외래 종교인 불교나 유교가 들어오기 훨씬 전부터 존재했었습니다. 일반적으로 역사학자들은 한국의 샤머니즘의 기원을 문헌 사료 이전의 시대인 선사시대부터 존재했었다고 봅니다. 그만큼 한국의 샤머니즘은 뿌리가 깊은 것입니다. 이 땅에는 아직도 수십만 명의 무당이 존재하며, 최근에는 길거리에 타로점이라는 신종 점집들이 유행할 정도로 이 땅의 백성들은 샤머니즘에 깊이 물들어 있습니다.

기독교는 처음에 온갖 미신과 우상 숭배에 빠진 우리 민족을 구원하고, 이 땅에서 샤머니즘을 몰아낼 수 있는 가장 강력한 세력처럼 보였습니다. 기독교의 전파와 더불어 서구의 학문과 과학 문명이 유입되면서 사람들 사이에서는 합리적 사고가 보편화되었고 그 결과 무당의 수는 급속히 줄어들었으며, 사람들은 미신을 믿는 것을 어리석은 행동이라고 생각하게 되었습니다. 그러나 샤머니즘은 교묘하게도 자신의 요란한 겉모습을 숨긴 채 사람들의 마음속으로 내면화하면서 오히려 기독교를 정교하게 무너뜨리고 있습니다.

과거에도 샤머니즘은 외래 종교인 불교를 변질시키고, 유교마저도 자신의 체질로 변질시켰습니다. 신라와 고려 시대 때 행해지던 국가적 행사였던 팔관회도 겉으로는 불교 행사였으나 실제적으로는 토속신에게 제사하는 샤머니즘이었습니다.

왜 우리나라는 유교의 발상지인 중국에서조차도 그렇게 하지 않는데 유독 한국에서만이 조상 제사를 그렇게 유별나게 강조하고 받드는 것일까요? 이는 샤머니즘의 조상 숭배 사상이 유교의 탈을 쓰고 유교 속으로 내재하여 들어왔기 때문입니다.

샤머니즘은 외래 종교와 충돌할 때는 과감하게 자신의 겉모습을 버리는 대신 타 종교 속으로 내재하여 들어가 그 종교의 탈을 쓰고 생존하는 것입니다. 이는 마치 빙의 현상과도 비슷합니다. 이것이 샤머니즘의 본성적 생리입니다. 우리는 말씀과 성령으로 자신의 신앙에 샤머니즘의 잔재를 찾아서 정화해야 합니다. 그래야 이성과 육체에 역사하던 귀신들이 떠나갈 것입니다.

셋째, 기독교 안에 들어 온 샤머니즘의 체험주의가 있다. 한국 교회의 현실을 보겠습니다. 많은 목사들에게서 나타나는 권위주의적 태도나 행동들은 기독교적이라기보다는 오히려 재앙을 운운하며 신도들을 겁주는 무당에 가깝습니다. 말씀에 순종하면 복받고, 하나님께서 우리의 현실 문제들을 해결해 주신다고 열변을 토하는 목사들의 설교는 결코 기독교적인 설교가 아닙니다.

필자가 체험을 강조하는 경우가 많이 있습니다. 이는 성령의 인도로 말씀을 삶에 적용하여 체험하여 하나님을 바르게 깨달으라는 뜻입니다. 예수님을 닮아 가라는 것입니다. 기도할 때 진동을 하고, 벌벌 떨면서 기도하고, 입신에 들어가 신비한 것을 보고, 누구의 음성인지도 구분하지 못하면서 음성을 들으려고 하고, 무당이 점치는 것과 같은 예언을 하라는 것이 절대로 아닙니다. 이런 체험을 하려면 예시당초 시작을 말아야 합니다.

성경에 어떤 사도가 현세적 복을 힘주어 강조하였던가요? 또 어떤 사도가 오늘날 한국의 목사들처럼 복을 그렇게 남발하였던가요? 사도 바울인가요? 아니면 사도 베드로인가요? "아닙니다!" 그들은 성도들에게 그리스도의 고난에 동참할 것을 가르치며, 예수님의 인격으로 변화되며, 오히려 핍박과 고난의 현실 앞에서 천국의 소망을 가질 것을 강조하였습니다(롬 8:18). 예수님의 영성으로 바뀌어 살아계신 하나님을 증명하기를 원했습니다.

그들의 최후는 한 결 같이 인간적으로는 비참하다고 밖에 표현할 수 없는 모습으로 비극적 생을 마쳤습니다. 바울 사도는 참수형을 당했으며, 베드로 사도는 십자가형을 당하였습니다. 사도 중

누구도 이 땅에서 부귀영화를 누릴 것을 기대하지 않았습니다. 오히려 사도 바울은 육신의 것을 추구하는 자들을 향하여 배를 섬기는 자들이요(롬 16:18), 땅의 일을 생각하는 자들이요(빌 3:19), 경건을 이익의 수단으로 삼는 자들이라고 신랄하게 비판하였습니다(딤전 6:5). 우리가 분명히 알아야 할 것은 현세적 복 강조는 기독교적인 것이 아니라 샤머니즘의 가장 두드러진 특징이요 본질이라는 점입니다. 요즘 들어 부쩍 극성인 은사 집회도 마찬가지입니다. 샤머니즘은 교리나 경전도 없을 뿐더러 이런 것을 중요하게 생각지도 않습니다. 샤머니즘에서 중요한 것은 신적 체험입니다. 신이 자신의 몸속에 들어오고, 그 증거로 시퍼렇게 날 선 작두를 맨발로 타고, 감춰진 무구를 신통하게 찾아내고, 말문이 터져 신의 말을 전하는 체험을 해야 진짜 무당입니다.

이런 샤머니즘의 체험주의는 오늘날 기독교 속으로 교묘히 들어와 바른 성경적 교리는 외면한 채 이상한 방언, 입신, 진동 등 신비한 영적 체험을 강조하며, 이것을 성령의 역사라고 호도하거나 무당이 점치는 식의 예언기도, 성령으로 정화나 치유와 상관없는 심령기도 등 다양한 형태의 기독교 모습으로 자신을 위장한 채 기독교를 근원적으로 무너뜨리고 있습니다. 우리는 이를 찾아서 성령으로 정화시키는 것이 영적전투를 승리하는 초석이 됩니다.

넷째, 샤머니즘 신앙의 잔재를 정화해야 한다. 일부 성도들과 목회자들이 세상 샤머니즘 신앙의 영향으로 열심히 신앙생활을 하는데도 경제적 어려움, 육신의 질병, 마음의 갈등 등으로 수많은 성도들이 고통 받고 있습니다. 일부 성도들이 열심히 믿음 생활하면서도 당하고 살아가는 고통은 이런 것입니다.

①욱하고 갑자기 튀어나오는 혈기, 분노, 화(火)··· 가슴에 맺힌 울화병. ②대(代)를 이은 가난, 될 듯 돌듯하다가 결정적인 순간에 좌절하는 실패. ③알코올 중독, 약물, 마약중독, 일중독, 쇼핑중독, 종교중독. ④잘될 것 같으면서도 안 풀리는 목회. ⑤각종 정신질환(우울증, 조울증, 조현병(정신분열증), 강박증, 공황장애, 대인공포증 등). ⑥병원에서도 병명이 나타나지 않는 질병. ⑦끊이지 않는 음란한 생각과 외도, 음란. ⑧순간 어쩔 수 없는 폭력. ⑨평생 해결 안 될 것 같은 고부간의 갈등. ⑩주기적 나타나는 우환질고와 환경적인 고통 등을 당하면서 살아갑니다.

일부 목회자들이 성도들이 위와 같은 문제가 있어서 성도들이 찾아오면 조언하고 처방하는 것이 '20일 금식기도해라.' 100일 작정 철야 기도하라, 1년간 새벽기도 빠지지 말고 드려라. 서원 예물을 드리고 기도하라. 100일 산 기도하라. 작정 헌금하라. 은사와 능력의 종의 안수기도를 지속적으로 받아라. 예언기도 내용대로 순종하라. 등의 처방을 하여 열심히 순종하면서 백방으로 노력을 해도 해결이 안 됩니다. 나는 왜 그럴까요? 무슨 잘못된 역사가 있어서 그럴까요? 우리 집안은 무슨 좋지 못한 역사가 있어서 그럴까요? 왜 그런지, 그 역사적인 뿌리 근원적인 뿌리를 진리의 말씀과 성령으로 찾아서 뽑아내야 합니다.

하나님은 행위로 무엇을 열심히 한다고 영육의 문제를 해결하여 주시는 분이 아닙니다. 이는 전적으로 샤머니즘의 신앙의 잔재입니다. 성령하나님께 성령으로 기도하여 영육의 문제의 원인을 알아 원인대로 회개하며 해결하면서 주신 해결방법(지혜)대로 순종하면 성령님이 해결하시는 것입니다. 그렇기 때문에 위에서 말한대로 무엇을 하면 문제가 해결이 되는 것이 절대로 아닙니다. 하나님께서 하라는 대로 순종해야 해결이 되는 것입니다.

하나님은 성도들이 영적 정신적인 문제 해결해 달라고 애걸복걸한다고 해결하여 주시지 않습니다. 그런데 바르게 깨닫지 못하고 하나님께 위와 같은 문제를 해결하여 달라고 저녁마다 철야를 하면서 기도하는 목회자와 성도들이 있습니다. 바르게 알고 하시라고 여기에 거론을 합니다. 뿌리를 찾아서 해결하도록 하는 것이 아니라, 그저 하나님께서 해주시도록 바라기만 한다는 것입니다. 여기에 샤머니즘의 잔재가 섞여 있다는 것입니다.

쉽게 말해서 하나님께 해결하여 달라고 무조건 애걸복걸하지 말라는 것입니다. 이렇게 애걸복걸하는 것은 소위 무당들이 말하는 치성이라는 것입니다. 이렇게 철야를 하면서 치성을 다하면 상대의 신이 해결하여 준다는 것입니다. 알아야 할 것은 예수를 믿는 성도가 이렇게 철야하면서 치성을 하면 귀신이 박수를 치면서 환영을 하면서 활개를 치면서 방해합니다.

필자가 여러 책에서 문제를 일으키는 배후에는 귀신이 있다는 것을 설명했습니다. 문제 뒤에서 역사하는 귀신들은 성령의 역사가 일어나야 떠나가는데 치성 만 드리게 되면 성령의 역사가 일어나지 않음으로 귀신들이 더 활개를 친다는 것입니다. 필자가 이렇게 치성을 다하던 성도들을 대상으로 사역할 때 귀신들이 말로 표현할 수 없도록 떠나갔습니다. 성령의 역사가 일어나야 귀신이 떠나가는데 샤머니즘의 신앙과 같이 치성만 들이고 있으니 귀신들이 박수를 치면서 활개를 하면서 치유 되지 않도록 방해를 합니다.

바르게 알고 구하고 기도해야 합니다. 이스라엘 사람들이 광야 길을 가다가 마라의 쓴 물을 만나 배를 움켜쥐고 고통 할 때 하나님께서 직접 물을 달게 하신 것이 아닙니다. 기도하던 모세에게 호수가 한 나무를 지시하시고 꺾어서 던져서 물을 달게 하셨습니다. 그러므로 하나님께 영적이고 정신적인 문제를 해결하여 달라고 1,000일을 애걸복걸하며 기도해도 해결하여주시지 못합니다. 성령의 감동을 받고 성령의 감동에 따라 순종해야 순종하는 믿음을 보시고 해결하여 주시는 것입니다.

성도들이 당하는 문제를 해결하려면 먼저 성령으로 세례를 받아야 합니다. 왜 성령으로 세례를 받아야 하는 지는 "카리스마로 영적 세계를 장악하는 법" 책을 읽어 보시면 이해가 갈 것입니다. 필자가 문제나 정신적이고 영적이고 육체적인 질병이 있어서 찾아와 상담을 원할 때 먼저 질문하는 것이 있습니다. 집사님은 예수를 믿을 때 어떻게 되었습니까? 하고 질문을 합니다. 그러면 70% 정도가 대답을 하지 못하면서 머뭇거립니다. 필자가 답변해 줍니다. 당신은 예수를 믿으면서 죽었고 다시 사신 예수님으로 태어난 것입니다. 지금은 예수님의 인생을 사시는 것입니다(고후5:14-6).

예수님의 인생을 사시기 때문에 당신은 하나님의 자녀가 된 것입니다. 이제 귀신들이 공격할 수가 없는 초자연적인 성령의 사람입니다. 이제 귀신이 당신을 무서워하는 성령의 사람이 된 것입니다. 새사람답게 귀신 무서워하지 말고 성령의 권위를 가지고 대적하며 귀신과 싸워서 이겨야 합니다. 그렇게 되기 위하여 성령으로 기도하면서 성령으로 충만을 받아야 합니다. 그러면 당신의 영육의 질병이나 문제는 성령의 역사로 해결 되는 것입니다.

그런데 이렇게 믿음 생활을 하지 않고 다른 능력 있고 신령하다는 사람을 의지하여 문제를 해결하려고 하면 귀신이 얕잡아 보고 더 문제를 일으키면서 물러가지를 않습니다. 이런 저런 소문을 듣고 성령의 역사를 일으키는 목회자를 찾아갑니다.

그러면 귀신이 귀신 같이 알아서 성령의 역사에 의하여 정체를 폭로하지 않으려고 올빼미와 같이 숨어서 꼼작하지 않으면서 교회에 다니지 않는 식구들을 동원하여 믿음생활을 방해하면서 악랄하게 공격을 할 수도 있습니다. 그러나 성령의 능력 때문에 계속하지 못합니다. 잠시 동안 일어나는 현상입니다. 인내하면서 기도하면 성령의 역사로 지배되고 장악되어 떠나갑니다.

절대로 굴복하면 안 됩니다. 그렇기 때문에 영육의 문재로 고통당하는 분들은 샤머니즘의 신앙의 잔재인 치성을 드리는 것을 금해야 합니다. 먼저 성령으로 세례를 받아야 합니다. 성령으로 세례를 받은 다음에 성령으로 기도하여 자신이 성령 충만해야 합니다. 자신 안에서 성령의 역사가 흘러 나와야 합니다. 그러면 성령의 역사에 의하여 귀신들이 서서히 떠나가기 시작을 합니다. 그러면서 문제가 서서히 해결이 됩니다. 그래서 성령의 역사가 일어나는 믿음생활이 중요합니다.

21장 보이는 사람을 의지하는 신앙으로

(마 24:4-5)"예수께서 대답하여 이르시되 너희가 사람의 미혹을 받지 않도록 주의하라. 많은 사람이 내 이름으로 와서 이르되 나는 그리스도라 하여 많은 사람을 미혹하리라."

카리스마 있는 사람이나 신령하다는 사람을 의지하는 성도는 지금 천국을 누리지 못합니다. 더군다나 예수님 공중 재림 때에 들림 받지도 못합니다. 사람의 말을 하나님의 말씀보다 우선으로 하는 사람을 멸시하십니다. 창세기 3장 17절로 19절에 그것이 기록되어 있는 것입니다. "아담에게 이르시되 네가 네 아내의 말을 듣고 내가 네게 먹지 말라 한 나무의 열매를 먹었은즉 땅은 너로 말미암아 저주를 받고 너는 네 평생에 수고하여야 그 소산을 먹으리라" 그래서 아담은 에덴에서 쫓겨난 것입니다. 하나님은 이렇게 강조하십니다. "여호와께서 이와 같이 말씀하시니라 무릇 사람을 믿으며 육신으로 그의 힘을 삼고 마음이 여호와에게서 떠난 그 사람은 저주를 받을 것이라"(렘 17:5). 지금 천국을 만끽하며 누리려면 자신 안에 주인된 하나님과 관계를 친밀하게 해야 합니다.

크리스천들이 하나님은 영이시라 보이지 않으니, 카리스마 있는 목회자에게 소망을 두고 믿음 생활하는 경우가 너무나 많습니다. 예수님도 하나님의 자녀들이 보이는 사람에게 소망을 두지 않고, 보이지 않는 하나님께로 의식을 돌리도록 하십니다. 보이지 않는 하나님이 주인이시기 때문입니다. 크리스천들이 하나님께서 보이지 않는 고로 보이는 사람을 하나님보다 더 의지하려는 성향이 강하기 때문입니다. 옛 사람이 죽고 성령으로 거듭나지 못했기 때문입니다. 예수를 믿고 성령으로 거듭났다고 입심 좋게 말하지만 여전하게 옛 사람이 주인노릇을 하고 있기 때문입니다. 이렇게 옛 사람이 여전하게 주인 노릇을 하고 있으니 예수를 20년을 믿어도 변화되지 못하는 것입니다. 깨닫고 보면 세상에서 목회자들의 미혹처럼 무서운 것은 없습니다. 왜냐하면 사기꾼들에게 미혹 당하는 경우에는 금전의 손해만 보면 됩니다. 목회자에게 미혹을 당하면 영혼을 사냥당할 수도 있습니다. 필자가 그동안 성령치유 사역을 하면서 체험한 바로는 목회자나 성도들이나 할 것 없이 카리스마 있는 사람의 미혹을 받고 고통을 당했다는 것입니다.

본문 말씀은 제자들 모두는 사전에 서로 의논하고 감람산에 이르러 은밀하게 묻는 것입니다. 마가복음의 병행구절(막 13:1-4)에서는 제자들 중의 실세인 베드로와 야고보와 요한과 안드레가 종용히 묻습니다. 베드로와 안드레는 친 형제이며 야고보와 요한 역시 친 형제입니다. 그들은 다른 제자들보다 예수를 가장 먼저 만난 사람들입니다. 그러나 누가복음의 병행구절(눅 21:5-7)에서는 특정인이 아닌 어떤 사람이 묻는 것으로 기록되어 있습니다. 이러한 제자들의 우문(愚問)에 대한 예수님의 첫 대답이 "너희가 사람의 미혹을 받지 않도록 주의하라"는 것입니다. 실상인즉 "너희 마음 안의 돌 성전이 돌 위에 돌 하나도 남지 않고 무너지는 그 때가 이르면 사람의 미혹을 받지 않도록 주의하라"는 말씀입니다. 쉽게 설명하면 육신의 눈으로 보이는 사람에게 소망을 두지 말라는 말씀입니다. 보이는 사람에게 소망을 두고 따르다가 그가 보이지 않으면 스스로 설수가 없기 때문입니다. 자신의 주인이신 보이지 않는 하나님께 소망을 두어야 보이는 사람이 떠나거나 사망하여 보이지 않더라도 실망하지 않는 다는 말입니다. 육신의 눈에 보이는 예수님이 돌 위에 돌 하나도 남지 않고 다 무너지는 때(십자가에서 해 받으시면)는 예수 그리스도를 통하여 얻어 보겠다는 제자들이 낙심하는 때를 비유하여 말씀하신 것입니다. 실제로 예수님이 십자가에서 해 받으시자, 제자들은 모두 희망을 잃어버리고 본업으로 돌아갔습니다. 부활하신 예수님이 찾아가셔서 베드로에게 2번을 사랑하느냐고 물으신 3번째, "내가 주님을 사랑하는 줄을 주님께서 아시나이다. 예수께서 이르시되 내 양을 먹이라"(요21:17하). 말씀하시며 이제 주님을 의지하지 말고 주님을 대신하여 "내 양을 먹이라"고 사명을 확인하여 주십니다.

예수님께서 베드로에게 사명을 주시는 그 때에 이르러서야 보이는 눈으로 세상이 원하는 것으로 기쁨을 누리지 아니하고, 하나님이 원하시는 것으로 기쁨을 누리게 되는 것입니다. 그 기쁨은 누구도 **빼앗을** 자가 없는 영원한 기쁨이 되는 것입니다. 그 기쁨은 하나님을 사랑함에서 발원한 기쁨이기 때문입니다. 그 기쁨 이외의 어떠한 기쁨으로도 거룩함에 이르지 못할 것이기 때문에 우리 모두의 소망이 되어야 합니다. 그렇지만 제자들의 관심사인 "주의 임하심과 세상 끝 날"에 대한 소망은 현재로써는 스승의 생각과 도저히 같을 수 없는 평행선입니다.

"지금은 너희가 근심하나 내가 다시 너희를 보리니 너희 마음이 기쁠 것이요 너희 기쁨을 빼앗을 자가 없으리라. 그 날에는 너희가 아무 것도 내게 묻지 아니하리라. 내가 진실로 진실로 너희에게 이르노니 너희가 무엇이든지 아버지께 구하는 것을 내 이름으로 주시리라. 지금까지는 너희가 내 이름으로 아무 것도 구하지 아니하였으나 구하라. 그리하면 받으리니 너희 기쁨이 충만하리라."(요 16:22-24). 그 때가 되면 아버지께 구하는 모든 것을 받을 수 있고 기쁨이 충만하리라고 예언하시지만, 바로 그 때에 오히려 육적인 눈에 보이는 사람의 미혹을 받지 않도록 주의하라고 경계하십니다. 쉽게 말하면 제자들이 예수 그리스도와 같은 능력이 있을 때에 사람의 미혹(추종)을 받는다면 그는 적그리스도요 루시퍼가 될 것이기 때문입니다.

사람의 미혹이란 다른 사람이 나를 미혹한다는 뜻이 아니라, 나 스스로 세상 사람들이 좋아하는 미혹에 빠진다는 의미도 포함됩니다. 즉 세상 사람들이 추종하는 인물이 되어 재물과 권력과 명예와 능력의 미혹에 빠질 것임을 말씀하신 것입니다. 그 미혹을 피하려고 예수는 그를 추종하는 허다한 무리들을 얼마나 자주 피하셨습니까? 그 미혹을 피하려고 세례 요한의 옥에 갇힘과 죽음의 소식을 접하고도 말없이 멀리 피하셨던 것입니다.

예수께서 사람이 원하는 미혹에 빠졌다면 유대의 임금이 되었지 절대로 십자가에 못 박히지 않았을 것입니다. 예수께서는 하나님께로부터 받는 기쁨이 무엇인지 알기 때문에 세상으로부터 받는 기쁨을 취하지 않았던 것입니다. 예수의 기쁨을 마귀라도 빼앗을 수가 없었던 것입니다. "많은 사람이 내 이름으로 와서 이르되 나는 그리스도라 하여 많은 사람을 미혹하리라."(마 24:5). 천사장 루시퍼가 자기의 자리를 떠나 하나님과 견주려 할 때 그는 사탄이 되었습니다. 섬김의 자리를 버리고 군림의 자리를 탐하였기 때문입니다. 스승인 예수께서 제자들에게 경계하신 것이 그 때에 이르러 루시퍼와 같이 섬김의 자리를 버리고 군림의 자리를 탐할 것을 경계하셨던 것입니다. 예수 이후 신약 시대인 지금까지 얼마나 많은 자칭 예수가 출현했습니까?

오늘 예수께서 우리들에게 강력한 메시지를 전하고 있는 것입니다. 너희 안의 율법 신앙, 즉 돌로 지은 예루살렘 성전이 돌 위에 돌 하나도 남지 않고 무너지고, 하나님의 생명의 복음이 들릴 때에 사람의 미혹을 받아 너 스스로 세상 사람들이 원하는 영광을 취하지 말고 십자가를 지라 하시는 것입니다. 그 때에 사람의 미혹을 받는 자들이야말로 히브리서 기자가 강조하였던 한 번 빛을 받고 하늘의 은사를 맛본 사람들인 것입니다(히 6:4-6).

우리 모두는 말세에 거짓 선지자가 많이 일어나 사람들을 미혹할 것이라고만 알았습니다. 즉 거짓 선지자가 나를 미혹하는 것이지, 내가 거짓 선지자가 되어 많은 사람을 미혹하게 될 것이라는 것은 조금도 깨닫지 못하였던 것입니다. 예수께서 제자들에게 그 때에 이르러 "사람의 미혹을 받지 않도록 주의하라"

고 말씀하신 이유가 여기에 있습니다. 제자들과 예수께서 대화하고 있는 지금, 제자들은 철저히 사람의 미혹을 받고 있습니다. 스승인 예수를 통하여 사람의 영광을 취하려고 하고 있습니다. 그와 마찬가지로 세상의 모든 사람들은 정도의 차이만 있을 뿐 사람의 미혹을 받고 있고, 그 재미와 소망으로 살아가고 있습니다. 그런 사람들에게 사람의 미혹을 받지 말라고 경계하시는 것이 아닙니다. 지금 그들에게는 아무리 경계한들 쇠귀에 경 읽기일 뿐이기 때문입니다. 그러나 하나님의 말씀을 배우고 묵상하고 상고하는 자들에게는 율법 신앙의 종말의 때가 있을 것이며, 그 때에 또 사람의 미혹을 받는다면 다시 새롭게 하여 회개하게 할 수 없으므로 사람의 미혹을 받지 말라고 하시는 것입니다.

첫째, 카리스마 있는 지도자의 말만 듣고 따라가지 마라. 많은 수의 크리스천들이 사람을 통하여 하나님의 뜻을 알려고 신령한 사람을 의지하는 경향이 많습니다. 하나님은 성령으로 거듭난 성도는 성도 안 성전에 계시는 성령으로 뜻을 알려주십니다. 세상 사람과 믿음이 약한 사람은 천사를 통하여 뜻을 알려주십니다. 예수를 믿고 성령으로 거듭난 사람은 성령으로 직접 뜻을 전해주십니다. 이는 고넬료 가정의 성령체험을 생각하면 쉽게 이해가 됩니다. 백부장 고넬료의 믿음에 대해 기록하고 어떤 축복을 받았는지를 구체적으로 설명하고 있습니다. 백부장 고넬료는 이방사람이라고 기록되어 있습니다. 그는 유대 민족도, 이스라엘 사람도 아니었습니다. 그러나 그는 이방인으로서 최초의 기독교인이 되어서 성령을 받고 주변 사람들을 전도함으로 큰 역사를 일으킨 인물이 되었습니다. 백부장 고넬료는 로마 장교요, 이방인이었지만 경건한 사람이었습니다. 그의 집안 식구들 모두가 하나님을 경외했습니다. 그는 항상 하나님께 기도하는 신앙을 가졌습니다. 그리고 어려운 백성들을 많이 구제해서 주변사람들에게 칭찬과 존경을 받았습니다. 어느 날 고넬료는 제 구 시쯤 되어 기도하던 중에 환상을 보게 되었습니다. "하나님의 천사가 나타나서 그의 기도와 구제가 하나님 앞에 상달되고 기억하신바 되었으니 사람을 욥바에 보내서 베드로라 하는 시몬을 청해서 말씀을 들으라"고 했습니다. 그는 즉시 하나님의 음성에 순종하여 집안 하인과 군졸을 욥바로 보냈습니다.

욥바에 있던 베드로도 지붕에 올라가서 기도하다가 환상을 보았습니다. 하늘에서 큰 보자기 같은 그릇이 내려오는데, 그 속에는 부정한 짐승들이 가득 들어있었습니다. 그런데 그 때 하늘에서 그것을 먹으라는 음성이 들렸습니다. 베드로는 "그럴 수 없습니다. 저는 깨끗하지 않은 부정한 것들을 먹은 적이 없습니다." 라고 대답하였습니다. 그러자 하나님께서 "내가 깨끗하다 한 것을 네가 속되다 하지 말라."고 하셨습니다. 베드로는 세 번이나 똑같은 환상을 보았지만 그것이 무엇을 뜻하는지 알 수 없었습니다. 그 때 마침 고넬료가 보낸 사람들이 도착을 했습니다. 그들을 만난 베드로는 자신이 본 환상의 의미를 깨달았고, 그들을 따라가라는 성령의 음성을 직접 들었습니다. 그래서 베드로는 그들을 따라 가이사랴에 있는 고넬료의 집으로 갔습니다.

고넬료는 가족과 친척, 친구들까지 모두 불러모아놓고 예배드릴 준비를 하고 기다리고 있었습니다. 베드로가 도착하자 고넬료는 베드로에게 달려가 엎드려 절을 하였습니다. 베드로는 고넬료에게 일어나라고 한 뒤 예배를 드렸습니다. 고넬료의 집에 모인 사람들은 베드로가 전하는 말씀을 듣고 은혜를 받고, 성령 충만을 받아서 방언으로 기도하고, 하나님을 높이며 찬양했습니다. 정리하면 고넬료는 천사가 하나님의 뜻을 알려주었습니다. 베드로는 성령께서 직접 뜻을 알려주셨습니다. 성령으로 거듭난 크리스천은 이제 자신 안에 주인으로 계시는 성령으로부터 하나님의 뜻을 알아야 합니다.

둘째, 카리스마 있는 사람만을 의지하여 능력 받으려 하지 말라. 필자가 말하려고 하는 깊은 뜻은 능력이 있는 사람만 의지하여 사람에게 받으려고 하지 말라는 것입니다. 하나님께 기도하여 하나님께서 만나게 하는 사람을 통하여 능력을 받으라는 말입니다. 자신이 능력이 있다는 사람을 결정하여 능력을 받으려고 하지 말고 성령께서 감동하시어 만나게 하는 사람을 통해 전이 받으라는 말입니다. 하나님께서 만나라는 사람을 통하여 하나님과 관계를 열면서 자신의 능력으로 만들라는 것입니다.

그 사람에게 역사하시는 성령님은 뒷전이고 능력 있는 사람만을 의지하지 말라는 것입니다. 하나님은 능력은 필요한 분들에게 모두 주셔서 사용하면서 살아계신 하나님을 증명하게 하십니다. 그렇기 때문에 능력을 받으려면 먼저 자신 안에 주인으로 계시는 성령님께 기도하라는 것입니다. 기도하다가 보면 성령님이 감동하십니다. 어디를 가라고 하시든지, 서점에 가라하시든지, 국민일보 광고를 보는 순간 가보라는 감동을 하시든지… 그러면 지체도 하지 말고, 거리가 멀다고 생각도 하지 말고, 여건을 고려하여 합리를 가지고 분석하지 말고 찾아가는 것입니다. 분명하게 성령님께서 그곳에서 능력을 받게 하시려고 감동하시고 찾아가게 하신 것입니다. 자신이 찾아가지만 실상은 자신의 주인이신 성령님이 데리고 가시는 것입니다.

그러면 그곳에서 자신이 목적한 능력을 받을 때까지 기다리는 것입니다. 능력은 어떻게 받느냐 입니다. 첫째로 포기하지 않는 신앙이 필요합니다. 신앙은 타협이 아닙니다. 열왕기하 2장에 나오는 엘리사를 보시고 교훈을 얻으시기를 바랍니다. 일단 결심한 엘리사의 마음은 요지부동입니다. 길갈에서 엘리야가 엘리사에게 "청컨대 너는 여기 머물라 여호와께서 나를 벧엘로 보내시느니라." 말합니다. 그 때 엘리사가 "여호와의 사심과 당신의 혼의 삶을 가리켜 맹세하노니 내가 당신을 떠나지 아니하겠나이다"(왕하2:2절)하고 주장하였습니다. 이와 같은 엘리야의 권면과 엘리사의 주장은 벧엘에서도, 여리고에서도, 요단에서도 반복되었던 것입니다. 엘리사의 마음은 시종일관 필사적이었습니다. 엘리야의 능력이 자기에게 임할 때까지 포기하지 않았습니다. 엘리야의 영감의 갑절이 자기에게 주어질 때까지 자기 선생을 따르겠다는 것이 엘리사의 비상한 결심이었습니다. 포기하지 않겠다는 것입니다. 능력을 받으려는 분들도 이러한 포기하지 않는 믿음이 중요합니다. 어떠한 고난과 어려움이 있다 해도 포기하지 않고, 끝까지 믿음을 갖고 주님을 따라가는 모두가 되기를 바랍니다.

둘째로 하나님을 직접 만나야 합니다. 열왕기하 2장 11절 읽어보면 "두 사람이 행하며 말하더니 홀연히 불 수레와 불 말들이 두 사람을 격하고 엘리야가 회리바람을 타고 승천하더라." 죽지 않고 승천한 사람이 몇 명인가? 3명입니다. 에녹, 엘리야, 예수님. 엘리사는 요단 강변에서 하나님이 엘리야를 데려가시는 것을 목격합니다. 하나님은 회오리바람으로 엘리야를 데려가십니다. 11절의 "불 수레와 불 말들"은 엘리야가 타고 가는 것이 아닙니다. 그것들은 엘리야와 엘리사를 갈라놓는 역할을 합니다. 불 수레와 불 말은 하나님의 임재를 상징합니다. 엘리사는 엘리야에게서 무엇을 얻기를 원했습니다. 엘리사는 끝까지 엘리야를 붙들려고 했습니다. 그러나 하나님은 엘리사에게 말씀하십니다. "왜 엘리야만 계속해서 바라보느냐! 이제는 나를 보아라. 나를 만나 거라. 엘리야가 한 시대에 내가 준 사명을 감당했듯이, 이제는 내가 네게 사명을 맡긴다. 나를 만나는 사람이 내 사명을 감당할 수 있다." 성령의 음성을 듣고 순종해야 합니다.

엘리야의 승천 직전에 엘리사는 하나님의 임재를 체험합니다. 하나님 임재의 체험이 엘리사를 선지자로 세웁니다. 이제 엘리사는 자신이 하나님의 사람으로 행동해야 한다는 것을 깨닫게 됩니다. 성도는 하나님을 만나야만 합니다. 만나지 않고 체험하지 않고 누군가에게 듣고, 배워서 할 수가 없습니다. 이 시간 구경만 하는 것이 아니라, 한 사람 한 사람 하나님을 만나길 바랍니다. 체험 있는 신앙을 가지기를 바랍니다.

셋째로 하나님만 바라보고 의지해야 합니다. 열왕기하 2장 14절을 보면 "엘리야의 몸에서 떨어진 그 겉옷을 가지고 물을 치며 가로되 엘리야의 하나님 여호와는 어디 계시니이까 하고 저도 물을 치매 물이 이리저리 갈라지고 엘리사가 건너니라" 공동번역에 보면 이렇게 표현되어 있습니다. "엘리야의 겉옷으로 물을 쳤으나 물이 갈라지지 않았습니다. "그래서 엘리야의 하느님 야훼여, 어디계십니까?" 하면서 물을 치자 물이 좌우로 갈라졌습니다. 그리하여 엘리사가 강을 건너는데" 엘리사가 엘리야의 흉내를 내어 겉옷을 들고 스승의 힘을 빌어 요단강을 칠 때 물이 갈라지지 않았습니다. 그러나 엘리사는 이제 직접 하나님을 찾았습니다. 자신이 하나님을 직접 찾고, 하나님께 기도합니다. 이 말은 엘리사가 이젠 다른 것을 의지하지 않고 오직 하나님만을 의지한다는 것입니다. 하나님과 동행하는 것입니다. 이제 사람을 통해서 하나님을 만나려고 하지 말고 직접 만나 체험하기 바랍니다. 직접 하나님을 찾고 만나야 합니다. 당신은 지금 무엇을 의지합니까? 세상의 힘, 지식, 기술, 능력, 지혜, 돈, 건강을 의지합니까? 무엇보다 우리의 의지할 것은 하나님밖에 없음을 믿기를 바랍니다. 직접 하나님을 의지하기를 바랍니다.

그런데 문제가 무엇인가하면 자기 생각대로 찾아가고, 자기 생각대로 돌아온다는 것입니다. 한마디로 자기 마음대로 한다는 것입니다. 기본이 되지 않은 것입니다. 이런 분은 능력은 커녕 성령의 사람으로 변화되지도 못합니다. 자신이 예수를 믿을 때 죽지 않고, 자신이 그대로 살아있기 때문에 성령님께서 자신을 통하여 아무것도 하실 수가 없습니다. 영이신 성령님이 육체인 자신을 통하여 무엇을 하실 수가 있겠습니까? 분명하게 하나님은 하나님께서 분명하게 말씀하셨습니다. "그리스도의 사랑이 우리를 강권하시는 도다. 우리가 생각하건대 한 사람이 모든 사람을 대신하여 죽었은즉 모든 사람이 죽은 것이라. 그가 모든 사람을 대신하여 죽으심은 살아 있는 자들로 하여금 다시는 그들 자신을 위하여 살지 않고 오직 그들을 대신하여 죽었다가 다시 살아나신 이를 위하여 살게 하려 함이라(고후 5:14-15)" 분명하게 "자신을 위하여 살지 않고 오직 그들을 대신하여 죽었다가 다시 살아나신 이를 위하여 살게 하려 함이라고"하셨습니다. 예수님을 위하여 살게 하려고 부르신 것입니다. 예수님께서 하신 일을 하게 하려고 부르신 것입니다. 예수님은 영이십니다. 육체가 죽지 않고 예수님을 위하여 살아갈 수가 없습니다. 그래서 죽었다고 다시 살아나 예수님으로 살도록 하시는 것입니다. 이제 자신의 인간적인 생각이나 지혜나 열심으로 살지 말아야 합니다. 성령의 인도를 받아야 합니다. 그래야 지금 천국을 만끽합니다.

셋째, 자신 안에 하나님과 관계를 열라. 하나님은 이스라엘 백성들을 애굽에서 이끌어내어 광야를 걷게 한 것은 애굽에서의 종살이를 치유하고 보이지 않는 하나님만을 믿는 믿음의 사람으로 바뀌어서 하나님과 교통하며 살게 할 목적이었습니다. 애굽에서 나와 가나안을 가는 여정에 하나님께서 함께 하신다는 여러 가지 기사와 기적을 보이셨습니다. 그런데 일부 이스라엘 사람들은 보이지 않는 하나님께는 안중에도 없고 모세만 믿고 바라보고 가나안을 향해서 걸어갔습니다. 모든 것을 하나님께서 하신다는 믿음이나 생각 없이 주인정신이 아닌 노예정신을 가지고 졸졸 따라왔습니다. 마치 지금 일부 목회자와 성도들과 같이 능력 있는 담임목사만 바라보고 자신 안에 계신 하나님은 변방에 모시고 믿음 생활하는 것과 같았습니다. 모세가 시내산에 십계명을 받으러 올라가서 40일을 보이지 않을 때 자신들을 이끌고 갈 신을 만든다고 금을 모아 금송아지를 만들기도 했습니다. 하나님의 진노로 금송아지 우상과 함께 죽을 고비에서 모세의 기도로 살았습니다. 이들은 보이는 사람이나 신을 하나님보다 더 믿었습니다. 현대교회 크리스천들도 자신 안에 주인으로 계시는 하나님께서 보이지 않으니, 보이는 사람을 우상으로 모시면서 믿음 생활하는 크리스천이 있습니다. 드디어 가데스바네아에서 열두 정탐꾼을 가나안 땅을 정탐하라고 보냈는데 정탐을 하고 돌아온 10명이 하나님께서 함께 하신다는 믿음이 없이 자신들이 주인 된 인간적인 생각의 결론을 알려준 것입니다. 그래서 똑같은 사물을 경험할 때에 그것을 바라보는 사람의 마음의 태도에 따라서 다 틀립니다. 자신이 주인 되어 마음이 지옥인 사람은 자신의 능력과 비교하여 사물을 바라보게 되고, 하나님께서 주인 되어 마음이 하늘나라가 된 사람은 하나님의 눈과 생각으로 바라보고 판단하고 결정하는 것입니다.

우리가 바르게 알아야 할 것이 있습니다. 10명의 정탐꾼이 부정적이 된 것에는 원인이 있다는 것입니다. 이 사람들이 처음 애굽을 나올 때부터 보이지 않는 하나님의 함께하심을 믿은 것이 아니라, 눈에 보이는 모세를 믿는 노예정신을 가지고 가나안을 향했기 때문입니다. 그래서 함께 하시는 하나님은 생각하지도 못하고, 자신과 가나안에 거주하는 사람과 비교한 것입니다. 비교하는 순간 10명의 정탐꾼의 무의식에서 "모든 백성은 신장이 장대한 자들이며, 거기서 네피림 후손인 아낙 자손의 거인들을 보았나니 우리는 스스로 보기에도 메뚜기 같으니 그들이 보기에도 그와 같았을 것이니라"(민13:32-33). 이렇게 느낀 대로 보고한 것입니다.

중요한 것은 애굽에서 모세의 인도로 광야로 나온 사람들은 가나안에 들어가 모세를 주인으로 모시고 편안하게 지내는 것에만 관심을 갖은 것입니다. 그러니까, 광야를 걸어올 때 하나님은 찾지도 않고 물 달라, 고기 달라, 소리만 지른 것입니다. 홍해를 가르고, 쓴물을 달게 하고, 낮에는 구름기둥 밤에는 불기둥으로 인도해도 누가 어떤 분이 어떻게 이런 역사를 일으키는지 관심을 갖지 않은 것입니다. 기사와 이적이 일어나도 관심을 두지 않으니 하나님이 함께 하신다는 것을 알도리가 없는 것입니다.

4부 예수 공중 재림 때 들림 받는 신앙 자세

22장 체험적이고 실증 있는 신앙생활로

(마 7:21) "나더러 주여! 주여! 하는 자마다 천국에 다 들어갈 것이 아니요. 다만 하늘에 계신 내 아버지의 뜻대로 행하는 자라야 들어가리라"

하나님은 하늘나라 천국에 대하여 바르게 알고 만끽하며 누리기를 원하십니다. 영원한 천국은 지금 천국을 만끽하며 경험한 자만 갈 수 있는 곳이라고 생각합니다. 살아서 하나님의 참사랑의 기쁨을 경험한 사람만이 그 참사랑의 기쁨을 영계에서도 그대로 누릴 수 있기 때문입니다. 그렇다면 어떻게 하면 지금 천국을 이룰 수 있을까요? 그것은 우리의 마음속에 먼저 천국을 만드는 것입니다. 하나님과의 사랑, 그리고 가족 혹은 이웃 간의 사랑을 통하여, 우리의 마음을 언제나 기쁜 상태로 유지하는 것입니다. 마음을 진리의 말씀과 성령으로 정화하는 것입니다. 자신 안에 하나님 외에 제 3의 요소들을 성령으로 배출하는 것입니다. 마음이 정화가 되면 될수록 천국인 마음의 평안을 느끼게 됩니다. 자신이 그러한 기쁨을 유지되게 되면, 그 기쁨이 가정을 넘고, 종족을 넘고 민족을 넘어 국가와 세계로 뻗어나가는… 것입니다. 그래서 우리의 마음속에 사랑을 통한 기쁨을 끊임없이 유지하는 것이 무엇보다 중요한데, 그것은 내 마음속에 하나님을 주인으로 모심으로써 가능하다는 것입니다. 하나님은 권능의 하나님이고, 그 권능은 끊임없이 기쁨의 카리스마를 창조해내는 특성을 가지고 있기 때문입니다.

일부 목회자들이 이렇게 설교합니다. 죽어서 천국가면 되기 때문에 지금 아무렇게나 살아도 된다는 말입니까? 필자는 이분들에게 이렇게 질문하고 싶습니다. 마음이 천국 되지 못하여 조그마한 일에도 짜증이 나고, 신경질이 나고, 쉽게 분노하고, 마음이 불안하고 두렵고, 우울하여 불면증이 생겨서 고생하는데 어찌 바르게 살아갈 수가 있겠습니까? 바르게 살아가려고 해도 마음상태가 따라주지 못하는데 어찌 바르게 살아갈 수가 있겠습니까? 지금 마음의 평안을 누리는 방법을 찾아서 말씀을 전하여 적용하게 해야지 않겠습니까? 예수를 믿으면서 누가 마음대로 살아가려고 하겠습니까? 마음대로 살지 않으면 되지 않는 심령상태라서 하는 수 없이 되는 대로 살아가는 것입니다. 근본을 바꿀 수 있는 대책을 전해야 할 것입니다.

우리 크리스천들이 마음대로 살아가지 않도록 하는 것은 근본을 바르게 깨닫게 해야 합니다. 근본이 고쳐져서 바르게 되면 지금 천국을 누리면서 살아가는 성도들이 되도록 해야 할 책임이 목회자들에게 있다고 생각합니다. 천국은 영적세계에서 일어나는 보이지 않는 역사이기 때문에 체험해보지 않고는 정확한 맛을 알 수가 없습니다. 강단에서 말씀을 전하시는 목회자도 지금 천국을 체험해 보아야 정확하고 담대하게 천국이 이렇다 지금 천국을 만끽하며 누려야 한다고 전할 수 있습니다. 그러나 체험하지 못한 목회자는 지식으로 아는 천국의 역사 밖에 전할 수가 없는 것입니다. 현대교회들마다 지금 천국을 만끽하며 누리지 못하는 것은 먼저 천국은 예수님 재림 때와 죽어서 가는 곳으로 인식하고 있기 때문이요, 지금 천국이 어떤 상태인지 알지도 못하고 체험하지도 못했기 때문입니다. 그래서 천국간증하면 성령의 깊은 임재가운데 보고 돌아온 천국에 대하여 말하는 것이 대다수 입이다. 한 번 생각해 보시기를 바랍니다. 지금 천국을 만끽하면서 누린다고 간증하는 성도가 몇 명이나 됩니까? 지금 천국을 만끽하며 누린다는 성도를 초청하여 간증 집회하는 교회가 몇 개나 되는지 알아보아야 될 것입니다. 전부 저 세상에 있는 천국만 운운합니다. 깊은 임재에 들어가서 보고 나온 상상을 간증합니다. 그러면서 한다는 설교가 죽어서 천국가면 되기 때문에 지금 아무렇게나 살아도 된다는 말입니까? 하면서 목소리를 높이는 것입니다.

천국에 대한 근본이 바뀌면 성도들이 변화되게 되어있습니다. 분명하게 성경에서 말하는 천국이란 죽어서 가는 곳이 아니라, 살아서 인식되고 체험되는 곳입니다. 천국이란 상대적 사고를 하는 인생이 세상에서 성령의 법으로 치리되는 영적인 나라를 말하는 것입니다. 천(天: 하늘)이란 하나님의 법을 뜻하는 용어이고, 국((國: 나라)은 하나님의 나라를 뜻합니다. '나라' 라고 한다면 그 안에는 다스리는 법이 반드시 있어야 합니다. 성령의 법에 의하여 지배를 받아야 합니다. 다른 제 3의 요소에 지배와 다스림을 받는 상태라면 아직은 천국이 불완전한 상태라는 말이 됩니다. 불완전한 상태를 완전한 상태로 만들어야 하기 때문에 "세례 요한의 때부터 지금까지 천국은 침노를 당하나니 침노하는 자는 빼앗느니라(마11:12)" 말씀하시는 것입니다.

지금 천국을 만끽하면서 살아가는 설교를 하지 못하기 때문에 성도들이 죽어서 가는 천국만 사모하는 것입니다. 심지어 이단이라고 낙인이 찍힌 단체에서는 기독교인의 목적은 구원과 천국입니다. 천국을 소망하고 열심히 신앙생활을 합니다. 심지어 더 심하게 자유가 없는 신앙생활을 합니다. 목사님들의 설교나 모든 교인들은 "천국은 예수님 열심히 믿고 죽어서 간다."고 믿고 있습니다. 그렇게 좋은 천국을 빨리 가는 것이 좋을 텐데 왜 고달픈 이 세상에 오래 살려고 애쓰는 걸까요? 하면서 조롱 비슷하게 비꼬고 있습니다. 그런데 여기에 한 곳 잘못인식하고 있는 것이 있습니다. "기독교인의 목적은 구원과 천국입니다." 라는 표현이 지극히 잘못된 것입니다. 원래 구원과 천국은 예수님을 믿고 주인으로 모시고 살아온 결과입니다. 바른 표현은 "기독교인의 목적은 예수님이 십니다. 구원과 천국은 예수 믿은 결과입니다." 구원과 천국을 목적으로 믿음생활하면 안 됩니다. 여기에서 많은 문제가 발생합니다. 이는 이미 앞 여러 곳에서 상세하게 설명했습니다. 우리의 주인이신 예수님을 목적으로 신앙생활을 해야 결과적으로 구원과 천국을 만끽하며 누리는 것입니다.

천국을 지금 만끽하며 누리고 살아가려면 체험해야 가능합니다. 체험해보지 않으니 죽어서 천국을 간다고 해도 누구하나 의문을 제기할 수가 없는 것입니다. 우리 목회자들이 지금 천국을 누려야 한다고 강력하게 설교하지 못하는 것은 성령으로 깨닫지 못하고 체험하지 않고 성경 지식과 사람들에게 들은 풍문으로 설교를 하기 때문입니다. 천국은 보이지 않아서 체험하지 않고는 확증하고 설명할 수가 없습니다. 라면을 먹어보지 않고는 설명할 수가 없는 것과 같이 살아계신 하나님의 통치하에 있는 천국은 직접체험해보지 않고는 정확하게 알지 못하여 설명할 수가 없는 것입니다. 분명하게 지금 천국을 누려야 합니다.

천국이라는 말은 예수님의 입에서 나와서 성경말씀에 기록된 말입니다. 그 사상과 내용도 전적으로 성경의 것입니다. 성경이 말하는 천국은, 삼위 일체 하나님과 함께 평화와 행복으로 영원히 살게 된 영생하는 사람들을 위하여 영생할 수 있는 실제적인 나라를 하나님이 친히 건설하는 것을 가리킵니다. 어떻습니까? 이런 생명을 가지고 이런 천국을 지금 만끽하다가 영원한 천국에 가기를 원치 않습니까? 그러나 이러한 천국을 지금 만끽하며 누리다가 천국에 가기를 원하는 자들은 천국에 갈 수 있는 자격을 갖추지 않으면 안 됩니다. 그 자격이 어떤 것입니까? "나더러 주여! 주여! 하는 자마다 천국에 다 들어갈 것이 아니요. 다만 하늘에 계신 내 아버지의 뜻대로 행하는 자라야 들어가리라"(마 7:21). 이 말씀은 천국을 지금 만끽하며 누리다가 들어갈 수 있는 자격을 간단히 규정 지어 놓았습니다.

천국은 하나님의 뜻대로 행하는 자라야 지금 만끽하며 누리다가 들어갑니다. 그러므로 하나님의 뜻과 천국은 뗄 수 없는 관계에 있음을 알게 해 줍니다. 천국의 뜻 예수께서는 제자들에게 기도를 가르치셨습니다. 오늘날 주기도문이라고 알려진 말씀이 그 것이지요(마 6:9~13). 이 기도문 중에 "나라이 임하옵시며, 뜻 이 하늘에서 이룬 것 같이 땅에서도 이루어지이다"(마 6:10)라 는 말씀이 있습니다.

예수님은 나라와 하나님의 뜻이 이루어지는 것이 관계가 있 음을 분명히 하셨습니다. 여기에 "나라"라고 번역된 말은 "헤 바 실레이아"인데 "왕국"이라는 말입니다. 헬라 말로 왕을 "바실류 스"라고 합니다. 그러므로 "바실레이아"는 왕이 다스리는 나라 인 것입니다. 여기서 말하는 왕이 누구이겠습니까? 말할 필요도 없이 만왕의 왕이신 예수님이시오, 천국은 그가 다스리시는 나 라인 것입니다. 그런데 우리말 성경에 천국이라는 말이 38회 나 오는데 한 번(딤후 4:18)을 제외하고는 모두 마태복음에만 나옵 니다.

영의 세계에 있는 보이지 않는 하나님의 나라는 어디에 임하 게 되는 것입니까? 하나님의 나라는 하나님의 성전에 임하시게 되고, 하나님의 성전은 건물이 아니라, 사람의 마음이 됩니다. 세상 모든 사람의 마음이 성전이 되는 것이 아니라, 예수를 주인 으로 영접한 사람의 마음을 말하는 것입니다. "우리는 하나님의 동역자들이요, 너희는 하나님의 밭이요, 하나님의 집이니라"(고 전3:9). "너희가 하나님의 성전인 것과 하나님의 성령이 너희 안 에 거하시는 것을 알지 못하느뇨"(고전3:16). 곧 하나님은 사람 의 마음에 임하신다는 것인데, 어떤 사람에게 임하시는 것입니 까? 하나님을 주인으로 모신 사람에게 임하십니다. 그런데 하나님은 영이십니다. 초자연적으로 역사하시는 살아계신 분입니다. 그런 하나님은 말씀이시며(요1:1), 예수님도 말씀이십니다. 성령으로 말씀을 깨달아 순종하며 지키는 사람에게 하나님도 예수님도 임하시는 것입니다.

하나님과 예수님이 함께하는 곳이 천국이므로 천국은 먼저 성령으로 말씀을 깨닫고 지키는 사람(성도)의 마음에서 이루어지는 것입니다. 초림 때는 하나님이 예수님과 함께 하셨으니 예수님이 곧 천국이었던 것입니다. 지금은 성령이 역사하는 교회시대입니다. 지금 천국은 천국의 주인이신 예수님을 믿고 성령으로 거듭난 성도들이 천국입니다. 예수님의 통치를 받는 성도들이 천국이라는 말입니다. 그래서 천국은 지금 성도들을 통하여 이루어지고 있습니다. 성도들은 지금 천국을 만끽하면서 살아야 합니다.

그럼 마지막 때 천국은 어떤 사람들이 들어갈까요? 신약 성경에 약속된 천국은 예수 믿고 죽어서 가는 것이 아니라, 성령의 지배와 장악을 당하여 성령의 인도를 받는 성도들이 영원한 천국에 들어가는 것입니다. 어느 단체에 속해야 마지막 때 임하는 천국에 들어가는 것이 아닙니다. 지금 성령으로 말씀을 깨닫고 성령으로 기도하며 성령의 인도를 받으면서 천국을 만끽하고 누리며 살다가 주님이 오라고 부르시면 영원한 천국에 들어가는 것입니다. 지금 천국을 만끽하고 누리는 상태를 바르게 깨닫게 하는 성경 사례가 있습니다.

첫째, 홍해가의 모세입니다. 이스라엘 삼백만이 모세를 따라서 홍해 가운데 나왔습니다. 창일한 홍해가 넘실거리니 그 홍해를 건너갈 수 있는 다리도 없고 배도 없었습니다. 그런데 애굽의 바로 왕이 전군을 동원해서 이스라엘을 다시 포로로 잡기 위해서 질풍노도와 같이 쳐들어옵니다. 이스라엘 백성들이 보니 살길이 전혀 막혀버리고 말았습니다. 앞에는 창일한 홍해요, 뒤에는 노도와 같은 애굽의 대군대가 밀려오니, 거기에 샌드위치가 된 이스라엘 백성들은 절망 속에서 아우성을 쳤습니다. "모세야, 어디 애굽에 장지가 없어서 우리를 홍해수가에 데리고 와서 죽이려고 하느냐?" 아우성이었습니다. 모두다 지옥이 된 것입니다. 이것이 현실의 지옥입니다.

그러나 모세 혼자만은 천국이었습니다. 모세 안에 하나님이 계시기 때문입니다. 하나님의 나라가 모세 안에 있기 때문입니다. 하나님은 예비하시는 하나님인 것을 알았습니다. 하나님은 길이 없는 가운데서 길을 내시고 절망 가운데서 희망을 주시는 하나님인 것을 알았기 때문에 모세 혼자서 엎드려서 하나님께 기도했습니다. 하나님의 명령대로 모세가 바다 위로 손을 내밀었더니 여호와께서 큰 동풍을 불게 하셨고, 바닷물이 물러가기 시작했습니다. 그리고 바다 한 가운데로 길이 나게 되었습니다. 그러자 이스라엘 백성들이 바다 가운데를 마른 땅처럼 걸어가게 되었고, 물은 그들의 좌우에 벽이 되었다고 성경은 말합니다. 전적으로 인간이 상상할 수 없는 곳에서 하나님께서 문제의 해답을 제시해 주신 것입니다. 하나님은 이미 이스라엘이 알지 못할 때 홍해 가운데 길을 예비해 놓으신 것입니다.

　나중에 애굽 사람들, 바로 왕의 말들, 병거들과 마병들이 다 이스라엘 자손들을 추격하기 위해 그 바다 가운데로 들어왔습니다. 하나님은 그 순간에 불과 구름 기둥으로 애굽 군대를 어지럽게 해서 이스라엘을 추격하지 못하도록 막았습니다. 그리고 이스라엘 자손들이 홍해를 다 건너자 하나님은 모세에게 "네 손을 내밀어 물이 애굽 사람들과 그들의 병거와 마병들 위에 다시 흐르게 하라"고 했습니다. 모세는 하나님의 명령에 따라 지팡이를 든 그의 손을 다시 바다 위로 내밀자, 그 순간 바다의 힘이 회복되었습니다. 바닷물이 애굽 사람들 위에 덮쳤고 그들은 그곳, 바다에서 다 죽게 되었습니다. 하나님은 이렇게 이스라엘 자손들을 애굽 사람의 손에서 구원하셨습니다. 이스라엘 자손들은 하나님께서 애굽 사람들에게 행하신 그 큰 능력(기사와 이적)을 두 눈으로 똑똑히 보고 여호와 하나님을 경외하며 하나님과 그의 종 모세를 믿고 따르게 되었다고 성경은 말합니다. 모세가 지금 천국을 만끽하고 누렸기 때문에 이스라엘 민족을 구원할 수가 있었습니다.

　둘째, 가나안을 정찰하는 사람들. 가나안을 정찰하는 열 지파 사람들은 현실적인 지옥입니다. 여호수아와 갈렙은 현실적인 천국입니다. 이스라엘 백성이 가데스 바네아에 와서 이제 가나안 땅에 들어가려고 할 때 모세가 12정탐꾼을 택해서 40주 40야를 가나안땅을 정탐하게 한 것입니다. 그들이 저 가나안 땅을 정탐하고 돌아와서 보고할 때 10명은 지옥을 보고를 한 것입니다. 그들이 무엇을 보든지 하나님이 함께 계시므로 젖과 꿀이 흐르는 땅을 얻을 수 있다는 믿음을 가져야 되는 것인데 하나님을 잃어버렸습니다. 마음이 지옥이 되었기 때문입니다. 지옥인 그들의 관찰은 인간적으로 볼 때는 맞았습니다. "우리가 본 땅은 젖과 꿀이 흐르는 땅이 아니라 광막한 광야요 사막이다. 그리고 그곳에 성은 굉장히 높다. 그곳에 사는 사람은 네피림의 후손 아낙자손 대장부라 우리가 보기에는 메뚜기 같다. 그들도 우리보고 메뚜기라고 말할 것이다." 완전히 하나님이 없습니다. 지옥 된 자신들의 관찰로써 본 그대로 말을 했습니다.

지옥이 된 열 명의 정탐꾼의 말을 들은 사람들은 마음속에 "와! 우리가 가는 땅은 젖과 꿀이 흐르는 땅이 아니라 광막한 광야구나. 그리고 우리가 들어갈 곳은 성은 높고 그곳에 사는 사람은 네피림의 후손 아낙자손 대장부라." 우리는 메뚜기 같다고 했으니 모두 다 자기들을 메뚜기로 상상했습니다. 절대로 들어갈 수 없겠다. 들어가면 우리 처자가 사로잡히고 우리는 죽을 것이다. 우리 장관을 세워서 애굽으로 도로 돌아가자. 완전히 좌절과 절망에 처한 것입니다.

그러나 하나님의 나라 천국이 된 여호수아와 갈렙은 하나님의 말씀을 마음속에 간직하고 하나님의 약속을 통해서 사물을 보았습니다. 하나님께서 함께 하심을 보았습니다. "아니다. 우리가 본 땅은 과연 젖과 꿀이 흐르더라. 그리고 물론 성은 높고 그들은 아낙자손 네피림의 후손 대장부지만 그들의 보호자는 떠났고 그들은 우리의 먹이다. 우리 들어가서 점령하자." 그들은 사물을 볼 때 하나님과 함께 사물을 봤습니다. 하나님과 함께 보니 하나님의 약속대로 광야로도 젖과 꿀이 흐르게 될 수 있고 하나님이 같이 계시므로 아무리 높은 성도 무너지고 하나님이 함께 계시므로 아무리 큰 대장부도 하나님 앞에서는 아무것도 아닌 것입니다. 여호수아와 갈렙은 하나님의 나라 천국의 마음을 가지고 보고를 했고 10명의 정탐꾼은 하나님께서 계시지 않는 지옥의 마음이 보여주는 보고를 했습니다.

우리 예수 믿는 사람은 예수 그리스도의 보혈로 하나님과 언약 맺고 하나님이 우리와 함께 계시고 하나님의 성령이 우리를 도와주시고 하나님의 약속의 말씀이 있기 때문에 눈에는 아무증거 안보이고 귀에는 아무소리 안 들리고 손에는 잡히는 것 없어도 말씀을 통하여 꿈속에 살아야 되는 것입니다.

민14장 36~38절에 보면 "그 땅을 악평하여 온 회중이 모세를 원망하게 한 사람 곧 그 땅에 대하여 악평한 자들은 여호와 앞에서 재앙으로 죽었고 그 땅을 정탐하러 갔던 사람들 중에서 오직 눈의 아들 여호수아와 여분네의 아들 갈렙은 생존하니라" 보십시오. 마음이 지옥이 된 사람은 재앙을 만납니다. 그러나 마음이 하늘나라 천국인 여호수아와 갈렙은 축복을 받은 것입니다. 마음에 하나님의 나라가 없으면 그 자체가 재앙인 것입니다. 내일이 없으니까요. 그러나 여호수아와 갈렙은 하나님의 나라 천국을 가졌기 때문에 그들은 젖과 꿀이 흐르는 가나안 땅으로 들어갈 수 있었던 것입니다.

셋째, 골리앗 앞에선 다윗. 다윗이 형들을 방문했을 때 마침 사울 왕은 군대를 거느리고 블레셋과 전쟁 중이었습니다. 당시 사울 왕 이하 군졸들은 지옥이었습니다. 하나님이 계시지 않았습니다. 블레셋의 대장군인 골리앗은 "나와서 이스라엘 중에 남자가 있으면 나오라. 나와 싸우자. 네가 이기면 우리가 너희 종이 되고, 너희가 지면 너희가 우리의 종이 되어라. 나오라." 모두 다 지옥이 되어 겁을 집어먹고 전부 이스라엘 군이 들어가 수풀 뒤에 숨고 흙더미 뒤에 숨었습니다. 그래서 블레셋 사람에게 모욕을 당했습니다. 그것을 하나님의 나라 천국이 된 조그마한 소년 다윗이 보고 분개했습니다. 다윗의 마음은 하늘나라 천국이었기 때문입니다. 하나님의 마음이었기 때문입니다. 다윗이 말하기를 "저 할례 받지 못한 이방인 앞에 만군의 하나님의 군대가 모욕을 당하는데 이렇게 뒤로 숨기 바쁘냐? 내가 가서 싸우겠다."고 했습니다.

마음이 지옥인 형들이 와서 "너 미쳤냐? 가서 양이나 쳐라." 그 말에 다윗은 "내가 이렇게 하는 것은 형들이 도망을 치니까 그렇지 안 습니까?" 그 말을 사울이 듣고 "네가 정말 가서 싸우겠느냐?"고 물었습니다. "싸우겠습니다." "골리앗은 어려서부터 용사인데 너 같이 어린 소년이 어떻게 싸운단 말이냐?" "제가 아버지 양을 칠 때 곰이나 사자가 와서 양을 움켜쥐면 가서 빼앗고 달려들면 주먹으로 쳐서 죽였는데 저 놈도 그 곰이나 사자의 한 놈밖에 될 수 없을 것입니다." 다윗의 마음은 하늘나라 천국이었기 때문에 담대했습니다. 하나님께서 다윗의 입술을 통하여 믿음의 말을 쏟아놓습니다.

그래서 그는 목자의 도구를 몸에 걸치고 물맷돌을 들고 나갔습니다. 골리앗은 거대한 장군이 오는 줄 알고 위를 쳐다봐도 안 보이니까 어디에 있나 찾다가 밑을 보니 조그마한 어린아이가 나옵니다. 그러니 골리앗이 얼마나 모욕을 느꼈는지 "야! 이놈아 내가 개인 줄 알고 나왔느냐?" 그러면서 다윗에게 저주합니다. "내가 오늘 너를 찢어서 죽여 공중의 새와 땅의 짐승의 밥으로 만들겠다." 다윗이 무어라고 말했습니까? "너는 칼과 창과 단창을 의지해서 나오거니와 나는 네가 모욕하는 하나님! 만군의 이스라엘의 하나님의 이름으로 나가느니라. 내가 오늘 너를 죽여 공중의 새와 땅의 짐승의 밥으로 만들겠고 온 세상에 하나님이 계신 것을 알게 하겠다." 그래서 그는 물맷돌을 흔들면서 뛰어나가 놓아버리니 돌이 나가서 골리앗의 이마에 정면으로 파고들어가 골리앗이 쓰러져 죽었습니다.

그의 목을 칼로 목을 쳐서 피가 뚝뚝 흐르는 머리채를 휘어감아 드니 그때야 이스라엘 백성이 담대해 져서 물결치듯이 습격해 블레셋을 풍비박산을 내었습니다. 완전히 이스라엘의 승리로 돌아갔습니다. 이것은 다윗이 천국의 마음을 가졌기 때문에 하나님이 역사했지 다윗이 지옥의 마음을 가졌으면 하나님은 역사하지 못했을 것입니다.

넷째, 성령으로 내면이 정리되면 천국. 얼마 전 토요일 개별집중정밀치유 시간에 지방에서 올라오신 여 집사가 사정을 적어놓은 것을 보니까, 허리 디스크로 고생합니다. 머리가 항상 아픕니다. 늘 피곤하고 눈에 충혈이 잘됩니다. 폐장이 약합니다. 코에 문제가 있는데 축농증도 있고, 의사가 말하는데 콧속이 부어있어서 머리가 아프다고 합니다. 불안하고 두려워서 밤에 잠을 깊이 자지 못합니다. 그래서 여러 가지 한방과 양방의 치료를 다해도 차도가 나타나지 않습니다. 날마다 지옥 같은 삶을 살아가고 있습니다. 그래서 필자의 책을 읽고 감동을 받아 집중정밀치유에 예약을 하고 치유 받으러 올라온 것입니다.

필자가 이렇게 알려주었습니다. 이 병은 잠재의식에 스트레스와 상처로 인하여 몸속에 독소가 쌓여서 생긴 것들입니다. 어머니 뱃속에서 나올 때부터 가지고 태어나신 불안과 두려움의 상처입니다. 세상에서 말하는 대로 한다면 몸 안에 독소가 쌓여서 생기는 현상입니다. 세상에서 독소를 제거한다고 많이 하고 있는데 세상방법으로 집사님 안의 독소를 해결할 수가 없습니다. 콧속에 물집이 있어서 머리가 아픈 것이 아닌 것 같습니다. 제가 하라는 대로 순종하고 기도를 하세요. 이분이 성령세례를 받지 않았고 성령으로 지배와 장악이 되지 않은 상태였습니다. 약 상당한 시간 기도하면서 안수를 하니까, 울기 시작하면서 배가 출렁이면서 허리와 디스크에 형성된 독소가 배출되기 시작을 했습니다. 허리가 아파서 어찌할 줄을 몰라 했습니다. 제가 조금만 참으면 된다고 알려주었습니다. 한 10여 분간 허리의 독소가 배출되었습니다. 다시 기도를 하도록 했습니다. 시간이 많이 경과되어서 성령의 지배와 장악이 되어가니 다시 뱃속에서 출렁출렁

하면서 움직이는 것들이 있었습니다. 계속 기도를 하라고 조언했습니다. 안수를 지속적으로 하니까, 조금 지나니 서럽게 울면서 기침을 한 20분간 하면서 몸과 마음과 머리에 역사하던 독소들이 배출이 되었습니다. 그러다가 안정을 찾았습니다. 그러니까, 상당한 시간이 걸린 것입니다. 환자에게 머리가 아프냐고 질문하니 시원해졌다는 것입니다. 허리도 시원하여 졌다는 것입니다. 마음도 평안해 졌다는 것입니다. 지금 자신의 상태가 천국이 따로 없을 정도로 평안하다는 것입니다. 필자가 이렇게 대답을 했습니다. 지금 상태가 마음 안에 계신 하나님으로부터 천국이 흘러나오는 상태입니다. 천국은 죽어서 가는 곳이 아닙니다. 지금 만끽하고 누려야 합니다. 현재 상태를 유지 잘해야 합니다. 이렇게 크리스천들에게 독소가 영·혼·육에 형성되어 있습니다. 이런 독소의 영향으로 예수를 믿으면서도 지옥 같은 삶을 살아가고 있는 것입니다. 이런 상태에 있는데 세상에서 하는 일반적인 독소 제거 방법으로 가능하겠습니까? 물론 세상방법도 이용해서 독소를 제거해야 합니다. 그러나 크리스천의 근본적인 몸속의 영적이고 심리적인 독소제거는 성령의 지배와 장악이 된 상태에서 잠재의식에 쌓여있는 독소가 배출이 되는 것입니다. 몸속의 독소는 성령의 역사로 배출이 되는 것입니다. 배출이 되면 자신 안에 하나님으로부터 천국이 흘러나오는 것입니다. 천국은 자신이 관심을 가지고 만들어가며 침노하고 지켜야 합니다. 자신 안을 성령으로 정화하여 하나가 되게 해야 천국을 누릴수가 있습니다.

23장 성령으로 진리를 깨달음으로

(요 14:25-26)"내가 아직 너희와 함께 있어서 이 말을 너희에게 하였거니와 보혜사 곧 아버지께서 내 이름으로 보내실 성령 그가 너희에게 모든 것을 가르치고 내가 너희에게 말한 모든 것을 생각나게 하리라"

예수님 공중 재림 시에 1차적으로 들림 받으려면 진리를 성령으로 깨달아야 합니다. 이유는 자신은 예수를 믿을 때 죽었고, 동시에 예수로 태어났기 때문입니다. 하나님은 이렇게 말씀하셨습니다. "먼저 알 것은 성경의 모든 예언은 사사로이 풀 것이 아니니 예언은 언제든지 사람의 뜻으로 낸 것이 아니요, 오직 성령의 감동하심을 받은 사람들이 하나님께 받아 말한 것임이라(벧후 1:20-21)" 진리는 사람의 지식이나 지혜나 경험으로 깨달을 수가 없는 것입니다. 반드시 성령으로 깨달아야 합니다. 그래야 하나님의 의중을 바르게 깨닫고 순종할 수가 있는 것입니다. 하나님은 "보혜사 곧 아버지께서 내 이름으로 보내실 성령 그가 너희에게 모든 것을 가르치고 내가 너희에게 말한 모든 것을 생각나게 하리라(요 14:26)" 하셨습니다. 성령의 임재가운데 성경을 읽거나 듣거나 할 때 성령께서 순간순간 진리를 깨닫게 하십니다. 필자는 길을 걸어가면서 통독성경을 들을 때 성령님으로부터 많은 진리를 깨닫고 있습니다. 정말 깊은 진리가 성령으로 깨달아 집니다. 그래서 진리는 성령으로 깨달아야 된다고 담대하게 설교하고 글을 써서 전파하고 있습니다. 왜 성령으로 진리를 깨달아야 합니까?

첫째, 계시를 받은 자 외에는 아버지를 아는 자가 없다. 영생은 유일하신 참 하나님과 그의 보내신 자 예수 그리스도를 아는 (체험) 것입니다. 사람의 지식으로는 하나님과 예수 그리스도를 알 수 없고, 예수 그리스도의 소원대로 계시를 받은 자만 주님을 알 수 있습니다. "내 아버지께서 모든 것을 내게 주셨으니 아버지 외에는 아들을 아는 자가 없고 아들과 또 아들의 소원대로 계시를 받는 자 외에는 아버지를 아는 자가 없느니라(마 11:27)" 계시를 받은 자란 성령으로 세례를 받아 성령의 지배와 장악된 가운데에 있는 성도를 말합니다. 어떤 단체에서는 하나님께서 자기에게 계시를 깨닫게 하셨다고 자기를 신격화하던데 이는 절대로 바른 행위가 아닙니다. "영생은 곧 유일하신 참 하나님과 그의 보내신 자 예수 그리스도를 아는 것이니이다(요 17:3)" 성령으로 깨닫는 것입니다. 예수님은 분명하게 "보혜사 곧 아버지께서 내 이름으로 보내실 성령 그가 너희에게 모든 것을 가르치고 내가 너희에게 말한 모든 것을 생각나게 하리라(요 14:26)" 하셨습니다.

생명의 말씀과 성령으로 자신이 없어지면 질수록 성령으로 진리를 깨닫는 능력은 강해지는 것입니다. 내면의 능력은 자신이 무능하다는 진리를 깨달으면 깨달을수록 강해지는 것입니다. 하나님은 이렇게 말씀하십니다. "아무도 자신을 속이지 말라 너희 중에 누구든지 이 세상에서 지혜 있는 줄로 생각하거든 어리석은 자가 되라 그리하여야 지혜로운 자가 되리라(고전 3:18)" 어리석은 자가 되어야 지혜로운 자가 된다는 하나님의 말씀입니다. 이 또한 깨달아야 자신의 것이 되는 것입니다. 예수님은 요한복음 8장 43절에서 이렇게 말씀하십니다. "어찌하여 내 말을 깨닫지 못하느냐 이는 내 말을 들을 줄 알지 못함이로다." 예수님의 말씀인 진리를 깨달으려면 예수님의 말씀이 들리고 알아야 한다는 말씀입니다. 예수님의 말씀이 들리고 깨달아 알아지려면 성령으로 충만해야 가능합니다. "우리가 이것을 말하거니와 사람의 지혜가 가르친 말로 아니하고 오직 성령께서 가르치신 것으로 하니 영적인 일은 영적인 것으로 분별하느니라(고전 2:13)" 성령으로 진리를 깨달아 자신이 없어지고 성령으로 충만하면 지금 천국을 만끽하며 누리는 것입니다. 성령으로 예수님과 하나가 되어가기 때문입니다. 예수님은 "그 날에는 내가 아버지 안에, 너희가 내 안에, 내가 너희 안에 있는 것을 너희가 알리라(요 14:20)" 말씀하셨습니다. 성령으로 세례를 받으면 예수님과 하나가 된다는 뜻입니다. 성령께서 깨달아 알게 하시는 것입니다. 절대로 조금 머리로 안다고 교만하지 말고 예수님과 하나가 되어 성령으로 깨달아야 합니다. 하나님은 고린도전서 8장 2절에서 "만일 누구든지 무엇을 아는 줄로 생각하면 아직도 마땅히 알 것을 알지 못하는 것이요" 경고하셨다는 것을 명심해야 합니다.

지금 천국을 만끽하며 누리려면 하나님의 말씀을 대할 때 겸손하게 대해 보시기를 바랍니다. 성경을 읽을 때 자신에게 하는 말씀으로 읽으라는 것입니다. 거북스러운 말씀이라도 자신도 그와 같을 수가 있다고 받아들이라는 것입니다. "만일 누구든지 무엇을 아는 줄로 생각하면 아직도 마땅히 알 것을 알지 못하는 것이요(고전 8:2)" 말씀을 안다고 자만하지 말아야 겠구나 하면서 실천하는 것입니다.

그런데 히브리서 8장의 새 언약의 내용을 보면 이런 내용이 있습니다. "각각 자기 나라 사람과 각각 자기 형제를 가르쳐 이르기를 주를 알라 하지 아니할 것은 저희가 작은 자로부터 큰 자까지 다 나를 앎이니라." 성령으로 세례 받고 인도받는 성도는 모두 하나님을 안다고 하십니다. 반드시 성령으로 깨닫고 성령의 인도를 받아야 합니다. 하나님이 우리에게 새 마음을 주시고, 새 영 곧 성령을 주셔서 우리 마음과 생각에 하나님의 법 곧 주님의 말씀을 주시면 우리가 누가 가르쳐 주지 않아도 자신 안에서 나타나시는 하나님을, 주님을 알게 된다는 내용입니다. 예수님께서 동행 하시면서 큰일을 행하신다는 것을 알고 믿게 되는 것입니다. 더 나아가 하나님께 기도하여 받은 지혜대로 순종하니 기적이 일어납니다. 자신 앞에 일어난 기적이 하나님께서 자신을 통하여 나타내신 것이라고 말하고 믿게 됩니다. 성령은 예수님을 증거 하시는 영이시기 때문에 우리 안에서 예수 그리스도를 가르치시고 예수님이 하신 모든 말씀을 생각나게 하십니다. "보혜사 곧 아버지께서 내 이름으로 보내실 성령 그가 너희에게 모든 것을 가르치고 내가 너희에게 말한 모든 것을 생각나게 하리라(요 14:26)" 예수님께서 성령께서 모든 것을 가르친다고 말씀하셨습니다.

성령님은 우리 안에서 주님의 영광을 나타내십니다. 주님의 영광을 나타내시고 주님이 하신 말씀을 생각나게 하시며, 그리스도의 사랑을 우리에게 알게 하십니다. 성령의 살아있는 역사를 알게 하십니다. 곧 예수 그리스도를 우리에게 증거 하시고 우리로 그 예수 그리스도를 증거 할 수 있도록 도우시는 분이십니다. "그러하나 진리의 성령이 오시면 그가 너희를 모든 진리 가운데로 인도하시리니, 그가 자의로 말하지 않고 오직 듣는 것을 말하시며 장래 일을 너희에게 알리시리라. 그가 내 영광을 나타내리니, 내 것을 가지고 너희에게 알리겠음이니라. 무릇 아버지께 있는 것은 다 내 것이라. 그러므로 내가 말하기를 그가 내 것을 가지고 너희에게 알리리라 하였노라(요 16:13~15)" 하나님께서 성령을 통하여 우리에게 알게 하신다는 것입니다. 모든 것이 우리 안에 성령으로 되는 것입니다.

또 기름 부음 곧 성령님이 우리에게 주님에 관한 모든 것을 가르치신다고 요한일서는 말씀합니다. "너희는 주께 받은바 기름 부음이 너희 안에 거하나니 아무도 너희를 가르칠 필요가 없고 오직 그의 기름 부음이 모든 것을 너희에게 가르치며 또 참되고 거짓이 없으니 너희를 가르치신 그대로 주 안에 거하라(요일 2:27)" 성령께서 친히 인도하시면서 가르치신다는 것입니다. 성경말씀을 자신의 지식이나 머리나 사람을 통해서 깨달으려 하지 말고 성령으로 깨달아야 지금 천국을 만끽하며 누릴 수가 있습니다.

둘째, 성령께서 직접 진리를 깨닫게 하신다. 예수님은 이렇게 말씀하셨습니다. "그러나 진리의 성령이 오시면 그가 너희를 모든 진리 가운데로 인도하시리니 그가 스스로 말하지 않고 오직 들은 것을 말하며 장래 일을 너희에게 알리시리라"(요 16:13). 하나님은 절대로 목회자만을 통하여 성도들을 진리 따라가는 성도되게 하시지 않습니다. 목회자를 통해서 진리를 알게 하고 직접 성령께서 진리 속으로 들어가게 하십니다. "너희는 주께 받은바 기름 부음이 너희 안에 거하나니 아무도 너희를 가르칠 필요가 없고 오직 그의 기름 부음이 모든 것을 너희에게 가르치며 또 참되고 거짓이 없으니 너희를 가르치신 그대로 주 안에 거하라"(요일 2:27). 성령님이 직접 가르친다고 말씀하십니다. 우리가 이것을 말하거니와 사람의 지혜가 가르친 말로 아니하고 오직 성령께서 가르치신 것으로 하니 영적인 일은 영적인 것으로 분별하느니라(고전:13)" 그렇기 때문에 어떤 목회자가 성도들을 성도되게 한다고 말하든지, 자신만이 진리를 깨달아 전한다고 하면서 특별한 사람인 것과 같이 행세한다면 경계의 대상입니다. 정말로 조심해야 하는 목회자입니다. 하나님의 자리에 앉아 있는 사람이기 때문입니다. 분명하게 "모세가 그에게 이르되 네가 나를 두고 시기하느냐 여호와께서 그의 영을 그의 모든 백성에게 주사 다 선지자가 되게 하시기를 원하노라"(민 11:29). 이것이 하나님의 뜻입니다. 그렇기 때문에 성도들은 성령의 개별적인 인도를 받아야 합니다. 개별적인 인도를 받기 위하여 성령으로 세례를 받고, 성령으로 충만하기 위하여 성령으로 기도하여 성령의 인도를 받아야 합니다. 분명하게 하나님은 성령으로 세례를 받은 성도를 개별적으로 인도하십니다. 하나님은 영이시기 때문에 성도들이 육체가 되었을 때 성령의 음성을 들을 수가 없기 때문입니다.

성경은 이렇게 말합니다. "오직 하나님이 성령으로 이것을 우리에게 보이셨으니 성령은 모든 것 곧 하나님의 깊은 것까지도 통달하시느니라. 사람의 일을 사람의 속에 있는 영외에 누가 알리요. 이와 같이 하나님의 일도 하나님의 영외에는 아무도 알지 못하느니라. 우리가 세상의 영을 받지 아니하고 오직 하나님으로부터 온 영을 받았으니 이는 우리로 하여금 하나님께서 우리에게 은혜로 주신 것들을 알게 하려 하심이라. 우리가 이것을 말하거니와 사람의 지혜가 가르친 말로 아니하고 오직 성령께서 가르치신 것으로 하니 영적인 일은 영적인 것으로 분별하느니라"(고전 2:10-13). 성령으로 깨달아 알고 성령의 음성에 순종해야 일대일 관계가 열릴 수가 있습니다. 하나님은 성령으로 세례를 받은 성도들과 교통하십니다. "만일 너희 속에 하나님의 영이 거하시면 너희가 육신에 있지 아니하고 영에 있나니 누구든지 그리스도의 영이 없으면 그리스도의 사람이 아니라"(롬 8:9). 모든 성도들이 성령으로 세례를 받아 성령의 지배와 장악이 되어 성령의 인도를 받으면 성령께서 성도 개개인을 진리 속으로 친히 인도하시는 것입니다. 살아계신 하나님께서 자신을 통하여 역사하신다는 것을 체험하게 하십니다. 그래서 진리이신 예수님을 따라가서 영생하는 성도가 되게 하십니다. "예수를 죽은 자 가운데서 살리신 이의 영이 너희 안에 거하시면 그리스도 예수를 죽은 자 가운데서 살리신 이가 너희 안에 거하시는 그의 영으로 말미암아 너희 죽을 몸도 살리시리라"(롬 8:11). 진리를 성령으로 깨닫고 보면 예수를 믿고 성도가 되었다는 것은 위대하고 특별한 축복을 받은 것입니다. 모두 성령으로 진리 안으로 이끌림을 받으시기를 바랍니다.

하나님께서 우리를 부르신 것은 하나님을 위해서 부르신 것입니다. 분명하게 사무엘상 16장 3절에 "이새를 제사에 청하라. 내가 네게 행할 일을 가르치리니 내가 네게 알게 하는 자에게 나를 위하여 기름을 부을지니라." 하나님을 위하여 다윗에게 기름을 부으라고 하셨습니다. 하나님께서 우리를 부르시고 성령의 인도를 받게 하신 것은 훈련시켜서 종으로 부려먹기 위해서 부르신 것이 아닙니다. 그래서 우리가 예수를 믿는 순간에 죽고, 다시 예수님으로 태어나는 것입니다. 하나님께서 분명하게 말씀하셨습니다. "그리스도의 사랑이 우리를 강권하시는 도다. 우리가 생각하건대 한 사람이 모든 사람을 대신하여 죽었은즉 모든 사람이 죽은 것이라. 그가 모든 사람을 대신하여 죽으심은 살아 있는 자들로 하여금 다시는 그들 자신을 위하여 살지 않고 오직 그들을 대신하여 죽었다가 다시 살아나신 이를 위하여 살게 하려 함이라(고후 5:14-15)" 분명하게 "자신을 위하여 살지 않고 오직 그들을 대신하여 죽었다가 다시 살아나신 이를 위하여 살게 하려 함이라고"하셨습니다. 예수님을 위하여 살게 하려고 부르신 것입니다. 예수님께서 하신 일을 하게 하려고 부르신 것입니다. 예수님은 영이십니다. 육체가 죽지 않고 예수님을 위하여 살아갈 수가 없습니다. 그래서 죽었다고 다시 살아나 예수님으로 살도록 하시는 것입니다. 이제 자신의 인간적인 생각이나 지혜나 열심으로 살지 말아야 합니다. 성령의 인도를 받아야 합니다. "무릇 하나님의 영으로 인도함을 받는 사람은 곧 하나님의 아들이라(롬 8:14)" 그래서 하나님은 "만일 우리가 성령으로 살면 또한 성령으로 행할지니(갈 5:25)" 라고 말씀하십니다. 예수를 믿고 성령으로 거듭난 성도는 성령으로 깨달아야 하고, 성령으로 기도해야 합니다. 자신은 예수를 믿을 때 죽고 다시 예수로 태어나 예수님을 위하여 살기 때문입니다. 예수를 믿고 성령으로 거듭난 크리스천들은 특별하고 위대한 사람들입니다. 예수님의 인생을 살고 있기 때문입니다. 그렇기 때문에 빠른 시간 내에 자신이 없어지고 순수하게 성령으로 깨닫고, 성령으로 기도하면서 성령의 지배와 인도를 받아야 합니다. 그래야 하나님께서 주시는 것들을 온전하게 누리면서 살아갈 수가 있는 것입니다.

진리는 생명입니다. 성령으로 깨닫는 것입니다. 성령의 역사가 있기 때문에 진리이고 진리를 받아들이면 변화되는 것입니다. 하나님은 현장에 상황을 만들어 놓고 시험을 하십니다. 사도행전 3장에 나오는 "나면서 못 걷게 된 이를 사람들이 메고 오니 이는 성전에 들어가는 사람들에게 구걸하기 위하여 날마다 미문이라는 성전 문에 두는 자라"(행 3:2). 이 사건도 마찬가지입니다. 하나님께서 현장에다가 상황을 만들어놓고 성령께서 베드로에게 감동하게 하십니다. 베드로가 성령의 감동에 순종합니다. "베드로가 이르되 은과 금은 내게 없거니와 내게 있는 이것을 네게 주노니 나사렛 예수 그리스도의 이름으로 일어나 걸으라 하고, 오른손을 잡아 일으키니 발과 발목이 곧 힘을 얻고, 뛰어 서서 걸으며 그들과 함께 성전으로 들어가면서 걷기도 하고 뛰기도 하며 하나님을 찬송하니"(행 3:6-8). 베드로가 성령의 감동에 순종하니 살아계신 하나님의 역사로 나면서부터 걷지 못하던 사람이 걷는 기적이 일어나는 것입니다. 베드로가 하나님께서 함께 하시는 것을 체험하게 하십니다.

그런데 베드로가 성령의 감동에 순종하지 않았으면 하나님께서 베드로와 함께 할 수가 없습니다. 나아가 베드로는 성령의 이끌림으로 진리 속으로 들어가지 못했을 것입니다. 하나님께서는 이렇게 현장에 상황을 만들어 놓고 시험을 하십니다. 진리를 아는 가 모르는 가 시험지 가지고 시험보시지 않습니다.

바울도 마찬가지입니다. "루스드라에 발을 쓰지 못하는 한 사람이 앉아 있는데 나면서 걷지 못하게 되어 걸어 본 적이 없는 자라. 바울이 말하는 것을 듣거늘 바울이 주목하여 구원 받을 만한 믿음이 그에게 있는 것을 보고, 큰 소리로 이르되 네 발로 바로 일어서라 하니 그 사람이 일어나 걷는지라"(행 14:8-10). 바울이 분명하게 "바울이 주목하여 구원 받을 만한 믿음이 그에게 있는 것을 보고, 큰 소리로 이르되 네 발로 바로 일어서라" 성령의 감동에 순종하자 "나면서 걷지 못하게 되어 걸어 본 적이 없는 자"가 일어나 걷게 된 것입니다.

하나님은 절대로 목회자만을 통하여 성도들을 진리 따라가는 성도되게 하시지 않습니다. 목회자를 통해서 진리를 알게 하고 직접 성령께서 진리 속으로 들어가게 하십니다. "너희는 주께 받은바 기름 부음이 너희 안에 거하나니 아무도 너희를 가르칠 필요가 없고 오직 그의 기름 부음이 모든 것을 너희에게 가르치며 또 참되고 거짓이 없으니 너희를 가르치신 그대로 주 안에 거하라"(요일 2:27). 성령님이 직접 가르친다고 말씀하십니다. 성령께서 깨닫게 하시면서 진리 가운데로 인도하십니다. "만일 우리가 성령으로 살면 또한 성령으로 행할지니(갈 5:25)" 성령으로 진리를 깨닫고 성령으로 행하시기를 바랍니다.

셋째, 성령님께 진리를 조명하시도록 요청하라. 어떻게 하면 진리에 대한 성령님의 조명을 좀 더 잘 받을 수 있을까요? 이것은 참으로 중요한 문제입니다. 성령이 비록 우리 안에 계시기는 하지만 우리가 성령을 어떻게 대우하느냐에 따라서 성령이 우리 마음의 눈을 활짝 열어 주시기도 하고, 침침하게 내버려 두시기도 합니다. 성령께서 진리를 조명하며 깨닫게 하려면 성령의 지배와 장악이 되어야 하고 성령의 이끌림을 받아야 합니다.

그러므로 우리는 할 수만 있으면 심령이 우리 마음을 훤하게 밝힐 수 있도록 태도를 바르게 가질 필요가 있습니다. 하나님의 말씀을 펴기만 하면 성령의 영감을 통해서 예수 그리스도를 만나고, 그분의 입에서 나오는 영광스러운 계시의 음성을 들으면서 우리 영혼이 기뻐 뛰는 역사가 일어나면 얼마나 좋겠습니까? 그러기 위해서는 바른 태도가 중요합니다.

지도자들로부터 부지런히 진리의 말씀을 배우셔야 합니다. 초신자 때는 할 수만 있으면 성경을 바르게 가르치는 곳에서 배워야 합니다. 하나님께서 교회지도자들을 세우신 것은 가르치기 위해서입니다. 지도자는 남을 가르쳐야 되기 때문에 끊임없이 연구하고 노력합니다. 성경에는 금방 깨달아지는 기본적인 말씀도 있지만, 이해하기 어려운 말씀도 있습니다. 말씀을 전문적으로 배우지 못한 평신도의 경우는 하나님의 말씀을 열심히 배워야 합니다. 그런데 예수님을 믿고 신앙생활을 오래 하신 분일수록 더 배우려고 하지 않는 경향이 있습니다. 다 안다고 생각하기 때문입니다. 그러나 지속적으로 성경말씀을 스스로 깨달아 알 수 있도록 한동안 지도를 받는 것이 좋습니다.

성령의 임재가운데 말씀을 사모하고 기다리십시오. 성경을 편다고 해서 금방 깨닫습니까? '주여, 가르쳐 주옵소서'라고 한두마디 기도한다고 금방 하나님의 말씀이 귀에 쏙쏙 들어옵니까? 그렇지 않습니다. 말씀을 깨닫기 위해서는 하나님 말씀을 향해 마음을 열고 사모하며 기다려야 합니다. 성령으로 기도하면서 깊은 묵상가운데로 들어가야 합니다. 하나님의 말씀은 우리 영혼의 양식이요, 신령한 젖입니다(벧전2:2). 그리고 '사모하라'는 말은 헬라어로 '에피포테오'인데, 얻고 싶어서 가슴이 터질 듯이 사모한다는 뜻입니다. 목이 타서 물을 사모하듯이 하나님의 말씀을 사모하라는 말씀이 있습니다(시42:1).

이렇게 사모하면 그 심령에는 성령의 태양이 떠오릅니다. 하나님의 말씀을 깨닫게 되는 큰 기쁨을 맛봅니다. 살아 계신 예수 그리스도와 영적으로 만나는 행복과 감격을 체험합니다. 그러나 말씀에 마음을 주지 않으면서 형식적으로 한두 줄 읽고 넘어간다면 내 안에 계신 성령의 은혜를 체험하지 못합니다. 성령님의 조명으로 진리를 깨달았으면 순종하십시오. 말씀을 깨달았으면 이제는 순종해야 합니다. 말씀이 마음 밭에 뿌려지면 뿌리가 내리고 자라야 합니다. 자란다는 것이 무엇입니까? 순종하는 것입니다. 순종하면 그 결과가 삼십 배, 육십 배, 백배로 확장되는 엄청난 복이 옵니다.

요14장 21절에 "나의 계명을 지키는 자라야 나를 사랑하는 자니 나를 사랑하는 자는 내 아버지께 사랑을 받을 것이요 나도 그를 사랑하여 그에게 나를 나타내리라." 하나님의 말씀을 지키는 자에게 어떤 복을 주신다고 했습니까? 먼저는 하나님 아버지께 사랑을 받을 것이라고 했습니다. 하나님의 특별하신 사랑을 체험한다는 말입니다. 세상에서 제일 행복한 사람이 누구입니까? 자기가 원하는 사랑을 마음에 담은 사람이 아닙니까? 하나님의 사랑을 마음에 담으면 세상에 겁날 것이 하나도 없습니다.

둘째는 예수님이 그에게 자기를 나타내 주신다고 했습니다. 이 '나타낸다.'는 말을 깊이 묵상해 보시기 바랍니다. 예수님이 자신을 우리에게 보여 주신다는 말입니다. 어떤 식으로 보여 주실까요? 보는 사람만이 알 것입니다. 예수님을 한 번 만나 보십시오. 온 세상이 달라 보일 것입니다.

성령은 이와 같이 우리에게 임하셔서 기록된 계시의 말씀을 근거로 우리에게 진리를 가르쳐 주시고, 진리를 기억나게 하시고, 진리를 순종하게 하시고, 진리를 증언하게 하십니다. 모두가 이 성령을 모시고 하나님의 말씀을 영혼의 양식으로 삼아 어떤 상황에서도 승리하는 아름다운 생을 살 수 있기를 바랍니다. 성령으로 진리를 깨닫는 만큼씩 자신이 하늘나라로 변화되는 것입니다. 성령으로 진리를 깨달으면 깨달을수록 자연스럽게 천국을 만끽하며 살아갈 수가 있는 것입니다.

24장 성령 안에서 온몸으로 기도하며

(엡6:18)"모든 기도와 간구를 하되 항상 성령 안에서
기도하고 이를 위하여 깨어 구하기를 항상 힘쓰며 여러
성도를 위하여 구하라"

지금 천국을 만끽하며 누릴 분들은 무엇보다도 기도를 성령
으로 해야 합니다. 기도가 바르지 못하면 아무리 천국을 만끽하
며 누리려고 해도 불가능합니다. 기도를 성령으로 해야 자신 안
의 성전을 정화하고, 성령님이 아닌 제 3의 존재들을 배출할 수
가 있기 때문입니다. 자신 안에 있는 제 3의 영적존재가 공존하
는 이상 절대로 천국을 만끽하며 누릴 수가 없을 것입니다. 자신
이 지금 천국을 누리지 못하는 것은 자신 안에 잠재하고 있는 세
상적인 것들이 방해하기 때문입니다.

기도가 바르지 못하면 믿음 생활의 모든 부분이 잘못되는 것
입니다. 우리나라 성도들의 영적인 열심은 알아주지 않습니까?
그런데 변화되지 못하고, 성령으로 충만하지 못하고, 성령의 권
능을 받지 못하고, 천국을 누리지 못하고, 삶이 바뀌지 않는 것
은 기도가 잘못되었기 때문입니다. 기도를 바르게 하면 성령의
인도를 받아 전인격이 변화되기 시작을 합니다. 성도가 하나님
의 복을 받는 것은 전인격이 성령의 지배를 받아야 가능한 것입
니다. 기도가 바뀌어야 합니다. 무조건 많이 한다고 잘하는 기도

가 아닙니다. 성령으로 바르게 해야 합니다. 기도가 바르지 못하니까, 10년 동안 믿음 생활을 해도 변화되지 않는 것입니다. 성령으로 바르게 기도를 하면 변화되지 말라고 해도 변화될 수밖에 없습니다.

왜 30년 믿음생활을 열과 성의를 다하여 열심히 하고, 천일을 철야하고, 영육의 문제 해결을 받으려고 10년 이상 30군데 이상을 다니고, 정신적이고 육적이고 영적인 질병을 치유 받으려고 성령의 역사가 강하다는 15년 동안 30군데를 교회를 다니고, 권능을 받으려고 20년을 성령 사역하는 곳을 다녀도 변화가 없고 치유되지 않고 능력이 나타나지 않고 평안하지 않아 여전하게 불안한 나날을 사는 것일까요? 기도를 바르게 하지 못하기 때문입니다. 교회나 성령 사역하는 곳에 가서 말씀 듣고 기도합시다. 하면 자신이 지금까지 하던 식으로 기도를 하기 때문입니다. 이렇게 기도하니 성령의 역사가 자신 안에서 일어나지 않기 때문에 변화가 일어나지 않는 것입니다. 성령의 역사가 자신 안에서 일어나야 치유도 되고 능력도 나타나고 문제도 해결이 되는 것입니다. 이를 방지하기 위하여 우리 충만한 교회같이 기도할 때 담임목사가 돌아다니면서 기도를 교정하여 성령의 역사가 성도의 마음 안에서 일어나게 해야 합니다. 성도의 마음 안에 있는 성전에서 분출되는 기도가 되도록 안수하면서 교정하여 주어야 합니다. 그렇게 하지 않으면 절대로 변화를 체험하지 못합니다. 그래서 모든 크리스천은 기도를 클리닉 해보아야 합니다. 이렇게 성령으로 기도하면 변화되지 말라고 해도 변화가 되고 치유가 됩니다.

성령으로 기도를 하되 숨을 쉬는 것과 같이 기도해야 합니다. 절대로 머리로 생각하여 기도하지 말고 잠잠하게 예수님만 찾는 기도를 해야 합니다. 사람이 숨을 쉬지 않으면 죽습니다. 마찬가지로 하나님의 자녀가 기도하지 않으면 죽습니다. 기도는 영혼의 호흡이라고 했습니다. 시편은 "호흡이 있는 자마다 여호와를 찬양할지어다. 할렐루야(시 150:6)" 말씀하십니다. 우리 크리스천들은 기도를 하되 성령으로 숨을 쉬는 것과 같이 해야 합니다. 이는 습관이 되어야 합니다. 생명이 있는 사람이라면 저녁에 잠을 자면서도 숨을 쉽니다. 코를 골면서 자는 사람도 있습니다. 이는 자면서도 숨을 쉰다는 증거입니다. 이와 같이 예수를 믿어 성령으로 거듭난 성도는 숨을 쉬는 것과 같이 성령으로 기도해야 합니다.

우리는 기도를 바르게 알아야 합니다. 기도는 하나님과 사귀는 것입니다. 하나님과 가까이 하는 것입니다. 하나님과 함께 시간을 보내는 적극적인 행위입니다. 하나님과 사랑을 나누는 시간입니다. 하나님의 음성을 듣는 시간입니다. 하나님께 사랑을 고백하고 감사하는 시간입니다. 자신 안의 성전을 견고하게 세우는 시간입니다. 자신의 영혼에 성령으로 충만하게 채워서 마음의 안에 성전을 깨끗하게 하는 시간입니다. 우리의 삶에서 가장 깨어있는 시간, 하나님의 소리를 듣는 시간입니다. 자신을 치료하는 시간입니다. 세상에서 받은 스트레스를 정화하는 시간입니다. 예수를 믿는 성도가 하는 기도는 세상 사람들이 하는 기도와 다릅니다. 자신이 매일 철야하며 새벽기도를 해도 영육이 변화되지 않고, 환경이 어려운 것은 세상적인 기도를 하기 때문입니다. 예수를 믿는 성도가 하는 기도는 다음과 같은 원칙을 가지고 해야 합니다.

첫째, 성령 안에서 기도하라. 기도를 할 때에 자신의 생각이나 머리에서 나온 지식이나 언어구사를 잘하려고 하는 생각으로 기도하지 말라는 것입니다. 전인격이 성령의 지배하에 성령의 의지를 따라서 기도하라는 것입니다. 바른 기도생활을 위해서 '좋은 기도의 습관'이 중요하긴 하지만 그 보다 더 중요한 것이 있습니다. 그것은 바로 기도의 영을 받아 가지고 있는 겁니다. 우리가 새벽기도를 생각해볼 때 우리가 항상 새벽에 그 시간에만 살아가는 것이 아니지 않습니까? 우리가 예배당 안에서만 살고 있지는 않지 않습니까? 우리가 가정에서나 직장에서나 세상에서 살아갈 때 우리 앞에 다양하게 펼쳐지고, 우리에게 다가오는 그런 도전과 문제, 그 어려운 상황 속에서 우리의 기도가 정해진 기도의 제목만으로는 우리 삶을 다 감당하지 못해요. 그래서 좋은 기도의 습관을 갖는 것도 중요하지만, 우리가 기도의 영을 가져서 성령 안에서 기도하는 것 그것은 더욱 중요합니다.

마치 내 영이 기도의 영이신 성령 안에 푹 잠겨 있는 것처럼 내가 하루 24시간 어디에서 무엇을 하고 있든지 하나님과 끊임없는 교통가운데서 내 삶이 진행되는 것, 그것이 바로 기도의 영을 가지는 것인데, 이것이 바로 기도생활의 이상이라고 할 수 있습니다. 그래서 하나님 말씀은 우리에게 '성령 안에서 기도하라' '성령으로 기도하라'라는 말씀을 여러 번 당부하십니다. 그 중 한 곳인 에베소서 6장 18절을 같이 읽겠습니다. "모든 기도와 간구를 하되 항상 성령 안에서 기도하고 이를 위하여, 깨어 구하기를 항상 힘쓰며, 여러 성도를 위하여 구하라" 과거 개역에는 '무시로 성령 안에서 기도하라'고 했는데, '무시로'란 항상 이란 뜻입니다. 영어로 always 또는 all times입니다. 그렇다면 어떻게 기도하는 것이 '성령 안에서 기도'하는 것일까요? '성령 안에서 기도한다'는 의미는, "성령의 영성과, 성령의 지성과, 성령의 감성을 따라서 기도하는 것이다" 라고 말할 수 있습니다. 또, 성령의 임재 가운데 기도하는 것입니다. 성령께서 주시는 생각으로 기도하라는 것입니다.

실제적으로 성경에 보면, 성령께서 우리를 위하여 말할 수 없는 탄식으로, 성령의 생각이 삼위일체 하나님과 합치된 상태에서 우리 안에 와계신 성령께서 우리를 위하여 계속 기도하고 계십니다. "이와 같이 성령도 우리의 연약함을 도우시나니, 우리는 마땅히 기도할 바를 알지 못하나 오직 성령이 말할 수 없는 탄식으로 우리를 위하여 친히 간구하시느니라. 마음을 살피시는 이가 성령의 생각을 아시나니 이는 성령이 하나님의 뜻대로 성도를 위하여 간구하심이니라 (롬8:26~27).'" '성령 안에서 기도하라'는 엡6장 18절의 말씀을 실행 할 수 있는 그 약속이, 이 로마서 말씀에 주어져 있습니다. 로마서 8장 26~27절속에는, 성령의 [영성] [지성] [감성]이 나타나 있어요. 성령의 영성은 무엇과 같은가요? 어머니의 영성과 같지요. 어머니는 자녀들을 한없는 사랑으로 용납해주고 품어줍니다. 그러한 것처럼 성령은 포근한 영성, 온유하신 영성, 인자하신 영성으로서 마치 어머니가 자식을 위해 기도하듯이, 성령께서 우리를 위하여 기도하고 계신다는 거예요. 우리는 무엇을 위하여 기도하는지도 모르고, 우리 앞에 어떤 일이 일어날지도 모릅니다.

그렇기 때문에 성령께서 '우리를 위하여 마땅히 무엇을 위해서 기도할지 모르지만, 우리를 위하여 앞서 기도'하고 계신다는 것입니다. 성령의 영성이 그러하단 것입니다. 또 성령의 영성은, 성령은 지성을 가진 인격체이셔서 우리를 위해서 기도 할 바를 명확하게 인지하시고, 그리고 그 생각을 갖고 기도하고 계십니다. 롬8장 27절 말씀에 성령은 지성을 지니신 분이시다. 라는 것을 보여주는 한 표현이 있습니다.'마음을 살피시는 이가 성령의 생각을 아시나니' '성령의 생각'이라고 했습니다. 성령은 생각하신다. 즉, 지성을 지니신 분이십니다. 우리를 향하신 그 성령의 생각이 얼마나 많은지 시편 40편 5절에 이런 말씀이 나옵니다.

"여호와 나의 하나님이여 주의 행하신 기적이 많고 우리를 향하신 주의 생각도 많도소이다" 우리의 부모가 자녀를 위해서 기도하지 않습니까? 자녀에 대한 모든 사정을 헤아리고 살펴서 자녀를 위해서 기도합니다. 부모는 자녀를 위해서 기도하지만, 자녀는 부모를 그렇게 생각하지 않아요. 자기 인생이 바쁘기 때문에 내리 사랑을 해서 부모는 자녀를 위해서 그렇게 안타깝게 간절히 기도하지만, 자녀들은 그 부모에 대한 마음을 헤아리지 못합니다. 저도 자녀를 위해서 기도하면서 '이 아이들이, 부모인 내가 이렇게 하나님 앞에서 간절히 자기들을 위해 기도하는 것을 알고 지내기나 하나?' 그런 생각을 할 때가 있습니다.

마찬가지로 우리는 별로 하나님을 생각하지 못하고 살아가지만 성령께서 우리를 위하여, 해변의 모래보다 더 많으신 그 생각, 그 사랑의 생각을 가지고 우리를 위해서 기도하고 계십니다. 또한 성령은 감성을 지닌 분이십니다. 로마서 8장 26절 말씀에 성령의 감성을 보여주는 한 어구 한 표현이 있습니다. "말할 수 없는 탄식으로 우리를 위하여 기도하시는 성령님"이라고 했습니다. 성령으로 기도하는 습관이 되어야 마음의 평안과 천국을 누리면서 살수가 있습니다.

둘째, 성령으로 기도하라. 성령께서 감동하시고 인도하시는 대로 기도하라는 것입니다. 우리에게 자의적인 기도를 하는 습관이 있습니다. 자의적인 기도란 내 생각대로, 내 욕심대로, 내 마음대로 기도하는 것을 말하는 것입니다. 성령으로 기도하라는 것은 내 영이 성령 안에 잠긴 것처럼 성령이 그 영성과 지성과 감성을 따라서 기도하는 것, 그것이 바로 우리가 지향하는 이상적인 성령으로 하는 기도입니다. 부모가 어린자녀든 장성한 자녀든 자녀를 위해서 밤낮 기도하듯이 성령께서 우리에게 오셔서 나는 의식도 하지 못하는데, 나는 느끼지도 못하는 사이에 나를 위하여 말할 수 없는 탄식으로, 그 많으신 성령의 사랑의 생각을 갖고서, 하나님의 뜻에서 합치된 방향으로 나를 위하여 기도하고 계시는데 내가 그것을 깨닫고 성령의 인도를 따라 기도하는 것이 바로 성령 안에서 기도하는 것입니다.

그것이 그토록 중요한 이유는 우리가 성령 안에서 기도하게 되면, 우리가 중언부언 하는 기도는 하지 못하죠. 여전히 우리는 내 짧은 욕심이 들러붙은 그런 마음의 손을 가지고 기도를 하는데, 우리가 점차적으로 성령 안에서 변화를 받게 되면, 우리가 마음속에 품게 되는 소원과 우리가 하나님께 아뢰는 기도의 제목들이 하나님의 뜻에 합치되는 방향으로 내 그 기도가 바뀐다는 것입니다. "이와 같이 성령도 우리의 연약함을 도우시나니 우리는 마땅히 기도할 바를 알지 못하나 오직 성령이 말할 수 없는 탄식으로 우리를 위하여 친히 간구하시느니라." 우리의 기도가 성령 안에서 드려지게 되면 우리가 간구하는 것이 하나님의 뜻에 맞게 되니까 하나님께서 하나님의 뜻을 이루어주시지 않겠습니까?

로마서 8장 28절에 보면 "우리가 알거니와 하나님을 사랑하는자 곧 그 뜻대로 부르심을 입은 자들에게는 모든 것이 합력하여 선을 이루느니라.”하셨습니다. 우리 기도가 성령 안에서 드려지는 기도, 우리의 뜻이 하나님의 뜻에 합치되는 방향으로 변화받게 되면, 우리가 기도하는 바를 하나님이 응답해 주실 뿐만 아니라, 우리에게 둘러싼 삶의 환경을 하나님께서 절대주관 가운데 품으시고, 붙드시고, 변경하시고, 조정하셔서 모든 것들을 합력하여 선을 이루게 해 주신다는 겁니다.

그러니까 로마서 8장 28절에 “성도의 모든 것을 합력하여 선을 이루신다”는 구절은, 문맥상 26절과 연결해서 해석할 때, 성령 안에서 기도하는 성도에게, 모든 것이 합력해서 선이 이루어진다는 뜻입니다. 즉 28절의 “성도의 모든 것이 합력해서 선을 이루는” 은총은 26절의 성령 안에서 기도하며 살아가는 자에게 주어지는 축복입니다. 시편 37편 4절 말씀에도 “또 여호와를 기뻐하라. 저가 내 마음의 소원을 이루어 주시리로다.”라고 하셨습니다.

우리 기도가 성령 안에서 기도하는 것으로 점차로 바뀌어서 우리가 성령 안에서 하나님을 기뻐하며 살아가게 될 때, 성령님께서 우리 마음속 안에 있는 모든 소원들을 아시고 헤아리시고 살피셔서, 우리로 하여금 하나님께 기도드려서 그 소원들을 다 이루게 해주시기 때문에 성령 안에서 기도하는 것이 그토록 중요합니다. 그런데 혹자는, ‘성령 안에서 기도 한다.’는 것은 방언기도 하는 것을 뜻한다고 하여 성령 안에서 기도와 방언기도를 동일시합니다. 저는 부분적으로는 맞다고 생각해요. 그러나 다 맞는 것은 아니고, 부분적으로 맞습니다. 성령께서 우리에게 방언의 은사를 주시면, 그 사람은 그 방언기도를 하는 가운데 성령 안에서 기도하게 됩니다. 성령의 영성과 지성과 감성에 내가 편입되어서 내가 그 의미를 다 모르고 기도하는 사이에도 내가 성령 안에서 기도하는 것으로, 나의 기도가 바뀔 수가 있어요. 그래서 방언기도는 귀중한 은사입니다. 그런데 '성령 안에서 기도하는 것'을 방언기도로만 한정해놓으면, 방언기도를 하지 않는 다른 그리스도인은 성령 안에서 기도할 수 없는 것으로 되니까. 그것은 말이 안 되는 것이지요. 그러므로 방언은사를 받지 않은 많은 그리스도인들도, 성령 안에서 기도할 수 있습니다. 성령께서 이끄시는 대로 기도하는 것이 성령 안에서 기도하는 것입니다.

셋째, 성령으로 기도하는 방법. 기도에 대하여 바르게 알아야 합니다. 많은 성도들이 문제가 있으면 무조건 기도하면 문제가 풀어지는 줄로 알고 있습니다. 그래서 무조건 기도하라고 합니다. 그렇지 않습니다. 기도는 하나님의 음성을 듣는 것입니다. 문제의 원인에 대하여 하나님께 질문하여 하나님께서 알려주시는 것을 해결하면서 기도해야 합니다. 예를 든다면 회개라든가, 용서라든가, 하나님께서 알려주시는 레마를 받아 순종하며 기도해야 문제가 풀어지는 것입니다. 막연하게 문제를 해결하여 주시옵소서. 하며 기도하면 문제가 해결되지 않습니다. 반드시 하나님에 알려주시는 해결 방법을 적용하여 해결하면서 기도해야 문제가 풀어지는 것입니다. 성도들이 바르게 알아야 할 것은 자신이 당하는 문제는 하나님의 문제라는 것을 믿어야 합니다. 그래서 자신에게 일어나는 문제는 하나님이 해결해야 합니다. 왜냐하면 자신은 예수를 믿을 때 죽었습니다. 다시 예수로 태어났습니다. 지금 예수 인생을 사는 것입니다. 그렇기 때문에 성령으로 기도하여 영의 상태가 되면 하나님께 해결 방법을 질문하여 응답받은 대로 조치를 해야 문제가 해결되는 것입니다. 그렇기 때문에 문제를 해결하려면 기도하지 않으면 안 되는 것입니다. 성령으로 기도하여 영의 상태가 되어야 내적인 상처도 치유되고, 귀신도 떠나가고, 병도 고쳐지고, 문제도 해결되고, 하나님의 음성도 들을 수가 있는 것입니다.

성령으로 기도하는 것은 성령의 임재가운데 성령 안에서 기도하는 것을 말합니다. 마음으로 기도하여 마음의 문이 열려야 영으로 기도하게 되는 것입니다. 영으로 기도하는 것이 성령으로 기도하는 것입니다. 그렇기 때문에 먼저 마음의 기도로 마음의 문을 열어야 영으로 기도할 수가 있는 것입니다. 성령으로 기도하는 비결은 이렇습니다. 숨을 들이 쉬고 내 쉬면서 주여! 숨을 들이 쉬고 내 쉬면서 주여! 숨을 들이 쉬고 내 쉬면서 주여! 자연스럽게 주여! 주여! 를 하면 되는 것입니다. 방언으로 기도할 줄 아는 분들은 호흡을 들이쉬고 내쉬면서 방언기도하고, 호흡을 들이쉬고 내쉬면서 방언기도를 합니다. 즉 내면의 활동이 강화되어 자신의 마음속 영 안에 계신 성령이 밖으로 나오시게 해야 합니다. 코로는 바람을 들이쉬고 배꼽 아랫배로 호흡을 하는 것입니다. 호흡을 들이쉬고 내쉬면서 주여! 주여! 주여! 하다가 성령께서 감동을 주시는 것이 있습니다.

예를 든다면 "자녀를 위하여 기도하라!"하실 수도 있습니다. 그러면 자녀를 위하여 기도하는 것입니다. 자녀에게 문제가 있는 것도 할 수가 있습니다. 자녀에게 바라는 것이 있으면 그것을 기도해도 좋습니다. 기도를 마치고 다시 주여! 주여! 주여! 하면서 기도를 합니다. 다시 성령께서 너의 물질문제를 기도하라고 하실 수도 있습니다. 물질문제를 기도합니다. 물질문제가 어떻게 해서 생겼는지 하나님에게 질문하며 기도합니다. 죄악으로 인한 것이라면 회개를 합니다. 회개하고 죄악을 타고 들어온 귀신을 축귀합니다. "예수 이름으로 명하노니 선조들의 죄를 따라 들어와 물질 고통을 주는 귀신아 물러가라" 소리는 크지 않아도 됩니다. 성령이 충만한 상태이므로 귀신들이 잘 떠나갑니다. 다시 다른 기도를 위하여 주여! 주여! 주여! 하면서 기도를 합니다.

그러면 성령께서 다시 감동을 합니다. 너의 건강을 위하여 기도하라! 그러면 자신의 건강을 위하여 기도합니다. 기도하면서 하나님에게 질문을 합니다. 하나님! 저의 어느 부분이 문제가 있습니까? 하면서 기도하여 조치를 취하면 됩니다. 무엇을 결정해야 할 경우는 어느 정도 기도하여 성령으로 충만한 상태가 되면 지속적으로 문의 하는 것입니다. 이것을 어떻게 해야 합니까? 이

것을 어떻게 해야 합니까? 이것을 어떻게 해야 합니까? 지속적으로 질문을 하면 문득 떠오르는 생각이 있습니다. 이것이 하나님의 방법입니다. 이것을 해결하면 치유가 되는 것입니다. 이것이 성령으로 기도하는 것입니다. 어려울 것이 없습니다.

자신의 생각이나 욕심을 내려놓고 순수하게 성령을 따라 기도하는 것입니다. 보통 성도님들이 하시는 말씀대로 기도분량이 채워지니까 성령께서 알려주신 것입니다. 기도분량이 채워졌다는 것은 성령님이 역사하실 수 있는 영적인 상태가 되었다는 것입니다. 절대로 성령은 육의 상태에서 응답을 주시지 못합니다.

반드시 성령으로 충만한 영의 상태가 되어야 레마를 들려주십니다. 그러므로 영의 상태가 되도록 성령으로 깊은 영의기도를 해야 합니다. 영의 상태에서 하나하나 감동이나 음성으로 알려주시는 것입니다. 기도의 성공요소는 영의 상태에 들어가는 것입니다. 영의상태에서 성령님과 교통할 수가 있기 때문입니다. 영의상태가 되어야 세상에서 천국을 만끽하며 살아갈 수가 있는 것입니다. 천국을 누리는 것은 성령께서 자신을 지배하고 장악된 상태에서 가능한 것입니다. 천국을 만끽하면서 세상을 살아가려면 기도를 바르게 해야 자신 안 성전에 계신 성령께서 자신을 통하여 나타내심으로 가능한 것입니다. 기도가 참으로 중요합니다.

25장 예배를 산재물이 되어 드림으로

(요 4:23-24)"아버지께 참되게 예배하는 자들은 영과 진리로 예배할 때가 오나니 곧 이 때라 아버지께서는 자기에게 이렇게 예배하는 자들을 찾으시느니라. 하나님은 영이시니 예배하는 자가 영과 진리로 예배할지니라"

예수님 공중 재림 때에 휴거되려면 지금 천국을 만끽하며 누리려면 예배를 바르게 드려야 합니다. 습관적인 예배가 아니라, 영과 진리로 산재물이 되어 드리는 습관이 되어야 합니다. 예배를 영과 진리로 드릴 때 마음 안 성전이 견고하게 지어지고 자신 안의 하늘나라에서 천국이 흘러나와 자신을 주장하기 때문입니다. 예배를 성공하느냐 못하느냐에 따라서 천국을 만끽하며 누리느냐 그렇지 못하느냐가 결정되기 때문입니다. 예배를 바르게 드리지 못하면 지금 천국을 만끽하며 누릴 수가 없습니다.

하나님께서는 크리스천들에게 영과 진리로 예배를 드리라고 말씀하십니다. 왜 하나님에게 예배를 드려야하느냐는 것입니다. 예배란 "예수 그리스도 안에서 자신을 계시해 주신 하나님과 그 하나님 앞에 뜨겁게 응답하는 만남의 현장"이라고 말할 수 있습니다. 즉 예배란 언제나 우리를 인도하시고, 찾아주시며, 구원해 주신 하나님의 놀라우신 사랑과 은혜에 응답하는 행위라고 말할 수 있을 것입니다. 예배를 통하여 하나님을 경배하고, 하나님으로부터 은혜와 사랑과 축복과 치유를 받는 것입니다. 예수를 믿는 성도는 예배를 통하여 하나님이 자신의 주인이라는 것을 증명하며, 경외하고, 하나님으로부터 복을 받는 시간입니다. 모든 것이 예배를 통하여 이루어지는 것입니다.

그렇기 때문에 사단이 인간에게 예배를 받으려고 하는 기를 쓰는 것입니다. 사단이 자신을 예배하게 하기 위하여 여러 가지 이해하지 못하는 일들을 일으키는 것입니다. 이방인의 제사, 무당 굿, 법당의 법회, 이방신들을 섬기기는 자들의 예배행위, 기우제, 고사 등등이 여기에 해당이 되는 것입니다. 예배는 이렇게 중요합니다. 그래서 하나님을 경외하고 주인으로 인식하기 위하여 매주 첫날(주님이 부활하신 날) 교회에 모여서 하나님에게 예배를 드리는 것입니다.

그러면 예배를 어떻게 드려야 하는지를 밝히 알고 행해야 합니다. 하나님은 이렇게 말씀을 하십니다. "아버지께 참되게 예배하는 자들은 영과 진리로 예배할 때가 오나니 곧 이 때라 아버지께서는 자기에게 이렇게 예배하는 자들을 찾으시느니라. 하나님은 영이시니 예배하는 자가 영과 진리로 예배할지니라."(요 4:23-24). 영이신 하나님만을 주목하는 예배, 하나님께 참되게 예배하는 것은 무엇을 의미합니까? 어떻게 드리는 예배를 가리켜 아버지께 참되게 예배하는 것입니까?

첫째, 하나님께 참되게 예배하는 자는 영으로 예배합니다. 영으로 드리는 예배가 무엇입니까? 우리가 이를 바르게 알기 위해서는 먼저 성경말씀을 바르게 알아야 합니다. 원래 헬라어 성경을 보면 24절에서 "하나님은 영이시니… 영으로 예배하라." 하는 구절의 '영'을 가리켜 '성령'(pneuma)으로 표기했습니다. 복잡하게 설명하지 않겠습니다. "하나님은 영이시니." 즉 하나님은 성령 하나님이십니다. 하나님은 살아계시면서 영이십니다.

그러므로 "영으로 예배할지니라." 즉 성령 하나님으로 예배하라는 말씀입니다. 더 쉽게 설명을 드리면 '성령의 인도함 가운데, 성령님 안에서 예배하라.'는 것입니다. 우리가 믿고 잘 알고 있듯이 하나님은 삼위일체 하나님이십니다. 성부 하나님의 고유 사역은 창조사역(계획)입니다. 성자 하나님, 예수님의 고유 사역은 구원사역(이루심)입니다. 성령 하나님의 고유 사역은 인도, 지지의 사역(알게 하심)입니다.

성부 하나님이 이스라엘 백성들과 늘 동행하셨습니다. 성자 예수님이 임마누엘의 하나님으로 우리 가운데 임재 하셨습니다. 성령 하나님이 우리들과 세상 끝날 까지 함께 하십니다. 그러므로 하나님을 가리켜 성령님이라고 하는 것입니다. 그러므로 성령님의 감동 가운데 하나님께 예배하라는 것입니다. '성령님의 감동 가운데 드리는 예배'에 대해 설명을 드리겠습니다. 예배드리는 가운데 다른 생각이 나는 것, 성령님의 감동이 아닙니다. 마귀가 방해하는 것입니다. 예배를 드리면서 세상 생각하는 것이 아닙니다. 예배드리는 가운데 마음 속 깊은 곳에서 솟아나오는 기쁨, 성령님의 감동입니다. 그렇게 성령님이 주시는 감화와 감동 가운데 예배드리라는 것입니다. 예배 찬송을 부르는데 주님의 은혜가 감사하여 눈물이 흐릅니다. 성령님의 감동입니다.

찬송을 크게 부르고 싶은데 주위 사람들이 신경이 쓰입니다. 성령님의 감동이 아닙니다. 사람을 의식하는 인본주의 행위입니다. 설교말씀을 들으면서 무엇인가 깨달음이 있습니다. 성령님의 감동입니다. 그런데 그 말씀을 가만히 생각해보니 많은 희생과 양보가 있어야 할 것 같습니다. 성령님의 감동입니다. 그대로 양보와 희생하라는 것입니다. 예수님이 주시는 은혜도 좋지만 내 것을 내려놓기가 싫습니다. 아깝습니다. 성령님의 감동이 아닙니다.

영으로 드리는 예배는 성령으로 드리는 예배, 성령님의 감동 가운데 드리는 예배를 뜻합니다. 자신이 없어지고 성령님이 주인 되어 드리는 것입니다. 성령님의 지배와 장악된 가운데 드리는 것입니다. 살아있지만 자신의 의지를 발휘하지 않고 성령의 인도를 받는 상태입니다. 우리 모두는 하나님을 예배할 때마다 영이신 하나님께 늘 성령의 감동 가운데 예배하는 성도들이 되기를 바랍니다. 영으로 예배하는 것과 또 어떻게 드리는 예배를 가리켜 아버지께 참되게 예배하는 것입니까? 진리(예수)로 예배를 드려야 합니다.

둘째, 하나님께 참되게 예배하는 자는 진리로 예배합니다. '진리로 드리는 예배'의 뜻을 바르게 알기 위해서 역시 성경말씀을 바르게 알아야 합니다. 헬라어 성경을 보면 "진리로 예배할지니라."는 구절에서 '진리'는 헬라어 이 단어 역시 '진리'를 뜻합니다. 그런데 성경을 보면 '진리'라는 말이 유독 많이 나오고 있음을 볼 수 있습니다. 특히 구약성경의 잠언서에 '진리, 지식, 지혜'라는 표현이 많이 나옵니다. "인자와 진리가 네게서 떠나지 말게 하고 그것을 네 목에 매며 네 마음 판에 새기라(잠 3:3)" "인자와 진리로 인하여 죄악이 속하게 되고 여호와를 경외함으로 말미암아 악에서 떠나게 되느니라(잠 16:6)" 기억하십시오. 구약성경에서 지식, 지혜, 진리는 하나님을 뜻합니다.

오늘의 본문인 요한복음을 보면 '진리'라는 단어가 아주 많이 나오고 있습니다. "말씀이 육신이 되어 우리 가운데 거하시매 우리가 그의 영광을 보니 아버지의 독생자의 영광이요 은혜와 진리가 충만하더라(요 1:14)" "율법은 모세로 말미암아 주어진 것이요 은혜와 진리는 예수 그리스도로 말미암아 온 것이라(요 1:17)" "진리를 따르는 자는 빛으로 오나니 이는 그 행위가 하나님 안에서 행한 것임을 나타내려 함이라 하시니라(요 3:21)"

어쩐지 '진리'가 예수님과 어떤 깊은 관계가 있는 것 같지 않습니까? "너희가 요한에게 사람을 보내매 요한이 진리에 대하여 증언하였느니라(요 5:33)" "예수께서 이르시되 내가 곧 길이요 진리요 생명이니 나로 말미암지 않고는 아버지께로 올 자가 없느니라(요 14:6)" 요한복음의 기자는 '진리'가 바로 예수님이라고 선언합니다. 그래서 예수님께서 이렇게 말씀하셨다고 증거합니다. "진리를 알지니 진리가 너희를 자유롭게 하리라(요 8:32)" 이제 '진리로 예배할지니라'는 말씀의 의미가 분명해졌습니다. 그렇습니다. 바로 '예수님으로, 예수님 안에서 예배하라'는 의미입니다. 죄인인 아담은 예수를 믿을 때 죽고 다시 태어난 하늘의 사람… 하나님의 자녀로 태어난 영의 사람인 예수로 드리라는 말씀입니다. 사람이 주목받는 예배, 이는 진리로 드리는 예배가 아닙니다. 예수님이 드러나지 않기 때문입니다.

우스갯소리로 사람들의 귀를 즐겁게 하는 예배, 이는 진리로 드리는 예배가 아닙니다. 우리 주님의 이야기, 복음은 우스개 이야기가 아니기 때문입니다. 사람이 영광을 받고 갈채를 받는 예배 역시 진리로, 예수님으로 드리는 예배가 아닙니다. 진리로 드리는 예배, 예수님으로 드리는 예배, 예수님 안에서 드리는 예배는 오직 예수님만이 나타나는 예배입니다. 진리로 예배를 드리라는 말은 예수 안에서 말씀으로 드리라는 것입니다. 자신은 예수를 믿을 때 죽었고 다시 예수로 태어났으니 죄가 없는 의인(예수)된 상태에서 드리라는 것입니다.

하나님은 영과 진리로 드리는 예배만 받으십니다. 하나님은 영이시기 때문입니다. 성령의 임재 하에 영으로 예배를 드리기를 바랍니다. 오늘날 드려지는 예배는 교단별로 각각의 개 교회마다 순서와 형식의 다양한 방법을 통해 드려지고 있습니다. 순서와 형식의 다양한 방법에 대해 옳다 그르다의 기준은 없습니다. 그러나 반드시 하나님에 대한 예배에 포함 되어야 할 요소들이 있습니다.

셋째, 예배에 포함되어야 할 요소들이다. 하나님께 대한 예배에 포함되어야 할 요소들은 다음과 같습니다.

첫째로 찬양과 경배입니다. 예배의 궁극적인 목적은 하나님을 영화롭게 하는 것입니다. 그리고 찬양은 하나님의 영광을 높이는 수단입니다. 그러한 점에서 찬양은 예배에서 빠질 수 없는 요소입니다. 구약 시대 성전 제사에서도 찬송은 빠질 수 없는 필수 요소였습니다. 그래서 '다윗'은 아예 '레위인'으로 구성된 찬양대를 조직하여 하나님을 찬양하게 하기도 하였습니다. 오늘 우리도 찬송가를 부름으로서 하나님을 찬양하였습니다. 조직이 잘 되어 있는 일반 교회에서는 따로 찬양대를 세워 예배의 한 순서로 하나님을 찬양하게 하고 있습니다. 우리가 하나님을 찬송하는 것은 성도의 마땅한 의무임과 동시에 특권이므로 즐거운 마음으로 찬송을 드려야 하는 것입니다. "우리 능력 되신 하나님께 높이 노래하며 야곱의 하나님께 즐거이 소리할지어다."(시편 81:1), 말씀했습니다.

둘째는 신앙 고백입니다. 예배는 분명한 대상이 있어야 합니다. 예배의 대상이 분명하지 않는 예배는 다 헛된 몸짓에 불과합니다. 우리들의 예배의 대상은 천지만물을 창조하시고 주관하시는 하나님이십니다. 우리는 이 하나님에 대한 신앙 고백을 하는 것입니다. 다른 종교와 달리 우리는 특별히 예배시간에 사도신경을 꼭 암송을 합니다. 사도신경은 기독교의 핵심 진리를 요약한 것이라 할 수 있습니다. 그래서 이는 모든 교회와 성도 각 개인의 공적인 신앙고백으로 삼고 있는 것입니다. 우리가 예배시간에 교회와 성도 개인의 신앙고백으로 사도 신경을 암송하는 것도 이 때문입니다. 하나님께 속한 자는 바로 예수를 주로 고백하는 자들 입니다. "그러므로 내가 너희에게 알게 하노니 하나님의 영으로 말하는 자는 누구든지 예수를 저주할 자라 하지 않고 또 성령으로 아니하고는 누구든지 예수를 주시라 할 수 없느니라(고전12:3)에"했습니다.

셋째로 말씀의 선포와 화답입니다. 하나님은 예배를 통해서 성도들을 만나 주시고 우리에게 필요한 말씀들을 주십니다. 물론 하나님께서 구약 시대처럼 직접 말씀 하시는 일은 없습니다. 하나님은 항상 대언의 종들을 세우시고 그들을 통하여 말씀을 주십니다. 예를 들어 더불어 민주당, 한국당, 국민의당, 보수정당… 등 각 정당 대변인이 발표를 하는 것이 곧 그 정당의 뜻인 것처럼 하나님은 인생들 중 대언할 심부름꾼을 세워 하나님의 뜻을 전달하시는 것입니다. 구약 시대에는 주로 제사장과 선지자들을 통하여 택한 선민 이스라엘 백성들에게 하나님으로부터 직접 계시를 받아 하나님의 뜻을 전하여 주셨습니다.

신약 시대이후에는 목회자를 통하여 하나님의 말씀을 주십니다. 물론 신약 시대의 목회자들은 구약 시대의 선지자들과 달리 직접 계시를 받아 말씀을 전하는 것이 아닙니다. 바로 하나님의 말씀이 기록된 성경을 성령의 조명을 받아 이를 잘 이해할 수 있도록 풀어서 전하는 것입니다. 물론 성도라면 누구나 갖고 있는 것이 성경 말씀입니다. 그러나 성경을 읽는다고 다 하나님의 말씀을 깨닫는 것은 아닙니다. 또 말씀을 깨달았다고 해서 그 말씀이 항상 동일하게 적용되는 것은 아닙니다. 그렇기 때문에 그때 그때 마다, 하나님은 성령으로 감동케 하시고 성경을 재해석하게 하심으로서 우리에게 필요한 말씀을 주시는 것입니다.

넷째로 간구와 호소입니다. 마음 중심에서 성령으로 하는 기도를 말합니다. 만남은 당사자 간에 대화가 있을 때 비로소 그 의미가 있는 것입니다. 대화가 없는 만남은 진정한 의미의 만남이라고 할 수 없습니다. 우리는 세상을 살아가면서 수많은 사람들과 만나게 됩니다. 출근길의 지하철이나 버스 안에서도 만나고, 길거리에서도 만납니다. 그러나 우리는 그러한 만남을 만남이라 부르지 않습니다. 왜 그렇습니까? 그 만남에는 진솔한 대화가 없기 때문입니다. 그러한 의미에서 예배가 참 예배가 되려면 하나님과 성도 간에는 반드시 진솔한 대화가 있어야 합니다. 목회자의 말씀 선포는 하나님의 말씀이 성도들에게 전해지는 과정입니다.

그에 반해 성도들의 기도나 호소는 하나님께 말씀드리는 방편이라고 할 수 있습니다. 따라서 예배에 말씀의 선포가 있어야 하는 것처럼 성도의 간구와 호소도 반드시 있어야 하는 것입니다. 우리는 하루하루 매일 같이 하나님의 도움이 없이는 살아갈 수 없는 존재들 입니다. 예배가 하나님의 영광을 구하고 하나님의 은혜를 힘입는 시간이라면 간구와 호소는 그 은혜가 우리 각자의 삶에 어떤 방식으로 펼쳐 저야 할지를 정하는 것, 즉 은혜를 구체화하는 것이라 할 수 있습니다. 그렇기 때문에 간구와 고백은 예배를 드릴 때 반드시 필요한 요소 중 하나라 할 수 있습니다. 잘 알고 있듯이 기도는 하나님과의 교제의 통로입니다.

다섯째, 감사와 헌신입니다. 우리는 매 순간 하나님의 은혜가 없이는 살아갈 수 없는 사람들 입니다. 다시 말해서 우리가 매 순간 살아가고 있는 것이 하나님의 은혜의 결과입니다. 하나님은 시시때때로 우리에게 필요한 은혜를 베푸사 이 험난한 세상을 살아갈 수 있도록 힘과 용기를 주십니다. 더욱이 우리는 본래 다 죄로 인하여 영원히 멸망할 운명에 처하였던 존재로서 감히 하나님께 나아갈 수 없었던 신분이었습니다.

그러나 죄인을 구원하기 위해 독생자를 아끼지 않으신 하나님의 그 크신 은혜와 우리를 위하여 자기 몸을 기꺼이 희생하신 예수 그리스도의 사랑으로 우리가 죄 사함을 받고 하나님께 나아갈 수 있는 것은 물론, 하나님의 영원한 기업의 후사가 된 것입니다. 그런즉 우리가 하나님께 감사하는 것은 지극히 당연한 것입니다. 봉헌(헌금)도 하나님의 은혜에 대한 감사의 표시입니다. 또 하나님을 위하여 헌신을 하는 것도 감사의 표시입니다.

하나님을 영화롭게 하는 자는 바로 감사로 제사를 드리는 자라고 했습니다. "감사로 제사를 드리는 자가 나를 영화롭게 하나니 그 행위를 옳게 하는 자에게 내가 하나님의 구원을 보이리라 (시편50:23)"했습니다. 믿음도 현재형이고 감사도 현재형 입니다. 표현되지 않은 사랑은 더 이상 사람이 아닌 것처럼 표현되지 않는 감사 또 한 더 이상 감사가 아닌 것입니다. 감사는 해도 그만, 안 해도 그만이 아니라 살아있는 모든 날들이 다 감사의 조건이 되는 것입니다. 우리 모두가 하나님에 대한 찬양과 신앙고백, 말씀의 선포와 화답, 간구와 호소, 감사와 헌신을 통한 풍성한 복을 내 것으로 만들어 가는 믿음의 주인공들이 다 되시기를 진심으로 소원합니다.

26장 걸어 다니는 성전으로 살아감으로

(고전 3:16)"너희는 너희가 하나님의 성전인 것과 하나님의 성령이 너희 안에 계시는 것을 알지 못하느냐"

걸어 다니는 성전의식은 예수님 공중 재림 시에 1차적으로 휴거 되는 성도들의 필수입니다. 하나님의 나라 천국이 자신과 같이 동행하기 때문에 자동으로 천국이 되기 때문입니다. 하나님은 크리스천들이 걸어 다니는 성전의식을 가지고 믿음생활 하기를 소원하십니다. 이유는 지금 천국을 만끽하며 누려야 하기 때문입니다. 하나님께서 마음 안에 계시기 때문입니다. 걸어 다니는 성전의식을 가지고 살아야 성전에 계신 하나님의 권능으로 기적을 체험하면서 살아갈 수가 있습니다. 따라서 천국을 만끽하고 누리면서 살아갈 수가 있습니다. 하나님은 보이는 성전에 계시지 않습니다. 성도 한 사람, 한 사람의 마음 안에 주인으로 임재 하여 계십니다. 성전을 견고하게 세운다는 것은 자신 안에 하나님께서 전 인격을 지배하는 것입니다. 크리스천들이 바르게 알아야 할 것이 있습니다. 유형교회(예배당)를 세우려고 교회에 다닌다고 한다면 잘못 이해한 것입니다. 유형교회를 출석하는 것은 먼저 자신을 성전으로 가꾸기 위해서 출석하는 것입니다. 자신이 성전 되기 위하여 유형교회(예배당)의 예배에 빠짐없이 출석해야 합니다. 크리스천은 유형교회를 통하여 자신이 성전으로 가꿀 수가 있기 때문입니다. 유형교회에서 목사님의 설교를 들으면서 영을 깨우고 선배들의 신앙지도를 받으면서 영이 자라 자신의 전인격이 성전으로 가꾸어지기 때문입니다. 자신을 성전으로 가꾸기 위하여 유형교회를 건축해야 합니다. 자신이 성전이 되어야 전인적인 복을 받습니다. 하나님의 뜻은 자신이 먼저 잘되는 것입니다. 자신이 잘되어야 전도가 가능합니다. 유형교회(예배당)도 잘되도록 할 수가 있습니다.

하나님은 "너희가 하나님의 성전인 것과 하나님의 성령이 너희 안에 거하시는 것을 알지 못하느뇨"(고전 3:16). 성경은 '하나님의 성전,' 즉 '하나님이 거하시는 성전'이 사람 속에 있다고 말씀합니다. 우리는 달력 등에 실린 삽화에서 예수님이 문밖에서 노크하고 계신 그림을 본적이 있습니다(계 3:20). 우리의 마음 문밖에 서 계신 예수님을 우리의 마음 안에 모셔 들입시다. 무너져 내린 마음속의 성전을 다시 건축해야 합니다. 하나님께서 오늘 우리에게 이렇게 명하십니다. '내가 거할 성소를 너희 마음 안에 지으라.' 수천 년 전 이 땅에 세워졌던 성전은 우리 육체 안에 건축되어야 할 성전의 표상입니다. 하나님의 지도하심을 따라서 자신의 전인격이 성전으로 완성되고 예수 그리스도의 거룩한 피가 우리의 마음의 성전에 뿌려져야 합니다.

첫째, 성령으로 자신의 전인격을 청소하고 정리하라. 집안을 다스리려면 마음 안에 계신 성령하나님께서 주인으로 좌정하고 계셔야 합니다. 세상에서도 집안을 다스리려면 집안을 청소하고 정리해야 되는 것처럼 마음을 성령으로 청소하고 하나님께서 다스려야 되는 것입니다. 말씀과 성령으로 정신적으로 미움, 분노, 시기, 질투, 교만, 탐욕 같은 쓰레기더미의 원인을 찾아내고 양심의 고통스런 죄책을 다 회개하고 성령의 역사로 씻어야 마음을 다스릴 수가 있는 것입니다. 마음에 세상과 스트레스로 들어온 쓰레기가 잔뜩 쌓여있고 마음이 안정되지 못하고 불완전하게 흩어져서 정신을 차릴 수 없는데 다스려집니까?

마가복음 7장 21절로 23절에 "속에서 곧 사람의 마음에서 나오는 것은 악한 생각 곧 음란과 도둑질과 살인과 간음과 탐욕과 악독과 속임과 음탕과 질투와 비방과 교만과 우매함이니 이 모든 악한 것이 다 속에서 나와서 사람을 더럽게 하느니라" 우리 속에는 세상을 살아오면서 들어온 쓰레기더미가 있습니다. 너나 할 것 없이 우리 가슴을 활짝 펴고 성령으로 충만한 가운데 자신 안을 들여다보면 쓰레기더미가 다 있어요. 남에게만 쓰레기더미가 있다고 손가락질하지 말 것은 내 속에 쓰레기더미가 있는 것입니다. 그러므로 이것을 찾아서 청산해야 돼요. 쓰레기더미를 어떻게 청산합니까? 우리가 성령께서 인도하시는 회개를 통해서 청산할 수 있는 것입니다. 그리고 그때 들어온 귀신들을 성령으로 예수이름으로 몰아내야 합니다.

성전 된 자신 안에 하나님을 주인으로 모시고, 성령으로 마음을 정리정돈 하고 여유가 생겨서 마음속이 행복하면 환경이 행복한 환경으로 변화되는 것입니다. 먼저 버려야 할 사소한 생각으로는, 불행하다는 마음과 마음의 고통, 슬픔, 상처 등 주로 부정적인 것들을 다 밀어내야 합니다. 화, 불안, 분노, 비난 등 부정적인 감정들도 지금 당장 버리고 망설이고, 걱정하고, 불신하고, 갈등하고, 조급증, 적대감 등의 행동을 과감하게 성령의 역사를 통하여 정화해야 합니다. 성령으로 충만하면 마음속의 쓰레기가 밀려서 나가는 것입니다. 마음이 세상 것으로부터 해방되면 행복하게 된다는 것입니다. 우리가 영혼의 만족을 누리면서 성공적이고 행복한 삶을 살기 위해서는 무엇보다 먼저 우리의 생각과 감정과 행동 가운데 부정적이고 소극적인 쓰레기더미를 예수님의 보혈과 성령의 역사로 씻어내고 우리 마음을 십자가 구속의 은혜로 채워야 하는 것입니다.

둘째, 하나님을 주인으로 모시고 살아라. 하나님께서 마음 성전의 주인으로 계시니 우리는 천국의 삶을 사는 것입니다. 우리는 모두 다 영원한 천국의 꿈을 갖고 사는 것입니다. 꿈이 없는 백성은 망한다고 말한 것입니다. 작은 꿈, 큰 꿈, 살아있는 사람은 다 마음에 꿈을 갖고 있는 것입니다. 그런데 희망찬 꿈을 갖고 살아야지 꿈이 언제나 비관적이고 절망적이면 절대 행복하지 않습니다. 마음 안에 주인으로 계시는 예수님을 쳐다보고 용서와 의의 꿈을 언제나 꿀 수 있고 거룩하고 성령 충만한 꿈을 꿀 수 있고 치료받고 건강한 꿈을 꿀 수가 있고 아브라함의 복과 형통을 얻을 꿈을 꿀 수 있고 부활 영생 천국의 꿈을 꿀 수가 있습니다. 꿈은 꿈이니까요. 그래서 내 영혼이 잘됨같이 범사에 잘되며 강건하고 생명을 얻되 넘치게 얻는 꿈을 꾸고 나아가면 그 꿈이 우리들을 그 세계로 이끌어 가는 것입니다. 자신이 꿈을 이루는 것이 아닙니다. 절대로 그것은 오해하지 마십시오. 꿈을 가슴에 품고 있으면 성령께서 꿈을 이끌어 가는 것입니다. 그렇기 때문에 꿈을 갖는다는 것은 그렇게 중요한 것입니다. 믿음의 주요 또 온전케 하시는 예수를 바라보라고 성경에 말한 것입니다. 예수를 바라보고 나아가면 그 꿈이 우리를 예수께로 이끌어 주는 것입니다.

그래서 "누구든지 그리스도 안에 있으면 새로운 피조물이라 이전 것은 지나갔으니 보라 새것이 되었도다." 이전의 죄악된 삶, 부패한 삶, 병든 삶, 패배와 실패, 낭패, 가난, 저주의 삶. 죽음의 고통의 삶이 다 사라지고 새로운 삶, 영혼이 잘됨같이 범사에 잘되며 강건하고 생명을 얻되 넘치게 얻는 삶으로 변화되는 것입니다. 그것은 내가 노력하고 힘쓰고 애써서 되는 것이 아니라, 꿈이 그 세계로 이끌어 가는 것입니다. 마음 안에 예수님을 주인으로 모시면 성령이 오셔서 그 꿈대로 변화시켜 주는 것입니다.

셋째, 사람들에게 은혜를 입는 삶. 하나님께서 함께 하시고, 걸어 다니는 성전의식을 가지고 살아가는 성도는 주변 사람들 앞에서 은혜를 받고 사는 것입니다. 하나님께서 함께 하시는 증표가 어디를 가든지 주변 사람들에게 은혜를 받고 주는 것입니다. 하나님께서 살아계시기 때문입니다. 그래서 우리는 자녀들이나 배우자나 교우들을 위하여 기도할 때에 주변 사람들을 통하여 은혜를 입는 자가 되도록 기도해야 합니다. 또한 주변 사람에게 은혜를 끼치는 자가 되라고 기도해야 합니다. 이방 나라에 포로가 된 느헤미야는 이렇게 기도합니다. "종들의 기도를 들으시고 오늘 종이 형통하여 이 사람들 앞에서 은혜를 입게 하옵소서(느1:11)" 기도의 응답은 형통이고 이 형통의 구체적인 표현은 아닥사스다 왕에게서 은혜를 받는 것입니다. 느헤미야의 기도의 구체적 내용은 포로생활을 하던 자신의 삶을 청산하고 돌아가는 것입니다. 그에게는 자신의 조국 예루살렘의 운명을 안타까워하는 마음이 있었습니다.

우리는 오늘 먼저 한 가지 결론을 내립니다. 걸어 다니는 성전으로 사는 성도가 기도하여 하나님의 응답을 받게 되는 구체적인 일은 바로 사람들에게서 은혜를 받은 것입니다. 걸어 다니는 성전으로 사는 성도는 일상생활 속에서 사람들과 함께 잘 사는 것입니다. 사람들 속에서 하나님과 교통하며 살아가는 것입니다. 필자는 명절이 되어 우리가 만나는 가족 간에도 은혜 받기를 원합니다. 사람들과의 관계 속에서 하나님이 주시는 은혜를 사람들을 통하여 누리시길 바랍니다.

느헤미야는 이방 나라에서 아닥다스 왕에게 은혜를 입습니다. 아닥사스다 왕은 하나님께 기도하고 있는 느헤미야의 상관입니다. 느헤미야는 하나님의 백성입니다. 하나님의 백성에게 역사하시는 하나님의 은혜의 수단은 페르시아 제국의 왕입니다. 그리고 페르시아의 종교는 조로아스터교입니다. 이 조로아스터교의 신자인 아닥다스 왕이 하나님의 손에 이끌려서 하나님의 일을 하고 있습니다. 하나님이 예수 믿는 사람을 구원하신다는 사실은 분명하지만, 하나님이 이 예수 믿는 사람들만을 제한적으로 사랑하는 특정한 사랑이 아닌 것을 깨달아야 합니다. 하나님은 세상을 이처럼 사랑하셔서 독생자를 주실 때에 불교신자를 사랑하시고 이교신자들도 사랑하셨습니다. 모두 예수를 믿고 돌아오기를 기다리십니다. 하나님은 사람을 귀하게 여기시고 사람을 통하여 일하십니다.

하나님의 사랑은 하나님의 백성과 자녀라고 하는 울타리를 뛰어넘는 우주적 사랑이시고, 하나님은 모든 인간에게 대한 기본적인 사랑을 베푸십니다. 그래서 하나님이 위대하신 것입니다. 우리의 왜곡된 신앙이 하나님을 협소하게 한 것입니다. 우리가 기도할 때에 구체적으로 기도해야 합니다. 느헤미야의 기도가 위대했던 것은 구체적으로 기도했기 때문입니다. "하나님! 제게 은혜를 베풀어 주셔서 아닥사스다 왕과 페르시아 통치자들에게 역사해주셔서 제게 은혜를 베풀어 주십시오"라고 기도합니다. 하나님께서 느헤미야와 함께하시기 때문에 기도에 응답하시는 것입니다. 우리는 하나님께 우리의 병을 고쳐주시고 건강하게 해달라고 기도하면서 구체적으로 기도하지 않습니다. 기도자의 형통은 바로 나와 가까이 있는 사람을 통해서 주시는 은혜의 역사입니다. 하나님은 사람을 통하여 일을 하십니다.

그러므로 자신이 하는 기도를 통하여 역사하시는 것입니다. 기도할 때 성령님이 역사하시고 하늘의 천사들이 동원됩니다. 자신이 병들어 기도할 때 질병을 치유할 수 있는 사람을 천사를 통하여 만나게 하십니다. 기도는 영의 활동입니다. 기도할 때 성령으로 충만할 수 있습니다. 성령으로 충만해야 하나님의 손을 움직일 수가 있는 것입니다. 하나님의 손을 잘 움직이도록 기도하는 성도가 걸어 다니는 성전의식으로 사는 성도입니다.

느헤미야가 아닥사스다 왕을 만날 때에 그 옆에 왕후가 옆에 있었습니다. 페르시아제국의 왕후들은 공식적인 자리에 잘 나타나지 않는다고 합니다. 그런데 이 왕후가 느헤미야와 자신의 왕이 수산 궁에서 연회를 베풀 때 나타났다고 하는 것은 둘 중의 하나로 보입니다. 하나는 이 자리가 공식적인 자리가 아닌 사적인 자리이거나 아니면 왕후가 관례를 깨고 느헤미야를 도우려고 왕을 설득하고자 나왔다는 것입니다. 왕후가 느헤미야와 왕의 사이에서 가교역할을 했습니다.

그러면 이 느헤미야는 아닥사스다 왕 뿐 아니라, 그의 왕후의 도움까지도 받았다는 이야기입니다. 자기 주변에 있는 사람을 하나님이 내게 은혜를 베푸는 통로로 삼는 자가 복이 있습니다. 하나님은 내 옆의 가까이 있는 사람을 통해서 은혜를 베풀어 주시고 기도자의 형통을 베풀어 주십니다. 우리는 가까이 있는 사람들과 관계를 잘 맺어야 합니다. 하나님은 가까이 있는 사람을 통하여 당신의 문제를 해결하여 주십니다. 당신의 가까운 곳에 하나님의 형통의 복을 가진 사람이 있습니다. 우리는 빈부귀천, 남녀노유를 따지지 말고 귀한 하나님의 은혜의 통로라고 생각하며 관계를 맺어야 합니다. 제가 지금까지 하나님에게 기도하여 문제를 해결한 것은 가까이 있는 사람을 통하여 문제를 해결했습니다. 절대로 하나님은 생판 모르는 사람을 통하여 당신의 문제를 해결하는 경우는 극히 드물다는 것을 이해하시기 바랍니다.

느헤미야는 왕 앞에 나갈 때 수심이 가득했습니다. 왕정시대에 왕 앞에 나갈 때 수심이 가득한 사람은 모략을 꾸미며 심지어 자객이 될 수도 있는 상황이 될 수 있다는 이유로 왕 앞에서 수심이 있는 얼굴은 금했습니다. 그러나 일상적인 관례를 벗어난 느헤미야의 수심을 보고도 아닥사스다 왕은 걱정합니다.

이때 느헤미야는 "왕이시여 내가 소식을 들었는데 내 조국 이스라엘이 다 망하고 예루살렘의 성문이 무너지고 불탔다고 합니다. 이 궁에서 왕에게 은총을 입었지만 나 혼자 호위호식을 할 수 있겠습니까?" 느헤미야의 이야기를 듣고 아닥사스다 왕은 이렇게 이야기 합니다.

"네게 어떻게 해주면 되겠느냐?" 그때부터 느헤미야는 2장에 나오는 일련의 프로젝트를 브리핑하기 시작합니다. "저를 예루살렘으로 떠나게 하시고 조서를 주셔서 제가 페르시아의 영토를 지날 때 마다 그 지역의 총독들로부터 보호받게 해주십시오. 또 성벽과 성읍을 건축할 때 필요한 자재들을 얻도록 도움을 베풀어 주시길 원합니다." 느헤미야서를 읽어보시면 느헤미야는 철저하게 예루살렘 성벽을 재건할 계획을 가지고 왕이 물어 볼 때에 주저하지 않고 대답하게 됩니다. 왕은 느헤미야의 요구를 다 들어줍니다. 하나님이 주변의 사람들을 통해서 자신의 문제를 해결토록 허락해주실 때 "내가 네게 무엇해 주길 원하느냐"라고 물으실 때 우리는 대답을 준비해야 합니다. 우리도 걸어 다니는 성전의식으로 자신 안에 계신 하나님께 느헤미야처럼 구체적으로 기도하여 하나님의 응답을 받으시기를 바랍니다.

넷째, 말씀과 성령으로 자신을 성전으로 가꾸어야 한다. 자신의 전인격이 성전 되도록 말씀과 성령으로 가꾸어야 영혼의 만족으로 행복합니다. 크리스천의 모든 권능은 마음 안에 주인으로 계시는 예수님으로부터 흘러나오는 것입니다. 우리는 늘 깨어서 마음 안에 세상 것들이 들어와 집을 짓지 못하도록 말씀을 묵상하고 성령으로 기도하면서 전인격을 정화시켜야 합니다. 아하스가 죽은 후, 그의 아들 히스기야가 왕이 되었습니다. 히스기야는 지난 세월 교만했던 이스라엘과 유다 왕들과는 달리 다윗이 한 모든 것을 그대로 본받아 행한 올바른 왕이었습니다.

그는 25세의 젊은 나이에 왕이 되었지만 하나님의 마음을 알았기 때문에 하나님이 보시기에 옳게 행함으로 닫혀있던 성전문을 열고 수리했습니다. 그리고 제사장들과 레위 사람들을 모으고 자신을 성결케 하고 성전을 성결케 하여 더러운 것을 없애도록 지시했습니다. 이것이 바로 성전 정화 사건입니다.

필자도 하나님 앞에 무릎 꿇고 기도할 때마다 내 마음 안에 예수님이 주인으로 들어 오셔서 순결한 자녀라고 여겨주시기를 생각하면서 성령으로 기도합니다. 분명하게 보이는 건물이 성전이 아닙니다. 예수 믿는 내가 성전입니다. 마음 안에 하나님께서 좌정하고 계시는 성전이 있기 때문입니다. 자신은 걸어 다니는 성전입니다. 성전은 하나님을 만나는 곳이고 하나님의 기쁨이 되는 곳이기 때문입니다. 그러니 내가 교회를 오면 교회가 성전입니다. 내가 가정에 가면 가정이 성전입니다. 우리가 일터에 나가면 그곳이 성전입니다. 자신이 성전이기 때문입니다. 거기서 주님과 동행하며 주님의 기쁨이 되어야 하기 때문입니다. 항상 주님과 동행의식을 가져야 합니다. 그런데 그 성전이 인간의 욕망으로, 돈 때문에 타락하고 말았습니다. 예수님은 그 성전에 들어가셔서 모든 것을 뒤집어 엎으셨습니다. 예수님이 성전이시기 때문입니다. 돈이 기준이고 인간의 욕망이 기준인 곳은 이미 성전이 아니기 때문입니다. 주일은 영과 진리로 예배를 드리며 우리의 마음 성전을 청소하는 날입니다. 우리의 전인격이 성전 되어, 주님이 우리 심령에 거하실만하실까? 우리의 마음은 깨끗할까? 그렇지 못하면 성령의 임재 가운데 주님의 보혈에 의지하여 고백하며 청소해야합니다, 그리고 말씀과 성령으로 충만하게 채워야 합니다. 그래야 다시 주님과 통할 수 있습니다.

주님과 통해야 지금 천국을 만끽하며 누릴 수가 있는 것입니다. 절대로 천국의 주인은 예수님이시기 때문입니다. 예수님 안에 천국이 있습니다. 예수님을 주인으로 모신 사람이 천국이 되는 것입니다. 그렇기 때문에 걸어 다니는 성전의식은 참으로 중요한 것입니다. 걸어 다니는 성전이 되니 지금 천국을 만끽하며 누리는 것입니다. 예수님 공중 재림 시에 1차적으로 휴거되는 것입니다.

이 책을 통해 예수님이 땅끝까지 전파 되기를 소원합니다.
(출판으로 인한 이익금은 문서선교와 개척교회 선교에 사용합니다.)

죽음이후 세계를 준비하는 법

발 행 일 | 2018. 11.10초판 1쇄 발행

지 은 이 | 강요섭

펴 낸 이 | 강무신

편집담당 | 강무신

디 자 인 | 강요섭

교정담당 | 강무신

펴 낸 곳 | 도서출판 성령

신고번호 | 제22-3134호(2007.5.25)

등록번호 | 114-90-70539

주   소 | 서울 서초구 방배천로 4안길 20(방배동)

전   화 | 02)3474-0675/ 3472-0191

E-mail | kangms113@hanmail.net

유   통 | 하늘유통. 031)947-7777

ISBN | 978-89-97999-71-2 부가기호 | 03230

가   격 | 16,000원